舟山海洋渔业史概论

王 飞 宋伟华 主 编

海洋出版社

2024年·北京

内容简介

本书主要从历史方位阐述舟山海洋渔业资源的兴衰与修复、捕捞工具的演变与改革、海洋渔船的变迁与革新、海水养殖的兴起与发展、远洋渔业的开拓与创新、休闲渔业的形成与发展、海洋渔文化的传承与发扬。内容具有鲜明的地方海洋特色，兼具教育性和科普性、广博性和融通性，在传授海洋渔业知识的同时，渗透绿色生态、开拓创新、可持续发展的理念。

本书可作为高等院校水产类专业的基础课教材和相关专业的通识课教材，也可供从事水产相关专业的科技人员和管理人员参考使用。

图书在版编目（CIP）数据

舟山海洋渔业史概论 / 王飞，宋伟华主编 . - - 北京：
海洋出版社，2024.6. — ISBN 978-7-5210-1269-9

Ⅰ. F326.475.53

中国国家版本馆 CIP 数据核字第 2024NL2599 号

责任编辑：郑跟娣　李世燕
数字编辑：孙　巍
责任印制：安　淼
海洋出版社　出版发行
http://www.oceanpress.com.cn
北京市海淀区大慧寺路 8 号　邮编：100081
涿州市般润文化传播有限公司印刷　新华书店经销
2024 年 6 月第 1 版　2024 年 6 月第 1 次印刷
开本：787mm×1092mm　1/16　印张：16.5
字数：350 千　定价：78.00 元
发行部：010-62100090　总编室：010-62100034
海洋版图书印、装错误可随时退换

编 委 会

主　　编：王　飞　宋伟华

副 主 编：钱卫国　臧迎亮

编　　委：（按姓氏笔画排序）

马家志　王　飞　曲晓玉　宋伟华

钱卫国　臧迎亮

序

　　舟山地处东海之滨，位于长江、钱塘江、甬江等水系交汇处，自然环境优越，水产资源丰富，具有得天独厚的渔业优势，素以"渔盐之利，甲于一群"著称，曾被誉为"东海鱼仓""中国渔都"。

　　据史书记载和出土文物考证，舟山渔业历史悠久，早在新石器时代，定居舟山的祖先已开始采蚌拾贝，捕捉海物，生息繁衍。唐朝时期，舟山就有大黄鱼鲞加工，清朝康熙至乾隆年间，渔业兴旺，渔村扩展，渔商发展已具有一定规模。中华人民共和国成立后，舟山渔业发生了巨大的变化，为人民生活提供了大量优质的海鲜产品。20世纪七八十年代以后，由于近海传统底层渔业资源的过度利用，舟山不断优化调整渔业产业结构，积极发展外海和远洋渔业，推进转型升级，强化规范管理。经过近40年的开拓创新，实现了海洋渔业的高质量发展，已建有国家远洋渔业基地、舟山国际水产城等多个重要平台。舟山海洋捕捞产量占全国的1/10以上，远洋渔业产量占全国的近1/3，为我国的海洋经济发展作出了重要贡献。

　　本书是一部介绍舟山海洋渔业发展历程的专业书籍，也是相关学科教学的特色教材。从渔场、渔业资源、捕捞工具、渔船和渔业文化等方面全面、系统地介绍了舟山海洋渔业发展的主要内容。全书注重调查研究，收集了许多史料，并附有大量的图表，叙述简明，概念清楚，内容全面，既能帮助读者全面地了解舟山海洋渔业的发展历史，也有助于培养学生的海洋意识和"懂海、爱海、用海"的海洋科学观。

日本东京海洋大学名誉教授

胡夫祥

2024年6月

前　言

渔业是为人类提供食物来源的重要产业。中国是世界渔业生产大国，2022 年中国水产品总产量在世界水产品总产量中的占比超过 30%。浙江省是中国的渔业大省，浙江省舟山市的渔业在浙江省乃至全国的渔业经济中占有重要地位。

舟山是一个群岛性地区，四面环海，海洋渔业资源十分丰富，是中国最大的海产品生产、加工和销售基地，素有"东海鱼仓""中国渔都"之称，在海洋经济建设和解决渔业、渔村、渔民"三渔"问题中发挥了重要作用。

由于近海渔业资源的过度利用以及环境污染等，舟山的海洋渔业面临能否可持续发展并向生态友好型升级的挑战，这就需要我们充分了解舟山渔业的历史变迁、渔场环境和海洋生物的资源水平、渔业技术和设施装备等多方面的知识。

《舟山海洋渔业史概论》是国家级一流专业、浙江省线上线下混合式一流课程的配套教程。教材从历史方位阐述舟山的海洋渔业资源、渔具、渔船、海水养殖、远洋渔业以及休闲渔业和渔文化，围绕新渔业、新渔村、新渔民，发展智慧渔业、休闲渔业和渔业生态建设与修复，践行"绿水青山就是金山银山"的理念。教材内容具有鲜明的海洋特色，兼具教育性和科普性、广博性和融通性，使学生在获得海洋渔业知识的同时，积极渗透绿色生态、可持续发展等理念，培养学生科学的"懂海、爱海、用海"观，符合新农科教育理念和人才培养目标的要求。书内配有二维码，通过二维码的形式，嵌入教学视频、拓展资料、思考题、主题讨论、学生作品等数字资源，将教材、课堂、教学资源三者融合，实现教材内容线上线下结合。

为尊重历史，教材编写时，个别岛名或地名以舟山居民的习惯称呼为先。同时，书中数据主要来源于《中国渔业统计年鉴》《舟山统计年鉴》《舟山市志》等参考资料，为尊重原著，数据精度未做统一。教材的编写工作分工如下：第一章由宋伟华撰写；第二章至第七章由王飞撰写；数据处理由钱卫国、臧迎亮完成；全书由王飞统稿。

在编写过程中，浙江海洋大学丁天明教授提出了许多专业性的建议、海洋出版社郑跟娣主任和李世燕编辑对书稿做了大量细致的编审工作，在此表示衷心的感谢！同时在编写过程中，参阅了相关书籍、图片和文字材料，借鉴和吸收了同行们的研究成果，在此对这些原作者表示衷心的感谢！

由于编者水平有限，书中缺点和错误在所难免，恳请读者批评指正。

编　者

2024 年 2 月

目　录

第一章 舟 山 渔 场

【教学目标】了解舟山得天独厚的渔业环境，理解舟山渔场的形成机理，掌握舟山渔场的开发与利用。

【章前导言】舟山独特的地理位置和优越的自然条件造就了中国最大的近海渔场——舟山渔场。舟山渔场资源丰富、生产力水平高，小黄鱼、大黄鱼、乌贼和带鱼"四大海产"见证了舟山渔场的辉煌历史，生态管理、资源修复承载着舟山渔场发展新的希望。

舟山渔场

第一节 舟 山 概 况

舟山是以群岛建立的地级市，全市区域总面积 2.22×10^4 km^2，其中，海域面积 2.08×10^4 km^2，占区域总面积的 93.69%，群岛之中，以舟山岛最大，其"形如舟楫"，故名舟山。

舟山拥有渔业、港口、旅游三大优势，是中国最大的海产品生产、加工和销售基地，素有"东海鱼仓"和"中国渔都"之称。2011 年 6 月 30 日，国务院批准设立浙江舟山群岛新区，舟山群岛成为中国又一个国家级新区，也是首个国家级群岛新区。

一、地理区位

舟山地处我国东南沿海，浙江省东北部，长江口南侧，杭州湾外缘，长江、钱塘江、甬江三江入海口处，介于 121°34′—123°09.7′E，29°38′—30°51.8′N，北连上海佘山，南与宁波韮山列岛相邻，西与上海金山隔海相望，东临太平洋。

据出土的文物考证和史实记载，舟山古称"海中州"，已有 4 500 多年的开发历史。唐开元二十六年（738 年）置县，定名翁山，不久即废。北宋熙宁六年（1073 年）重设县，改名昌国，元至正十五年（1355 年）升为昌国州，明初复为迁县。明洪武二十年（1387 年），明太祖下令废县，康熙二十六年（1687 年）再次设县，改名定海。民国元年（1912 年）改为定海县。1953 年成立舟山专区，将原定海县分为定海、普陀、岱山 3 个县，并将原属江苏管辖的嵊泗县划归舟山专区，使舟山渔区的行政体制合为一体。目前，舟山市下属两区两县：定海区、普陀区、岱山县和嵊泗县。

舟山群岛岛礁众多，星罗棋布，据 1997 年《舟山市人民政府关于调整全市岛屿基本数据的通知》记载，全市有大小岛屿（高潮位露出海平面的面积大于 500 m^2）1 390 个，是中国第一大群岛。按海域习惯界线，各县（区）内的岛屿数为嵊泗县404 个、岱山县 404 个、定海区 127.5 个、普陀区 454.5 个（舟山岛为定海区和普陀区共有，各计 0.5 个）。按岛屿面积大小分，全市 1 km^2 以上的岛屿有 59 个，占岛屿总数的 4.24%，1 km^2 以上的岛屿面积合计为 1 199.07 km^2，占岛屿总面积的 95.40%；其余 1 331 个岛屿均在 1 km^2 以下，占岛屿总数的 95.76%。

舟山的岛屿群呈列岛形排列，自西南向东北分两行延伸，形成一系列列岛。各列岛或大岛地形走向受北西向构造线影响，呈北西—南东走向，平面布局呈南北成行、东西成列格局。自北向南有马鞍列岛、嵊泗列岛、崎岖列岛、川湖列岛、浪岗山列岛、火山列岛、七姊八妹列岛、中街山列岛及梅散列岛等。海域受诸列岛及岛群分隔，形成众多大小不等、海况各异的海区和水道，自北向南有大戢洋、嵊山洋、黄盘洋、黄泽洋、岱衢洋、黄大洋、灰鳖洋、崎头洋等。海区间有众多水道，有白节峡、小板门、岱山水道、龟山航道、菰茨航道、金塘水道、螺头水道、虾崎门、筲帚门、佛渡水道、白沙水道等。

二、海域环境

由于位处长江、钱塘江、甬江入海口交汇处，舟山海域受三江水系的影响较大，形成了独特的海洋水域环境。泥沙含量高（呈西部高、东部低的特征），海水透明度低。冲淡水控制着舟山海域的盐度变化，无机盐含量高，水质肥沃，浮游生物丰富。

（一）海底地貌

舟山海域是陆缘海，东北宽，西南窄，水深由西北向东南递增。海底是浙江大陆向东、向北自然延伸入海部分，海域大陆架是我国乃至世界最广阔的陆架区之一。陆架浅水区范围广阔，等深线方向与岛屿纵向成列的趋势一致。北部海底地壳沉降幅度大，但长江带来的泥沙沉积补偿沉降显著。

中街山列岛以南沿舟山岛东、南方的岛列东缘是基本与大陆海岸平行的江浙沿岸流经过的海区，等深线排列较规则，自20 m等深线开始，各等深线的间距逐渐加大，海底坡度平缓，是著名的江浙沿岸流经过的水下岸坡，这里是优良的南北洄游鱼类的过路渔场。舟山海域的底质以粉砂质细砂、粉砂质泥以及泥质粉砂等较细粒物质最为普遍，且随水深增加颗粒变细，只有潮流较急的窄水道为中粗砂，或局部水下礁石、砂砾。

（二）气候特征

舟山位于浙江东北沿海，地处欧亚大陆与西北太平洋过渡地带，属典型的亚热带海洋性季风气候。季风显著，四季分明，光照充足，大风频繁，雨量丰沛，气候湿润。同时受大陆西风带和海洋东风带天气系统的双重影响，各种气象灾害频繁发生，主要表现为全年多大风，以及春季多海雾、夏秋季多台风。

1. 雨量充沛，气候湿润

舟山年平均降水量为1 002～1 443 mm。其中，舟山市区年平均降水量最多，为1 443 mm，雨量充沛，气候湿润。5—9月是舟山的主汛期，降水量占全年总降水量的58%，其中，5—7月上旬是梅汛期，降水量占全年总降水量的31%，易出现暴雨洪涝；7—9月是台汛期，降水量占全年总降水量的35%，易出现台风洪涝；10月至翌年2月，是舟山的少雨季节。

2. 冬暖夏凉，四季分明

受季风影响，舟山四季分明。春季一般开始于2月，温暖多雨，晴雨无常，冷暖变化大。夏季一般开始于5月下旬至6月初，可分初夏与盛夏两个时期，初夏为舟山梅雨季节，高温高湿；盛夏晴热少雨，台风影响频繁。秋季一般开始于9月下旬至 10 月初，天高云淡，风和日丽，秋高气爽。冬季晴朗寒冷。同时，舟山地处东海海域，受海陆热力差异影响，又具有冬暖夏凉的特点，冬季气温高于附近的大陆地区，夏季气温则低于毗邻的大陆地区。

全市年平均气温为 16.1 ~ 16.4℃，其中舟山市区年平均气温为 16.4℃。月平均气温一般 7 月最高、1 月最低。受全球气候变暖影响，自 20 世纪 90 年代以来，舟山气候显著增暖。

3. 光照充足，大风频繁

舟山位于杭州湾东面，光照充足，年日照时数为 1 938 ~ 2 189 h，其中，舟山市区年日照时数最多，为 2 189 h。7—9 月一般是舟山光照最充足期，日照时数占全年总日照时数的 33%；1—3 月是舟山光照最少期，日照时数仅占全年总日照时数的 19%。

受大陆西风带和海洋东风带天气系统的双重影响，全市大风灾害频繁发生。舟山年平均大风日一般为 24 ~ 126 d，其中，舟山市区年平均大风日为 24 d，嵊泗县年平均大风日最多，为 126 d。11 月至翌年 3 月是舟山的主要大风集中期，易出现冷空气大风和低气压大风，大风日占全年总大风日的 50%；8 月是舟山大风的另一高峰期，易出现台风，大风日占全年总大风日的 20%。

（三）海流

舟山海域分布着沿岸流和台湾暖流两大流系。沿岸流，是指江浙沿岸流，主要源于长江、钱塘江等河流的冲淡水，具有低盐、水温季节变化大、水色浑浊、透明度低等特征。夏季，入海径流剧增，在偏南季风作用下，江浙沿岸流顺岸向东北方向流动，形成一个巨大的指向东北的低盐水舌。在长江径流较强年份，低盐水舌可伸展至济州岛附近海域，此时，沿岸流影响可以涉及长江口渔场和舟山渔场，表层流速 0.3 ~ 0.4 kn。冬季，入海径流大减，沿岸流势力减弱，在偏北季风作用下，沿近岸南下，经舟山近岸海域至鱼山渔场。

台湾暖流具有高温、高盐、水色偏蓝、透明度高等特征，沿着大陆架逆底坡北上，中途受海底地形影响，流速渐缓，在 30°N 以南流速为 0.6 ~ 0.8 kn，30°—32°N，流速为 0.4 kn 左右，至长江口外海域则减至 0.2 kn 左右。台湾暖流还具有明显的季节变化特点，夏季暖流势力强，影响遍及东海浅水区，前锋能到达舟山以北海域，与沿岸流构成明显锋面，俗称流隔，这是舟山渔场夏秋汛丰产的重要海况条件之一。冬季，暖流势力减弱，流域缩小，表层北流不明显，中、下层流向稳定，终年向北，但流速较夏季略减，平均流速不足 0.3 kn，最大流速为 0.6 kn，此时，舟山海域暖流与沿岸流界限分明。沿岸一侧低盐水浮于上层，暖流水则楔入底层，形成自西向东的上倾锋面。锋面左上方（面朝北向）沿岸流顺海岸南下，锋面右下方暖流逆底坡北上。加之冬季沿岸流流幅趋狭，导致暖流路径略靠向舟山渔场一带。高盐水逼近海岸，并与沿岸流构成很强的锋面，成为冬汛带鱼的良好渔场。

三、渔港

（一）渔港概述

渔港，是指专供渔船和渔业辅助船舶使用的港口，用于船舶傍靠、锚泊、避风、装卸渔获物和补充渔需及生活物资，并可进行渔获物的冷冻、加工、储运，渔船维修，渔具制造，通信联络，以及船员休息、娱乐、医疗等。渔港是发展海洋渔业生产的根据地，是陆域经济和海洋经济交换的接合点和对外开放的窗口，一般由港池、岸线等设施组成。

一般来说，按照渔港规模的大小，将其分为大型渔港、中型渔港和小型渔港。

1. 大型渔港

大型渔港一般供外海及远洋渔业使用，通常拥有锚地、港池、码头和护岸等水中设施；拥有供水、供冰、供油、储运、冷冻、冷藏、加工、渔船渔具修造等陆上设施，以及水产供销、渔民福利、通信、气象、海上救护和渔业管理等机构，并设有捕捞生产指挥调度系统。

2. 中型渔港

中型渔港主要供近海渔业使用，进出港口渔船的吨位及功率较小，辅助船只少，渔港设施基本配套完整，一般包括防波堤、码头、冷冻制冰、燃油及淡水供应、渔船维修等设施。

3. 小型渔港

小型渔港年卸渔获量在 5 000 t 以下，一般只有避风港、简易码头和小型冷库等设施，主要为小型渔船补充少量淡水和生活必需品等。

由于渔业生产的季节性强，鱼汛期间的渔船和渔获物高度集中，渔港宜建在有天然屏障、不受强风直接侵袭、岸线基本稳定、水深适宜、泥沙量小而不致严重淤积的水域，并接近渔场、水电、交通、市场供应等条件较好的地方，以便生产、运输、储运和销售。此外，还应与邻近城镇的总体建设规划相结合，以方便生活和防止港区环境污染。

（二）舟山渔港

舟山是一个群岛城市，自有人类活动以来，就与港口结下了不解之缘。舟山呈列岛排列的岛屿，形成了众多的优良天然港湾，各主要大岛渔村，均有可供较多渔船停泊的自然港湾。

舟山有 1 390 个大小不等的岛屿，赋予了丰富优质的岸线资源。据 2016 年版《舟山市志》记载，可开发利用的岸线总长为 2 444 km，适宜开发建港的深水岸段就有 50 余处，总长约为 279.4 km，其中，水深大于 15 m 的岸线长 200.7 km，水深大于 20 m 的岸线长 103.7 km。

舟山渔港自唐代起就有对外交往活动，元代曾一度成为南粮北运的主要中转港。鸦片战争以后，舟山渔港经历了一个曲折漫长而低迷的发展过程。

自 1978 年改革开放以来，全国港口迎来了新一轮建设发展时期。

1983 年 11 月，浙江省科学技术协会组织召开"东方大港"讨论会，之后，建设深水港的理论研究工作迅速铺开。舟山地区经济研究中心、地区航运局有关专家学者积极进行舟山深水良港建设的理论研究，提出建设洲际大港的宏伟设想。同时广泛开展对外宣传，舟山深水良港得天独厚的自然条件和优越的地理位置日益为世人所关注。

1984 年 4 月，舟山港首座万吨级码头在定海区紫微村的老塘山码头动工兴建，舟山深水港建设由此拉开序幕。

1989—2005 年，舟山市用于渔港基础设施的资金达 7.6 亿元。截至 2005 年年底，经农业部公布认可的三级以上渔港总数达 35 座，其中，国家级中心渔港 2

座，分别为舟山国家级中心渔港、岱山高亭国家级中心渔港；一级群众渔港 7 座，分别为定海西码头渔港、普陀沈家门中心渔港、台门渔港、桃花渔港、嵊泗中心渔港、嵊山中心渔港、长涂中心渔港；二级群众渔港 6 座，分别为定海沥港渔港、普陀东极渔港、虾峙渔港、螺门渔港、岱山衢山渔港、嵊泗黄龙渔港；三级群众渔港 20 座，分别为定海钓门渔港、岙山渔港、毛峙渔港、长白渔港、普陀朱家尖渔港、岱山秀山渔港、鱼山渔港、东剑渔港、南峰渔港、东沙渔港，嵊泗壁下渔港、绿华渔港、枸杞渔港、五龙渔港、马关渔港、青沙渔港、大洋渔港、小洋渔港、花鸟渔港、滩浒渔港。其中最早和最著名的则是普陀沈家门中心渔港和嵊山中心渔港，舟山居民习惯称为沈家门渔港和嵊山渔港。

1. 沈家门渔港

沈家门渔港以沈家门镇得名，是中国最大的天然渔港，与挪威的卑尔根港、秘鲁的卡亚俄港并称为世界三大渔港。沈家门渔港位于舟山岛东南，岸线东起半升洞，西至勾山浦，总长 11.4 km。据 1992 年版《舟山市志》记载，沈家门渔港东、西、南各有水道可通 3 000 吨级船舶，港内水域面积为 10 km²，港区海底平坦，软泥底质，平均水深为 3.4 m，可泊渔船 5 000 余艘，是舟山渔场渔船的主要锚泊地和水产品的主要集散地。

沈家门渔港的建成是历史的积累与沉淀。据北宋宣和五年（1123 年）的《宣和奉使高丽图经》记载："沈家门……四山环拥，对开两门……渔人樵客，丛居十数家。"明永乐七年（1409 年）在沈家门建立水寨。清同治、光绪年间设沈家门镇，并沿沈家门镇北岸垒石筑塘，建成基本岸线。民国期间，沿岸铺成石板路，宽度为 4~6 m，供渔民和商人往来，同时，沿岸石砌 64 处船埠，供渔船停靠和渔民上下。

早期沈家门渔港港面宽阔，但是在 1870—1890 年，在北岸筑塘建埠，形成基本岸线后，受多年的滨海自然淤积和人类活动的影响，渔港港面逐渐变狭，港面宽度缩至 200~300 m，最窄处仅有 190 m，航道水深普遍淤浅至 3~4 m，港池从原来停泊 6 000~7 000 艘渔船，锐减至 3 000~4 000 艘。渔民回港，只得赤脚从滩涂跋涉上岸。

舟山群岛解放后，党和政府十分重视沈家门渔港建设，于 1956 年成立沈家门渔港建设委员会，组织力量进行海洋水文观测、地质勘查分析，制订了沈家门渔港疏浚工程方案，并于 1965 年列入国家大型公共渔港重点建设项目，共投资 631.6 万元，先后于 1956 年、1967 年和 1987 年 3 次疏浚港区（图 1-1），挖泥 $444.1 \times 10^4 \, m^3$，逐步提高港区通航能力，石砌船埠全部拆除，改建成宽 $20 \sim 25 \, m$ 的沿港公路 3.2 km，驳岸 4 500 m，建设内凹台阶式上船埠头和系缆桩。同时，有关单位投资，在港区沿岸建浮码头 30 座，固定码头 442 座；渔业冷库 12 座，速冻 1 123 t/d，冷藏 33 535 t/次，制冰 889 t/d，藏冰 19 768 t/次，渔船修造厂 11 家，船坞 14 座；$2 \times 10^4 \, m^3$ 油库和万吨级油码头各 1 座（图 1-2）。

图 1-1　沈家门渔港（1973 年）

图片来源：政协舟山市普陀区委员会教文卫体与文史委员会，2005

图 1-2　沈家门渔港（1992 年）

图片来源：舟山市地方志编纂委员会，2016

2005 年，沈家门渔港申报国家级中心渔港建设，总投资 5 500 万元，在原有设施的基础上，新建港池锚泊水域面积 $50 \times 10^4\,\text{m}^2$、疏浚工程量 $20 \times 10^4\,\text{m}^3$、护岸修筑 $1\,300\,\text{m}$、拆除原有简易码头及高桩码头 8 座、新建渔民和渔政专用浮码头 7 座、港区道路 $14\,600\,\text{m}^2$。渔港新建八大功能区：水产品物流贸易区，总占地面积 $73\,033\,\text{m}^2$；水产品精深加工区，总占地面积 $100\,802\,\text{m}^2$；渔业生产资料补给区，总占地面积 $53\,087\,\text{m}^2$；渔民新村，总占地面积 $89\,594\,\text{m}^2$；执法办证综合管理区，总占地面积 $19\,162\,\text{m}^2$；渔业生产油料供给区，总占地面积 $12\,371\,\text{m}^2$；修造船服务区，总占地面积 $47\,212\,\text{m}^2$；绿化景观区，总占地面积 $3\,945\,\text{m}^2$。

沈家门渔港在长达数百年的发展中，逐步形成了特有的海岛渔港文化。常年汇集着各地的鲜活鱼、蟹、虾、贝等海产品，每到夜幕降临，沿港十里（5 km）海鲜排档摊点，来自各地的品鲜商客和游客数不胜数。尝海鲜、观海景、采海货，处处彰显着鲜明的海洋特色（图1-3、图1-4）。

图 1-3　沈家门渔港（2023 年）　　　　图 1-4　沈家门夜排档（2023 年）
图片来源：王飞　摄　　　　　　　　　图片来源：王飞　摄

2. 嵊山渔港

嵊山渔港，早年与沈家门渔港齐名，但从渔业生产的角度来看，嵊山作为东海渔场的中心捕捞基地，可能更受渔民和水产界的重视。

嵊山渔港位于嵊山岛西南侧，港区包括嵊山岛的大玉湾、泗洲塘、箱子岙湾，以及枸杞岛的三大王湾、里西湾等，面积约为 $695 \times 10^4\,\text{m}^2$。港区海底向东南倾斜，泥沙底质，平均水深约为 15 m，可停泊渔船万艘左右，为冬季带鱼汛渔船主要锚泊地和水产品主要集散地，是全国的群众性一级渔港。因海产品丰富，有"东海鱼库"之称而闻名全国。

每逢鱼汛旺季，来自沿海十几个省市的万艘渔船、几十万渔民云集嵊山。此时，花花绿绿打洋船、船头尖尖小对船、船台高高冰鲜船等各类渔船的机器声，以及渔民的呼喊声、大海的浪涛声，构成一派繁忙的景象。夜晚，岸上船上，灯火齐明，点点渔火随波浮动，赤橙黄绿，五光十色，与星空银河交相辉映（图1-5）。

图1-5　嵊山夜景

图片来源：舟山市地方志编纂委员会，1992

嵊山渔港的形成仰仗于嵊山渔场，渔场兴，则渔港兴，渔港和渔场有着密不可分的关系。明代时期，来嵊山等岛及附近海域采捕的渔民已"不啻万计"。至清末和民国时期，嵊山渔场捕鱼船只除本籍外，还有嵊山本地以外的渔船。每当鱼汛的时候，浙、苏、鲁等地的渔民驾船前来嵊山捕鱼，渔船最多时达3 000对。如此众多的渔船和大规模的渔捞生产，吸引了大批渔行、冰鲜船以及其他相关从业人员云集嵊山，加之有箱子岙、泗洲塘等天然港湾，嵊山成为重要渔港，势在必然。

在中华人民共和国成立前的漫长岁月里，嵊山岛没有任何渔港设施，那时的嵊山渔港其实就是自然岙口。偏北大风袭来，渔船停靠于朝南岙口，称为大玉湾、泗洲塘岙口；东南风时，朝南岙口风起浪涌，所有渔船转移到朝北岙口，称为箱子岙。有时风向转换快，木帆船转移不及时，常常会在转移过程发生海难事故。同时，渔船在岙口都是悬水锚泊，沿港没有船埠和平坦道路，渔民上岸要攀附岩石行走，有的地方还要爬行。岛上没有水库、水井，渔民要翻山越岭，在山岙小溪找水，或花高价购买。

嵊山岛解放后，国家极为重视嵊山渔港的建设。从 20 世纪 50 年代中期开始，整修岸堤，顺岸建设船埠、码头，建造水库，修建街道，兴建了渔港的一系列设施。

随着渔业机帆化的发展，嵊山渔场冬季带鱼汛的生产规模迅速扩大。浙江、福建、上海、江苏等沿海省市的渔船都云集嵊山渔港生产、避风、补给、投售渔获。据统计资料记载，1962 年冬汛，到嵊山渔港的渔船就达到 13 002 艘，渔民 101 525 人。其中，浙江省渔船 11 156 艘，渔民 75 735 人；福建省渔船 1 225 艘，渔民 14 423 人；江苏省渔船 475 艘，渔民 9 153 人；上海市渔船 146 艘，渔民 2 214 人。此外还有收购渔获的冰鲜船 1 000 余艘，船工 10 000 余人，场景十分壮观。

为适应冬汛大规模生产发展的需要，国家对嵊山渔港建设给予了极大的关心和支持，逐步予以投资开发。1965 年，嵊山渔港被列为国家重点建设渔港，共投资 380 余万元，进行港区设施建设。

1972 年，浙江省水产局和舟山地区渔港建设委员会设立嵊山渔港建设领导小组，加强对嵊山渔港建设的领导，并安排建港工作机构和专业技术骨干常驻嵊山，负责渔港建设。其间先后投资 1 155.54 万元，对嵊山渔港进行了大规模的建设。除天然形成的大玉湾—泗洲塘约 157×10^4 m² 海域面积的避风锚地、横腊嘴—箱子岙船泊锚地外，又新建了海域面积约 1.5×10^4 m²、可一次性容纳 400 艘机动渔船的避风港，建造了长达 4 632 m 的沿港马路、渔用码头和船埠。开通了连贯箱子岙与泗洲塘南北两港的长 196 m、宽 55 m 的穿山隧道。

此外，还建起了渔民俱乐部、渔港招待所、渔场广播站、综合性渔场医院、500 吨级客货两用码头等一整套生产、生活、文化、卫生等设施。

从 20 世纪 80 年代中期起，又在泗洲塘和箱子岙南北两港先后建设总冷藏能力为 850 t/ 次的 5 座水产冷库和贮养面积达 2×10^4 m² 的海鲜暂养池，以及具有国内先进水平的水产调味品厂。1990 年，嵊山渔港被列为国家级重点渔港。

以此为契机，经过长期的开发建设，嵊山渔港因此发展成为一个新兴的综合性多功能渔港（图 1-6）。

图 1-6　嵊山渔港（2023 年）

图片来源：王飞　摄

第二节　渔场概述

在广阔的海洋中，蕴藏着极为丰富的鱼类和其他海洋生物资源，但是它们并非密集分布或均匀分布于各水域中，而是受自身生物学特性及外界环境因素的共同影响而呈现出不同的分布状态。

一、渔场概念

渔场作为从事渔业生产和渔业科学研究的活动场所，通常是指海洋经济鱼类或其他海洋经济动物比较集中，并且可以利用捕捞工具进行作业，具有开发利用价值的场所或海域。其中，能够获得高产的海域，又称"中心渔场"。在这个场所里，这些捕捞对象有可能是密集经过该水域，也有可能是暂时滞留在该水域，如产卵繁殖时、索饵育肥时、适温越冬时，这些都是鱼类密集的时段，都能为渔场的形成创造有利条件。

当然，在一定条件下形成的优良渔场并非一成不变的，有的渔场可能由于海洋环境的变化或捕捞强度的盲目加大，导致资源衰退，不再具有利用价值；而有的海域原来不具有开发利用价值或未被开发利用，随着水产品加工技术和捕捞设备与技术的不断提高，或发现有新的捕捞对象，逐步被开发出来，成为新的渔场。因而，渔场是处在动态变化中的。同样，渔场具有一定的局限性，渔场往往局限在某一海区的某一水层或某一时期，这种局限性主要取决于鱼群的密集程度及其持续时间的长短、鱼类的生物学特性、生态习性、环境条件等。如果在某一海区的某一时期，具有适宜鱼类和其他经济动物进行繁殖、索饵、越冬的外界环境条件（包括生物和非生物条件），则它们就可以集群，并能较长时间内栖息在某一海域范围内，从而形成渔场。

二、国内外渔场开发史

在我国，渔场开发和渔业发展历史悠久。据考古发现，在北京周口店原山顶洞人居住的山顶洞里，就已经有被采食的海贝壳和鱼残骸。在西安半坡村，半坡氏族人居住的遗址中，在出土的陶器上绘制有方形网、圆锥形的图案以及鱼形饰纹。在浙江的河姆渡遗址，舟山衢山、朱家尖及舟山本岛、温州永嘉等地考古发现的遗址或出土的文物中也有鱼骨残骸或从事捕鱼活动的痕迹等，所有这些都表明当时已有少量捕鱼活动。

到了春秋战国时期，人们已开始广泛使用船只从事海洋捕捞，渔场也相应地向外扩展。公元前505年，吴、越两国在海战时大捕黄花鱼（大黄鱼）的记载，说明浙江沿海渔场，特别是大黄鱼渔场，早在2 000多年前就已经被开发利用了。中华人民共和国成立前，由于渔业不被重视，加上连年战乱，致使我国海洋渔业生产仅限于沿岸和近海渔场。

中华人民共和国成立后，海洋渔业迅速发展，生产渔场不断扩大，特别是在1954年机帆船试验成功后，渔船动力化极大地促进了我国渔场的开发和海洋渔业的发展。而后，随着现代科学技术的发展，海洋捕捞渔船不断大型化、网具纤维化、助渔设备电子化和信息化，作业渔场由沿岸、近海渔场逐渐向外海甚至远洋渔场扩展。至20世纪90年代中期，浙江沿岸、近海渔场的渔业产量与外海渔场的渔业产量已基本相当。

在国外，最早开发利用海洋渔场的是北欧国家，早在8—14世纪，他们就开始渔猎海豹和鲸类，而后发展延绳钓渔业，开发北大西洋鳕鱼渔场。17世纪80年代后期至 19 世纪 40 年代中期，北太平洋、日本近海、日本海、南极海域的鲸渔场被先后开发。20 世纪 30—50 年代，大西洋、太平洋、印度洋三大洋的金枪鱼渔场先后被开发。与此同时，一些渔业发达国家相继开发、利用世界各大洋的海洋渔场，并不断进行国际间的合作，开展海洋渔场和渔业资源的调查等工作。

三、渔场分类

（一）渔场形成的条件

渔场的形成是海洋环境和鱼类生物学特性之间对立统一的结果。我们从生物因素和非生物因素两个方面来分析渔场的形成条件。首先是非生物因素的水文条件。渔场形成需要有适宜的水文条件，因为鱼类主要集中在寒、暖流交汇处或淡水河流注入的地方。其次是气象。风影响水温、水流和气温，进而影响渔场的稳定性和变化趋势。再次是地理条件。鱼群多分布在沿海大陆架海域，即水深大约 200 m 以浅的大陆海底部分。最后是生物因素。浮游生物、底栖生物多的地方，由于饵料多，所以鱼群也多，易形成渔场。总之，要形成渔场需要有适宜的鱼类集群和栖息的环境条件，且有大量鱼群洄游经过或集群栖息。

（二）渔场的分布

所谓良好的渔场就是海洋生物密集的地方，也是饵料生物大量繁殖之处。

渔场的分布

1. 大陆架是良好的渔场

大陆架尤其是近陆浅海，水深一般不超过 200 m，从海面到海底都有充足的阳光透射，光合作用充分，浮游植物大量繁殖，致使浮游生物十分丰富，可以为鱼类提供丰富的饵料，鱼类就会因势在此集中。另外，由于大陆架水浅，在风浪、潮汐、水流等的作用下，水体混合充分，底层水补充到上层，整个水体营养较好；大陆架水域有江河输入的大量营养物质，带来了充足的饵料，会使鱼类因饵料丰富而集中。同时，大陆架水域水深适宜，海底较为平坦，适合各类渔具生产作业。因此，大陆架是良好的渔场，如黄渤海沿岸渔场就是大陆架渔场。据史料记载，占海洋总面积 7.6% 的大陆架水域的大陆架渔场是开发最早且利用率最高的渔场。

2. 两种海流交汇的海区是良好的渔场

两种海流交汇之处的水层有较大的搅动，尤其是寒、暖流交汇的海域，由于海水密度的差异，密度大的冷水下沉，密度小的暖水上升，使海水发生垂直搅动，把海洋深处的营养盐类带到海面，有利于浮游生物的生长，为鱼类提供丰富的饵料，从而吸引大批鱼群到来。另外，由于大多数鱼类是随洋流运动的，在两种海流交汇处会产生不同的流态，形成"水障"，阻止或减慢鱼群的游动，因此，鱼群比别处密集，有利于形成渔场。世界著名的纽芬兰渔场就位于墨西哥湾暖流和拉布拉多寒流的交汇处。

3. 上升流海域是良好的渔场

在有上升流的海域，尤其是远离大陆的深海区的上升流，会使深层含有营养盐类的海水向上涌升，带来大量的鱼类饵料，促使鱼类驻足该处，从而形成渔场。世界著名的秘鲁渔场就位于东南太平洋渔场的中心，这里有秘鲁寒流的上升补偿流。

4. 有礁堆海岭的海域是良好的渔场

礁堆其实是为鱼类提供了一个相当于人工鱼礁的场所，在这里鱼类可以躲避敌害或者栖息。同时，在礁堆海岭的附近海域，由于海流流态的改变，会带来更多的营养物质，吸引鱼类前来觅食，因此，有礁堆海岭的海域是良好的渔场。

5. 近寒带海域是良好的渔场

在近寒带海域，海洋中蕴藏着深层洋流，洋流流动时会把沉积在海底若干年都没有被生物利用的丰富的营养物质带到上层，因此，在近寒带海域异常丰富的营养物质会为鱼类提供充足的饵料，有利于吸引鱼类而形成渔场。

（三）渔场的分类

根据渔业生产和管理的需要，人们常常依据渔场离渔业基地的远近、渔场水深、地理位置、环境因素、鱼类不同生活阶段的栖息分布、作业方式以及捕捞对象的不同，对渔场进行分类。

渔场的分类

1. 根据渔场性质划分

（1）商业性渔场。这是一种传统的以从事商业性捕捞生产为主要目的的渔场，即从事捕捞作业的生产者或渔业经营者的目的是获取渔获物或获取利润。

（2）娱乐性渔场。这是一种近期出现的渔场，在这种渔场里，生产者是以娱乐、休闲为主要目的的，如垂钓、采集贝类、潜水捕鱼等，他们不是单一为了追求获取利润。迄今为止，世界上娱乐性渔场做得比较好的国家是美国、日本等。在美国，到 20 世纪 80 年代中后期，几乎在每个沿海州都形成了娱乐性渔场。进入 21 世纪，随着近海渔业资源不断衰退，我国政府也大力鼓励与支持发展娱乐性渔场，使得娱乐性渔场呈现快速发展态势。

2. 根据渔场离渔业基地远近和渔场水深划分

（1）沿岸渔场。沿岸渔场一般分布在靠近海岸，且水深在 40 m 以浅海域的渔场。

（2）近海渔场。近海渔场一般分布在离岸不远，且水深在 40～100 m 的渔场。

（3）外海渔场。外海渔场一般分布在离岸较远，且水深在 100 m 以深至大陆架边缘海域的渔场。

（4）远洋渔场。远洋渔场一般是指分布在超出大陆架范围的大洋水域，或离本国基地甚远且跨越大洋在另一国的大陆架水域的渔场。

（5）潮间带渔场。潮间带渔场位于潮间带，资源一般为贝类、蟹类等，鱼类一般不会在这里形成渔场。

3. 根据地理位置划分

（1）港湾渔场。港湾渔场是指分布在近陆地的港湾内的渔场。

（2）河口渔场。河口渔场是指分布在河口附近的渔场。

（3）大陆架渔场。大陆架渔场是指分布在大陆架范围内的渔场。

（4）礁堆渔场。礁堆渔场是指分布在海洋礁堆附近的渔场。

（5）极地渔场。极地渔场是指分布在两极海域圈之内的渔场。

（6）按具体地理名称的渔场。如烟威渔场是指分布在烟台、威海附近海域的渔场，舟山渔场是指分布在舟山海域的渔场，北部湾渔场是指分布在北部湾海域的渔场等。

4. 根据海洋学条件划分

（1）流界渔场。流界渔场是指分布在两种不同水系交汇区附近的渔场。

（2）上升流渔场。上升流渔场是指分布在上升流水域的渔场。

（3）涡流渔场。涡流渔场是指分布在涡流附近水域的渔场。

5. 根据鱼类生活阶段划分

（1）产卵渔场。产卵渔场是指分布在鱼类产卵场海域的渔场。

（2）索饵渔场。索饵渔场是指分布在鱼类索饵场海域的渔场。

（3）越冬渔场。越冬渔场是指分布在鱼类越冬场海域的渔场。

6. 根据作业方式划分

（1）拖网渔场。拖网渔场是指使用拖网作业的渔场。

（2）围网渔场。围网渔场是指使用围网作业的渔场。

（3）刺网渔场。刺网渔场是指使用刺网作业的渔场。

（4）钓渔场。钓渔场是指使用钓具作业的渔场。

（5）定置渔场。定置渔场是指使用定置渔具作业的渔场。

7. 根据捕捞对象划分

（1）带鱼渔场。带鱼渔场是指以捕获带鱼为目标鱼种的渔场。

（2）大黄鱼渔场。大黄鱼渔场是指以捕获大黄鱼为目标鱼种的渔场。

（3）金枪鱼渔场。金枪鱼渔场是指以捕获金枪鱼为目标鱼种的渔场。

（4）柔鱼渔场。柔鱼渔场是指以捕获柔鱼为目标鱼种的渔场。

8. 根据作业海域、捕捞对象和作业方式等综合分类划分

（1）北太平洋柔鱼钓渔场。北太平洋柔鱼钓渔场是指在北太平洋利用钓捕作业方式捕捞柔鱼的渔场。

（2）长江口带鱼拖网渔场。长江口带鱼拖网渔场是指在长江口利用拖网作业方式捕捞带鱼的渔场。

（3）大西洋金枪鱼延绳钓渔场。大西洋金枪鱼延绳钓渔场是指在大西洋利用延绳钓作业方式捕捞金枪鱼的渔场。

四、中国主要渔场

中国近海南北跨越温带、亚热带和热带，不同的海域适宜不同鱼类的繁殖与生存。我国大陆架边缘的海域，大多数是在 200 m 以浅的浅海区，光照充足，又有江河从陆地带来大量的有机物质和营养盐类，浮游生物会变得比较丰富，为海洋鱼类提供了充足的饵料。同时，我国沿海有一支来源于太平洋北赤道的暖流和一支沿大陆南下的寒流，两支性质不同的洋流在沿海交汇，成为海洋鱼类栖息、产卵的集中地，鱼类资源十分丰富，形成不少有名的大渔场，包括中国历史上四大古老的渔场——南海沿岸渔场、黄渤海沿岸渔场、北部湾渔场和舟山渔场。

（一）南海沿岸渔场

南海沿岸渔场，顾名思义，位于南海沿岸，地处大陆架，光照充足，同时沿岸珠江流入，带来大量的营养盐类，丰富的饵料促使鱼类聚集。南海沿岸渔场盛产鱼类 400 多种，主要有马鲛鱼、鲨鱼、石斑鱼等。但由于过度开发和过度的近海养殖，海域严重富营养化，渔场严重退化，是最先被破坏的中国渔场。

（二）黄渤海沿岸渔场

黄渤海沿岸渔场位于黄渤海沿岸一带，地处大陆架，光照充足，丰富的饵料促

使鱼类的集中，盛产虾、小黄鱼等，是山东省、辽宁省渔民的主要捕捞渔场。但由于过度捕捞，资源遭到严重破坏，是第二个被破坏的中国渔场。

（三）北部湾渔场

北部湾渔场地处南海西北部的北部湾，地处大陆架水域，水浅、光照充足，光合作用强，浮游生物大量繁殖，吸引鱼类集群。这里盛产红笛鲷、蓝圆鲹等。

（四）舟山渔场

以舟山群岛为基地的舟山渔场，地处东海海域，杭州湾以东、长江口东南、浙江东北部，东与韩国、日本，南与我国台湾诸岛一水相连。舟山渔场海域面积广阔，海上渔航之路四通八达，具有得天独厚的渔业环境、得海独丰的渔业资源、得人独优的渔业技术，成为"东海鱼仓"。

五、世界主要渔场

世界上大大小小的渔场非常多，从洋流对渔场影响的角度来讲，比较著名的有四大渔场：日本的北海道渔场、英国的北海渔场、加拿大的纽芬兰渔场和秘鲁的秘鲁渔场。

（一）北海道渔场

北海道渔场地处太平洋西北部的日本北海道附近海域，号称"世界第一大渔场"。北海道渔场位于日本暖流和千岛寒流交汇处，由于海水密度的差异，密度大的冷水下沉，密度小的暖水上升，使得海水发生垂直搅动，把海底沉积的有机物质和营养盐类带到上面水层，为鱼类提供丰富的饵料，从而使得该水域的鱼类资源非常丰富。另外，由于寒流和暖流交汇形成"水障"，阻碍鱼类游动，使得鱼在此集中，从而形成渔场。北海道渔场主要有鲑鱼、狭鳕等渔产。

（二）北海渔场

北海渔场地处大西洋东部，是世界著名渔场之一。北海渔场位于北大西洋暖流和北冰洋南下的寒流交汇区，由于海水密度的差异，密度大的冷水下沉，密度小的暖水上升，使得海水发生垂直搅动，把海底沉积的有机物质和营养盐类带到上面水层，为鱼类提供丰富的饵料，从而使得该水域的鱼类资源非常丰富。另外，由于寒流和暖流交汇形成"水障"，阻碍鱼类游动，使得鱼在此集中，从而形成渔场。北海渔场多产鳕鱼、鲱鱼等。与此同时，北海是世界上最繁忙的海域之一，是沿岸各国以及欧洲与其他各洲之间大宗货运的主要航道，这为渔获的运输带来一定的便利条件。

（三）纽芬兰渔场

纽芬兰渔场地处大西洋西北部的纽芬兰岛附近海域，是世界上著名的渔场之一。该海域是墨西哥湾暖流和拉布拉多寒流交汇区，由于海水密度的差异，密度大的冷水下沉，密度小的暖水上升，使得海水发生垂直搅动，把海底沉积的有机物质和营养盐类带到上面水层，为鱼类提供丰富的饵料，从而使得该水域的鱼类资源非常丰富。另外，由于寒流和暖流交汇形成"水障"，阻碍鱼类游动，使得鱼在此比较集中，从而形成渔场。纽芬兰渔场渔产十分丰富，其中以鳕鱼为最多，曾经有夸张的说法是，在纽芬兰海域可以踏着水中鳕鱼的背脊上岸。世界上第一枚鱼类邮票就是纽芬兰的鳕鱼邮票，可见当时鳕鱼在纽芬兰经济中的地位。不过到了20世纪五六十年代，大型机械化拖网渔船成群结队地驶入纽芬兰渔场，使渔场遭遇灭顶之灾。到1992年，加拿大政府被迫下达了纽芬兰渔场的禁渔令。

（四）秘鲁渔场

秘鲁渔场地处太平洋东南部的秘鲁沿岸海域，它的形成与北海道渔场、北海渔场、纽芬兰渔场不同。在秘鲁海域由于受离岸风的影响，表层海水远离陆地流动，使得沿岸地区的海水水位较低，深层海水上涌补充，使得沿岸地区常形成上升补偿流，从而把大量的营养物质带到表层，有利于鱼类获取饵料，形成渔场。秘鲁渔场资源十分丰富，以秘鲁鳀鱼为主。秘鲁鳀鱼体扁平，身长 10 cm 左右，呈蓝绿色，形似沙丁鱼，当地人们习惯称为秘鲁沙丁鱼，每年夏秋之交群集于秘鲁海滨。鳀鱼的骨骼是鱼粉工业的主要原料，秘鲁所获鳀鱼的 90% 以上用来制作鱼粉和鱼油。

第三节　舟　山　渔　场

舟山海域是东海大陆架的一部分，地处中纬度，在浙江省东北部，长江、钱塘江、甬江的入海口。海区范围北至花鸟山，南迄东、西磨盘礁，西起大陆海岸，东连公海。因处于沿岸低盐水、外海高盐水和黄海冷水团水系交汇处，地理、水文、气候等环境条件非常适宜各种海洋生物的繁衍生长，形成了水产资源极为丰富的舟山渔场。

一、地理区位

舟山渔场是我国最大的近海渔场，是世界重要渔场之一，也是中国古老的四大渔场之一，有其深刻的历史渊源与客观基础。

按照国家对渔场海域的划分，舟山渔场海域面积为 5.3×10^4 km²，约占浙江近海渔场的 32.2%，岛屿岸线总长 2 448 km，约占浙江岛屿岸线总长的 57%。东与舟外渔场、南与鱼山渔场、北与长江口渔场相接，渔场面积十分辽阔。海底以粉砂质软泥和黏土质软泥等细颗粒沉积混合物为主，水深一般在 20~40 m。

舟山群岛岛屿（高潮位露出海平面大于 500 m² 的岛屿）1 390 个、礁 3 306 座，使得舟山渔场范围内岛礁星罗棋布，港湾绵亘，水道纵横，潮流有急有缓，适宜多种鱼类在此繁殖、生长、索饵、洄游、栖息。舟山渔场自开发以来，一直是沿海渔民共同的捕捞场所，曾经是浙江省、江苏省、福建省、台湾省和上海市"四省一市"渔民的传统作业区域。辽宁、河北、山东、天津等省市的部分渔船也一度前往舟山渔场捕捞。20 世纪 60—70 年代，集结在嵊山渔场捕冬季带鱼的渔船，旺汛高峰时的渔船数量达 10 000 艘，渔民在 15 万以上，场景十分壮观。

自古以来，舟山渔区流传着这样一首反映舟山渔场的渔谣。

舟山渔场漫漫长

舟山渔场像条带，南北海域分布广。

沈家门港崎头洋，桃花港畔磨盘洋。

普陀山前莲花洋，塘头东北黄大洋。

朱家尖东洋鞍洋，黄大洋北岱衢洋。

衢港向西金塘洋，洋鞍北连中街洋。

中街山北浪岗洋，浪岗北面嵊山洋。

嵊山洋连洋山洋，转过北边花鸟洋。

花鸟往北大戢洋，大戢过了佘山洋。

洋鞍南连大目洋，爵溪向东猫头洋。

猫头洋接鱼山洋，三门湾口蛇蟠洋。

鱼山洋连大陈洋，再往南是洞头洋。

习称南洋与北洋，舟山渔场漫漫长。

二、海洋环境

（一）舟山渔场海洋水文

舟山渔场地处长江、钱塘江、甬江入海口，沿岸流、台湾暖流和黄海冷水团交汇于此，使得每年平均入海的大陆径流为 $10\,000 \times 10^8\,\mathrm{m}^3$，形成了强大的低盐水团，水色混浊，春夏季向外伸展，秋冬季向沿岸退缩。台湾暖流高温高盐，水色澄清，春夏自南向北楔入，直抵沿岸水域，冬季偏离沿岸，向南退缩。黄海冷水团南下，随台湾暖流强弱的变化，秋冬季似舌尖状伸入渔场，初夏逐渐向北退缩，形成南北带状逶迤的水团混合区。渔场潮流属正规半日潮区，外侧岛屿连线以东海区，流向以顺时针方向呈回转流；外侧岛屿连线以西海区，岛屿列布，往复流明显。

舟山渔场的水温主要受气温、水系消涨、径流及海流等因子的影响，年间水温变化大且比较复杂。表层水温年变化的一般规律是：3—8月为增温期，最高水温出现在8月；9月至翌年2月为降温期，最低水温出现在2月或3月。在30 m水深以浅的海域，底层水温的年变化与表层无明显的区别；在水深较深的海域，水温的年变化小于内侧海域。

舟山渔场地处长江口附近，其盐度的分布直接与长江径流强弱相关。冬季，由于长江入海径流大量减少，沿岸水势力弱，加上冬季季风的作用，对流混合强烈、蒸发量大等，使得整个海域的盐度普遍升高，达到年间最大，并在对流混合作用下，出现垂直等值。春季，随着入海径流增多、蒸发量的减少，海区盐度降低，特别是禁渔区线以西的盐度要低于禁渔区线以东的盐度。夏季，是长江径流的丰水期，沿岸水势力强盛，海区表层盐度出现大幅度下降；秋季，表层盐度又有逐渐升高的趋势。

（二）生物资源

大陆江河径流源源不断地注入，为舟山渔场带来了大量的浮游生物。浮游生物与海水营养盐类相结合，促使其迅速生长繁殖。据统计，舟山浅海水域有浮游植物151种，浮游动物123种。

地理、水文、生物等优越的自然条件，使舟山渔场及其附近海域成为适宜多种鱼类繁殖、生长、索饵、越冬的生活栖息地，使得舟山渔场资源丰富。据1982年版《舟山市志》记载，舟山渔场共有鱼类365种，其中，暖水性鱼类占49.3%，暖温性鱼类占47.5%，冷温性鱼类占3.2%；虾类60种；蟹类11种；海栖哺乳动物20余种；贝类134种；海藻类154种。

主要的捕捞对象中，鱼类有大黄鱼、小黄鱼、带鱼、鳓鱼、银鲳、海鳗、蓝点马鲛、黄姑鱼、白姑鱼、褐毛鱼、棘头梅童、石斑鱼、鲐鱼、蓝圆鲹、舌鳎鱼、绿鳍马面鲀、虫蚊东方鲀、红鳍东方鲀、黑鮟鱇、鲻鱼、鲥鱼、黄鲫、鲚鱼、鳀鱼、沙丁鱼、龙头鱼、白斑星鲨、双髻鱼、扁鲨、犁头鳐、弹涂鱼等；甲壳类有三疣梭子蟹、哈氏仿对虾、鹰爪虾、葛氏长臂虾、中华管鞭虾、中国毛虾、日本对虾、细螯虾、鲜明鼓虾等；头足类有曼氏无针乌贼、中国枪乌贼、太平洋褶柔鱼等；腔肠类有海蜇；爬行类有海龟、棱皮龟；哺乳类有海豚。其中，小黄鱼、大黄鱼、带鱼和乌贼，是早期舟山渔场捕捞量最多的资源群体，被称为舟山渔场的"四大海产"。从20世纪初至20世纪70年代末，主要的鱼汛有春季小黄鱼汛，夏季大黄鱼和乌贼汛，秋季海蜇汛，冬季带鱼汛。但随着大批机动船常年投入生产，鱼汛季节已无明显的界限了，这也导致自20世纪80年代以来，小黄鱼、大黄鱼、乌贼和海蜇已形不成鱼汛，带鱼汛期出现旺汛不旺、产量偏低的现象。

三、形成机理

渔场的形成首先需要符合成为渔场的条件，即水生资源密集、可供生产作业、具有开发价值。舟山渔场之所以能成为东海第一大渔场，除人为因素以外，还有许多优越的自然条件，包括自然地貌、水文环境、生物资源等。

舟山渔场所处大小岛屿多呈北东 — 南西向排列，是我国浙闽丘陵向东北延伸的一部分。舟山渔场的岛屿形成是从新近纪末起，海平面上升，淹没了大片陆上平原，原来较高的丘陵山地露出海面，从而成为岛屿。底质平坦，水深一般小于40 m，光照、养分充足，海洋浮游生物生长旺盛，既适宜于鱼类的栖息繁衍，又适合于渔具和渔船生产作业。

由于舟山渔场岛礁众多，星罗棋布，一方面便于渔船确定船只方位、寻找鱼群和停泊避风，为渔民的生活补给、渔获出售等提供方便；另一方面因岛礁的分割，把海域宽阔的舟山渔场划分成几个潮流、水色、盐度、水温以及水深和底质各不相同的海域，有利于各种鱼类寻找适宜的海区产卵和索饵，并由此形成了不同的鱼汛和渔场。

舟山渔场地处长江、钱塘江和甬江入海口，随着大陆江河径流源源不断地注入，为渔场带来大量的浮游生物，并与渔场的海水营养盐类相结合，产生了大量的鱼类生长所需要的饵料，为舟山渔场各种鱼类及其仔幼鱼的育肥生长提供了极为有利的条件。同时，沿岸流、台湾暖流和黄海冷水团交汇于此，给各种不同习性鱼类的栖息、繁育创造了良好的条件。

由此可见，舟山渔场之所以成为东海第一大渔场，是由其独特的地貌、地理、水文、生物等诸多因素决定的。这些优越的自然条件使舟山渔场及其附近海域成为适宜多种鱼类繁殖生长、索饵越冬的理想栖息地，成为世界著名的"鱼类宝库"和"中国渔都"所在地。

四、渔场划分

舟山渔民按捕捞生产习惯，在舟山渔场整体的范围内，将其划分为洋山渔场、嵊山渔场、大戢渔场、浪岗渔场、黄泽渔场、黄大洋渔场、岱衢渔场、中街山渔场、洋鞍渔场、金塘渔场等为主的小渔场。

（一）洋山渔场

在舟山渔场所辖的各渔场中，洋山渔场是最古老的渔场。洋山渔场古时候被称为淡水门，顾名思义，是江水奔流入海之门，因为洋山渔场包含长江、钱塘江和东海交汇的小洋山、大洋山及其周围海域，又以小洋山为中心，故而得名。渔场由舟山渔场海域内的大戢洋、王盘洋组成，与上海崇明、南汇、金山、奉贤海域，浙江平湖海域，舟山渔场域内灰鳖洋、岱衢洋、黄泽洋与嵊山洋相连，总面积约为 5 600 km²，自古以盛产大黄鱼而闻名。

宋《吴郡志》记载，公元前 505 年，吴王阖闾曾率水师将士在杭州湾外海域捕捞大黄鱼以充军粮。宋《宝庆四明志》记载："三四月，业海人每以潮汛竞往采之，曰洋山鱼；舟人连七郡出洋取之者，多至百、万艘……"，说明当时洋山渔场的资源极其丰富。

明嘉靖时郑若曾在其《郑开阳杂著·卷二·论黄鱼船之利》中记载："盖淡水门著产黄鱼之渊薮，每岁孟夏渔船出洋，宁、台、温大小以万计，苏州沙船以数百计。"郑若曾将当时洋山大黄鱼渔场的繁荣兴旺景象，作了真实生动的描绘。清康熙《松江府志》："黄鱼出处惟淡水门。在羊山之西，两山相峙如门，故曰门。"因此，洋山渔场的开发对整个舟山渔场较大规模的开发与形成起到重要的先导作用。

（二）嵊山渔场

嵊山渔场的地理位置是以嵊山岛为基地，以壁下岛、枸杞岛、花鸟岛、绿华岛等岛为内围轴心，北至佘山洋，南至浪岗，东连舟外渔场，西至嵊泗列岛，渔场面积约为 8 050 km²。在 1999 年版的《浙江省水产志》中记载：嵊山渔场与黄海的石岛渔场和南海的万山渔场一起，被誉为"中国三大著名渔场"。

嵊山古称"神前""陈钱""尽山"，皆因其在先民的眼中，不仅鱼肥虾鲜、物产丰富，而且地处穷远、礁石隐约。因被丰盈的鱼、蟹、贝、藻等吸引，很多渔民冒险驾舟前去采捕，满载后则选择好天气返回。相传宋高宗南渡时，为防金人海上偷袭，南宋水军自镇海招宝山至壁下山，设立海上烽燧十二铺，有水军官兵日夜巡守，在甬江至东海形成一大片比较安宁的海域地带，使宁波、温州、台州沿海渔民得以安心地出海捕鱼，在这样的背景下，嵊山渔场逐步被开发和利用。到元代中叶，嵊山渔场已具有一定的规模。到明代，嵊山渔场已有相当的生产规模。

清末民初，嵊山渔场开始进入较大规模的开发阶段。清康熙年间前期来嵊山渔场进行捕捞作业的，除嵊山及其周围诸岛、舟山本帮渔船外，主要有浙东沿海的镇海、鄞州、奉化、海宁、象山、温州、台州等渔船和福建、广东渔船及苏州、松江的沙船。福建、广东渔船大部分是钓捕作业，网捕作业占少数。江苏渔船以张网、大捕捕捞为主，舟山本地渔民则以小对船捕捞和滩礁潮间带采集加工贝藻类为主。这种状况一直维持到清光绪元年至光绪三年（1875—1877 年）。

此后，嵊山渔场的捕捞工具和作业结构逐步变革。到光绪二十七年至光绪二十八年（1901—1902 年），逐步形成福建帮钓船，奉化帮流网船，沈家门帮、象山帮大捕船，泗礁帮中对船和嵊山帮小对船。至光绪三十一年（1905 年）前后，张謇创办江浙渔业公司，派遣"福海"号渔轮赴嵊山外海探捕，开发了小黄鱼资源，并以此为先导，引导群众渔船共同努力，相继开发了大黄鱼、带鱼、乌贼等资源，开始形成了嵊山渔场乃至舟山渔场规模较大的 4 个鱼汛——春季小黄鱼汛、夏季乌贼汛和大黄鱼汛、冬季带鱼汛、秋汛采捕贻贝、海蜒、鳓鱼等。尤其是当规模渐行浩大的冬季带鱼汛形成后，嵊山渔场便越发成为中国东南沿海的渔业要地，得到了海内外渔业界的高度重视。

自 20 世纪 50 年代以来，嵊山渔场乃至整个舟山渔场的开发进入了历史新时期。在这个时期，渔业发展呈现以下两个方面的变化。

一方面，自 20 世纪 50 年代初以来，随着科学技术的进步，在国家的关心与扶持下，嵊山渔场逐步实现了渔业机械化，从木帆船过渡到机器、篷帆为动力的机帆船，完全依靠机械为动力的钢质渔轮；从完全凭目测天气海况，到收音机收听海况预报；从较为简单的手工电报和鱼探仪进行海上通信联络和获取传递渔况信息，到广泛使用单边带无线电对讲机、海上移动电话及卫星导航导渔、彩色鱼探仪、卫星遥感等技术与设备，快速、有效地获取气候、海况、鱼发动态和鱼市场信息，极大地提高了人类对海洋渔业资源开发经营的能力，嵊山渔场的开发生产规模，也因此得到了空前的扩大，尤其是捕捞强度和渔获总量急速增长。20 世纪 50 年代初，闽、浙、苏、沪、鲁、辽等地渔船来嵊山渔场进行带鱼汛生产的船只越来越多，至 20 世纪 70 年代，生产渔民达 10 万余人，呈现东南沿海六省二市"万船云集嵊山洋，十万渔民下东海"的盛况。

另一方面，从 20 世纪 60 年代初至 90 年代初，尤其是 70 年代初至 80 年代后期，由于人们无节制地扩增捕捞强度，以及海洋污染等诸多因素，破坏了嵊山渔场海洋渔业资源基础及其良好的生态环境，致使嵊山渔场出现快速退化的现象，给以后的渔业发展造成了严重的不良后果，也给子孙后代酿下了"可捕鱼虾越来越少，捕捞生产难以为继"的苦果。不仅小黄鱼汛、大黄鱼汛和乌贼汛相继消亡，就连具有生命周期短、世代更新快、号称全国第一大鱼产品的带鱼，渔获也呈低龄化、小型化。不仅如此，到 20 世纪末至 21 世纪初，连原本不列入大宗经济鱼类与水产种类但产量较高的鲳鱼、鳗鱼、马鲛鱼、鳓鱼、三疣梭子蟹、虾和海蜇等，也日益呈现衰退现象。传统意义上的嵊山渔场，面临着严峻的挑战。

（三）大戢渔场

大戢渔场是以大戢山岛为中心，西与上海南汇海域相接，北至长江口铜沙海域，毗邻小戢山、小洋山、大洋山，南至马迹山海域，东临鸡骨礁、北鼎星海域，渔场面积约为 1 600 km²，大戢渔场也是洋山大黄鱼渔场的一部分。明末清初的顾炎武在其所著的《天下郡国利病书》中谈到当时的采捕渔船："羊山在金山东南，大七（戢）小七（戢）之外，今渔船出海，皆在松江崇阙口，孟夏取鱼时，繁盛如巨镇。"由此可见，每逢春末夏初之时，在大戢山、小戢山至小洋山、大洋山之间的广阔富饶的海域，有数量众多的渔船在此采捕。20 世纪初至 20 世纪五六十年代，大戢渔场一直是舟山、宁波、台州、温州和苏州、松江的渔民捕捞大黄鱼的重要作业渔场，大黄鱼捕捞作业曾经繁盛一时。但是至 20 世纪 70 年代中期，由于大黄鱼的越冬群体资源被破坏，大戢渔场的大黄鱼汛因此也消失了。

（四）浪岗渔场

浪岗渔场以浪岗山列岛为中心海域，北临嵊山渔场，南连中街山渔场，东接舟外渔场，西至海礁海域。浪岗渔场属于嵊山渔场范围内，因该海域渔产丰富，又具有能让生产渔船靠泊躲风浪的良好海湾，渔民习惯上将其作为一个独立渔场，备受关注。

"要吃鲜带鱼，还在浪岗面""浪岗西嘴头，一船两网头"，这些在渔民中广泛流传的渔谚，形象地说明了浪岗渔场渔产之丰裕，以及在捕捞作业中的重要地位。20 世纪 50 年代初，随着捕捞作业工具及生产技术的不断进步，浪岗与海礁海域成为沿海各地渔民捕捞带鱼的主渔场之一。但是，由于捕捞强度过大，20 世纪 80 年代后期资源衰退严重。

（五）黄泽渔场

黄泽渔场地处衢山海域与嵊泗海域之间，渔场东接浪岗洋，南邻岱衢洋，西北靠大戢洋，面积达 1 274 km²。与岱衢渔场（俗称"南港"）相对应，黄泽渔场俗称"北港"。在岱山流传有"前门一港金，后门一港银"的渔谣，说的是"南港"岱衢盛产金灿灿的大黄鱼，"北港"黄泽洋除了产大黄鱼，还盛产银闪闪的鲳鱼。

（六）黄大洋渔场

黄大洋渔场位于大长涂岛与舟山本岛海域之间，渔场东临中街山渔场，西至秀山岛海域，南接普陀莲花洋，北连岱衢洋，面积约为 631 km²。黄大洋渔场开发与黄泽渔场基本同步。生产的鱼类有鲳鱼和鳓鱼，大西寨以东一带海域曾盛产乌贼。20 世纪 70 年代以后上述渔业资源逐渐衰退。

（七）岱衢渔场

岱衢渔场又名"衢港""南港"，渔场北起大洋山、小洋山，南到高亭，西临杭州湾口，东至三星列岛，与最早开发利用的洋山海域互为近邻，面积约为 3 430 km²。主产大黄鱼、鲳鱼、鳓鱼、海蜇等，历史上以盛产岱衢族大黄鱼，形成著名的岱衢洋夏季大黄鱼汛而闻名，素有"前门一港金"之称，在舟山渔场开发利用及浙江当代渔业发展史上曾一度辉煌。

岱衢渔场的开发利用也较早。据有关史料记载，清康熙年间，大黄鱼捕捞生产已在岱衢渔场蓬勃兴起，但当时捕捞大黄鱼的渔场仅限于大衢山及其周围海域。至清雍正时期，大黄鱼中心渔场才逐渐扩大外移到东沙角海域，并由原先以本地渔民生产为主演变成开放性渔场，先是浙东镇海蟹浦、奉化桐照、象山东门、鄞州东乡渔船进入，随后浙南台州、温岭、临海、玉环以及江苏、上海、福建等沿海各省市渔船也相继转移至岱衢渔场作业。曾经有数千艘渔船，十数万渔民、渔工会聚在海上作业、岛岸剖鲞晒干，场景十分壮观。清朝舟山诗人刘梦兰的《衢港渔灯》里是这样描述当时的场景的："无数渔船一港收，渔灯点点漾中流，九天星斗三更落，照遍珊瑚海上洲。"

至民国初期，岱衢洋大黄鱼渔场得到进一步拓展，捕捞生产规模也进一步扩大。一直到 20 世纪五六十年代，岱衢渔场仍然是舟山乃至浙江捕捞大黄鱼的主要渔场。据统计，1953—1956 年夏汛，进入岱衢洋作业的渔船均保持在 4 000～12 000 艘，生产渔民保持在 25 000～80 000 人，大黄鱼产量在 14 000～40 000 t。但是，由于 20 世纪 50 年代中后期及 60 年代中期出现的两次大规模的大黄鱼敲罟作业，导致大黄鱼资源被严重破坏。再加上 70 年代初对进港产卵大黄鱼的酷渔滥捕，尤其是自 1974 年起连续几年对越冬场的大黄鱼进行毁灭性的捕捞后，岱衢渔场的大黄鱼资源彻底遭受破坏。20 世纪 70 年代中期以后，夏季岱衢渔场的大黄鱼汛已不复存在。而后，岱衢渔场的大黄鱼几乎绝迹。最近几年，在科研人员的努力下，目前，岱衢族大黄鱼资源正在修复中，相信不久的将来，舟山大黄鱼又会重振雄风。

（八）中街山渔场

中街山渔场北起浪岗，南至洋鞍渔场，东接舟外渔场，西临岱衢渔场，面积约为 1 372 km²。渔场内分布有青滨、黄兴、庙子湖、东福山。中街山渔场与嵊山渔场和岱衢渔场一样，为舟山传统渔场，历史上主产乌贼、带鱼、小黄鱼、鳓鱼，尤以盛产日本无针乌贼而著名。

清初，中街山列岛已有渔民生产作业，但大多数是来捕乌贼晒鲞的。至乾隆、嘉庆年间，中街山渔场加大了开发利用的力度。民国初期起，中街山渔场乌贼捕捞作业逐渐发展。1932 年，国内水产界著名学者姚焕洲，在舟山群岛乌贼渔业的一份调查报告中记载："当时中街山列岛定居作业的，多为宁波鄞州籍和舟山的秀山、葫芦岛等迁居渔户，浙南的温州、台州渔民均为候鸟式生产，汛前来，汛后回。1932 年，在中街山渔场从事乌贼捕捞生产的渔船，共计 940 艘，其中，宁波鄞州籍与舟山籍网捕作业的渔船 500 艘，而温州、台州籍从事笼捕作业的渔船达 440 艘。"

自 20 世纪 50 年代起，舟山加快了对中街山渔场乌贼资源的开发，每年有 600～700 艘乌贼拖船投入捕捞作业。从 20 世纪 70 年代中期起，乌贼拖船又从小木帆船，改为小型机帆船，作业范围扩大，捕捞强度扩张，并且原本用来捕带鱼的大中型对网作业，也加入捕捞乌贼作业，生产季节也从过去仅夏汛捕捞，延长到冬汛捕捞，加之海底产卵场生态环境的破坏，导致乌贼资源锐减。到 20 世纪 80 年代以后，中街山渔场的乌贼汛也基本消失。

（九）洋鞍渔场

洋鞍渔场位于舟山渔场南部海域，以外洋鞍岛为中心，北连中街山渔场，南接韭山渔场，东至舟外渔场，西邻朱家尖岛、桃花岛海域，渔场面积约为 5 505 km²，主要鱼类有带鱼、小黄鱼、鲐鱼和蓝圆鲹。

早期的洋鞍渔场开发利用与中街山渔场基本同步。清康熙皇帝颁令解除"海禁"后，被迫迁徙的舟山各岛原住民纷纷返回，恢复渔业捕捞生产。至乾隆、嘉庆年间，渔民的捕捞技术与生产工具都有相应的进步，洋鞍渔场上出现了大对船等作业渔船，渔获量显著增加。

20 世纪 50 年代初至 80 年代前期，随着整个舟山渔场捕捞作业范围的不断扩大，洋鞍渔场也得到进一步开发，尤其是 20 世纪 60 年代至 80 年代初，每逢冬季带鱼生产旺汛，洋鞍渔场经常与浪岗、海礁、花鸟东北部等海域一起形成带鱼旺发渔场。但是后来捕捞强度的增加使得资源被破坏，形成不了鱼汛。

（十）金塘渔场

金塘渔场也称灰鳖洋渔场，位于杭州湾口海域，渔场东起双合山至长白山岛海域，西连七姊八妹列岛，近浙东余姚、慈溪大陆海岸；南临宁波甬江入海口，接定海金塘海域，北起火山列岛海域，西北连嵊泗王盘洋，渔场面积约为 1 281 km²。金塘渔场生产的主要鱼类有鲳鱼、鳓鱼、马鲛鱼、鮸鱼及海蜇等。20 世纪 70 年代前，每年 6—8 月，定海、岱山等地渔民会聚金塘渔场生产，主要作业方式为小型流网和张网。后来随着捕捞强度的增加，金塘渔场的资源也逐渐衰退。

五、渔场开发史

舟山渔场渔业资源开发与利用，其实就是舟山渔场的开发与发展，历史悠久。据史料考证，早在新石器时代，定居舟山的祖先就开始在滩涂采蚌拾贝，捉虾捕鱼。至清康熙二十七年（1688 年），舟山渔场的渔业已具有一定的规模，而大规模地开发利用舟山渔场的渔业资源则是在中华人民共和国成立之后，作业渔民，只要在所居住的岛屿周围海域捕捞生产，就能获得较高产量的渔获物。当然，科学研究与海洋捕捞生产实际紧密结合，原浙江水产学院渔业科技工作者努力攻关，风帆渔船动力化和渔网网片剪裁工艺的研究与推广应用，机帆船对网、灯光围网和桁杆虾拖网渔具，以及梭子蟹笼捕技术等方面的研究应用为舟山渔场大幅度提高渔业产量作出了显著的贡献。

然而，曾经由于对海洋缺乏认识，对海洋生态环境重视不够，盲目扩张捕捞等，舟山渔场遭受较大的破坏，"东海无鱼"愈演愈烈。

沉痛的教训使我们深入学习、理解并贯彻落实科学发展观，坚持"渔业稳定"，推进转型升级，切实保护舟山渔场渔业资源，开拓养殖放流、远洋渔业，建设渔港经济等新领域，重振舟山渔业雄风。

虽然舟山渔民按捕捞生产习惯所划分的小渔场开发的时间不一、程度不一，但舟山渔场整体上经历了一段漫长而曲折的发展历程，综合分析舟山渔场的开发和变迁，大致经历了以下 3 个历史时期。

（一）舟山渔场的萌芽期

舟山渔场的萌芽期开始于新石器时代，主要的劳作形式为滩涂采捕，只是为了生存的需要。当时的舟山渔场还处于未经开发的原始状态，涂面礁岩，贝藻丛生，不用花多大力气，只需在海边采拾即可。但是，滩涂采捕随潮而定，得不到保证。若遇风高浪急或潮水的涨退变化，采捕活动就难以进行。因而当时的人们一方面上山种地，另一方面下滩采捕，农渔结合，赖以生存。随着时间的推移，上岛定居的原始先民越来越多，他们对海洋鱼类的需求也日渐增大。此时，经过先辈们的长期摸索、积累，逐渐掌握了潮汐的涨退、鱼群的洄游或活动规律，或已学会了泅水的本领，人们逐渐摆脱了滩涂的束缚，从涂面走向浅海，运用古老的渔法和简单的渔具，开始了浅海捕捞。如用网兜捞鱼的"撩捕"，用网片和竹竿拦捕的"撑网"，以及推网、旋网等，开始了沿岸最原始的开发，这个时期称为"舟山渔场的萌芽期"。

（二）舟山渔场的开发期

到了夏商至春秋战国时期，吴越沿海的造船业和捕鱼业已相当成熟，舟山渔场已有简易的舟楫从事渔业生产了，这一时期可以看作"舟山渔场的初创阶段"。舟山渔场最早的文字记载是在周代，《浙江通志》中记载："周朝，舟嵊一带已用简易的舟楫从事渔业生产。"另根据1991年版的《普陀县志》记载："唐代中期（8世纪40年代），舟山渔业由滩涂采捕推向沿岸捕捞，海岛周围的港湾海域始成渔场。"因此，舟山渔场总体开发开始于商周时期，于唐代中叶形成规模，并进行全方位的开发和启用。

当然，舟山渔场的总体开发是长期的历史积淀和社会性生产发展的结果。其中包括重大的历史事件和演变，岛民人口的增长和需求，造船业和捕捞业的改良和发展，鱼类资源和海域环境的变化等，都是十分重要的因素。据《晋书·孙恩传》记载，东晋末年（399—411年）孙恩在舟山领导了我国历史上第一次大规模渔农民起义，屯兵20万，达20年之久。唐宝应元年（762年）袁晁在舟山起义，"积众二十余万"，可见此时舟山的人口已有相当的规模。为了满足众多人口生活的需求，原来用来捕捉鱼虾和采贝的大片海涂围塘造田，致使原始时期的滩涂面积大大减少，这就使得舟山岛民不得不从海涂采捕向沿岸近海渔场进发。

另外，随着人们对海洋知识的掌握，富饶的近海资源对渴望求富的人们诱惑力越来越大，此时的造船业已相当发达，渔用船只和网具等都已具备，这就为沿岸近海渔场的开发提供了可行性和可能性。虽然一开始还是在岛屿周围的港湾内进行，但随着捕捞作业形式的改变以及家庭式生产组合的出现，舟山渔场的开发向更高层次深化。

据 1994 年版的《岱山县志》记载："宋时，洋山海域已形成大黄鱼渔场。"1991 年版的《普陀县志》中记载："宋、元时，成批渔船在黄大洋、岱衢洋、大目洋捕捞大黄鱼、小黄鱼等。"可见，从唐朝至宋朝，从沿岸向近海开发。

到了元朝，舟山渔场的开发有了更进一步的发展。元大德二年（1298 年）编纂的《昌国州图志》所列举的物产志"海族"条目中，记载了"魟鱼、鲈鱼、梅鱼、鲳鱼"等 56 种鱼、虾和贝类，这说明，舟山渔场至今所捕捞的主要鱼种和采集的贝藻类，在元朝已被开发和利用，舟山渔场的总体开发至宋元年间达到了第一个高峰期。

按理说，舟山渔场的开发到明清年间应该会有更大的发展，但是因明洪武十九年（1386 年）海防战略转变和清顺治十二年（1655 年）的"海禁"制度，几乎使舟山渔业濒于中断，一度繁荣的舟山渔场为此衰落达 300~500 年之久。

清康熙二十三年（1684 年）"海禁"解除，渔场重开，舟山各岛陆续有人前来定居。1736 年，定海、岱山、衢山、六横等岛陆续复垦。1838—1850 年，有福建的小钓船到中街山列岛钓乌贼。继而，瑞安、鄞州等地渔民也来拖捕乌贼，并逐步定居，使青滨等成为渔岛。这一"移民增殖"的过程到 1861 年达到了高潮。在这 100 多年中，从"开禁"到"移民"，为舟山渔场的恢复期和积聚期。

这一时期以后，舟山渔场捕捞作业技术不断更新和引进，区域性渔场不断开发和完善，渔业地位不断提高，生产力不断发展。一直到清朝末年、辛亥革命前夕，舟山渔场的开发渐向高峰发展，至 1931 年，为舟山渔场开发的鼎盛期。这是舟山渔场总体开发史中的第二个高峰期，也是古老而富饶的舟山渔场在中华人民共和国成立前的全盛期。

但是，1937 年日寇入侵至 1950 年舟山群岛解放之前，由于海上战事不断，舟山渔场继清朝"海禁"之后，再一次遭到浩劫，导致到 1937 年年底，舟山渔船出海比 20 世纪 30 年代初减少一半，鱼产量大幅度下降。抗战胜利后，虽然渔业逐步复苏，但紧接着内战爆发，致使舟山渔场遭到空前浩劫，濒临崩溃的边缘。据六横、蚂蚁、螺门等 6 个乡镇调查，1949 年出海渔船仅为 192 艘，年产量仅为

700 t。抗日战争前至中华人民共和国成立近 15 年中，舟山渔场的开发仍停顿在抗日战争前水平，不仅没有发展，还遭受了毁灭性的破坏。

1950 年，舟山群岛解放，舟山渔场的开发迎来了一个新的时期。1950—1957 年，舟山渔民在迅速恢复生产的基础上，建立了渔场领导体制和机构，除制定了渔场的发展方针和进行渔业民主改革外，还着重狠抓海洋渔船的更新。从 1954 年起，进行了机帆渔船生产作业的试验。1955 年夏汛试捕成功。到 1957 年舟山渔场已有 157 艘渔船实现了渔业捕捞机帆化，这是舟山渔场开发史上一个划时代的成就。从此，舟山渔场的海上作业摆脱了"捕鱼养老小，要快橹来摇"和"三寸板外是阎王"的木帆船生产时代，逐步走上了渔业生产机帆化和现代化的道路。当时，舟山渔场热火朝天地掀起一股渔民"勒紧裤带"省吃俭用，自筹资金打造机帆船的热潮。由于机帆船具有安全、快速、抗风能力高等优点，舟山渔民不断扩大捕捞渔场，北上佘山、吕泗，南下大陈、披山岛，延长作业时间；开展"一船多用"，多种作业形式结合，使捕获量大幅度提高，出现了"一网千担"等历史上罕见的大网头和高产船、高产单位。据 1992 年版的《舟山市志》记载："1957 年舟山产鱼量 17 余万吨"，比 1952 年翻了一番。因此，1955—1957 年可以说是舟山渔场开发史上的第三个兴旺期。

（三）舟山渔场的全面发展期

但是好景不长，从 1958 年开始舟山渔场的开发又一次受挫，直到 1976 年，渔业生产才步入正轨。随后，自 1978 年 12 月以来，以党的十一届三中全会重新确立的马克思主义思想路线、政治路线和组织路线为指导，对舟山渔场的进一步开发和利用作了全方位的调整，合理利用渔场资源、大力发展海水养殖、提高渔获质量、改革渔区经济体制、调整渔业生产结构、开拓舟外渔场等，舟山渔场进入了全面开发和保护阶段。

思考题　　　主题讨论

第二章　海洋渔业资源

【教学目标】了解渔业资源的概念、特点和分类，理解舟山不同时期的海洋渔业资源，掌握舟山"四大海产"的资源状况，以及保护舟山海洋渔业资源的措施和方法。

【章前导言】舟山得天独厚的地理环境，使得舟山的海洋渔业资源十分丰富，有"东海鱼仓"和"中国渔都"之美称。但是，过去几十年的过度捕捞和其他破坏因素，导致渔业资源丰富的舟山出现了"无鱼可捕"的局面，因此，保护海洋渔业资源，促使资源可持续发展是当前的关键任务。

渔业资源的
开发与利用

第一节　海洋鱼类概述

浩瀚的海洋是一个充满谜团的蓝色宇宙，是海洋生物资源的宝库。在这个宝库里有鱼类、甲壳类、头足类、藻类、海兽类等，而最多的则应属于鱼类，对鱼类生活习性的了解和掌握，有利于鱼类资源的可持续利用。

一、海洋鱼类的命名

鱼类是人们非常熟悉的水生动物，无论是观赏鱼，还是食用鱼，人们随口都能说出很多种，如大黄鱼、小黄鱼、鲅鱼、带鱼、金枪鱼、鲨鱼等。可是，在日常生活中，人们还常把一些不是生物学意义上的鱼也称为鱼，如娃娃鱼（两栖类）、鲸鱼（哺乳类）、鳄鱼（爬行类）、柔鱼（软体动物）等。

鱼类是用鳃呼吸、通过尾部和躯干部的摆动以及鳍的协调作用游泳，并凭上下颌摄食的变温水生脊椎动物，属于脊索动物门中的脊椎动物亚门。所以日常我们所说的鲍鱼、墨鱼（乌贼）、娃娃鱼、鲸鱼，虽然冠以鱼的称号，但不是生物学分类上的鱼。

我们知道，鱼类是地球上脊椎动物中最大的一个家族，在所有的脊椎动物中鱼类占 53%，其中有 2/3 是海洋鱼类。为了方便区分与研究，人们都会给每一种鱼定一个名字。一般情况下，每一种鱼有一个俗名和一个学名。俗名一般是人们给予某一种鱼的一个特定称呼，通常只适用于某一特定的地区，并且常会因国家、地区的不同，出现同一种鱼有不同俗名，所以有时会导致混淆不清。例如，小黄鱼，福建人叫"小黄花"，浙江人叫"小鲜"，山东、河北以及辽宁地区又叫"黄花鱼"。

所以，为了避免这类现象的出现，鱼类学家给每一种鱼冠以一个名字，这个名字称为学名。学名是科学家按照一定的规则给予每一种海洋鱼类的命名，是能在全世界通用的鱼的称呼，每一种海洋鱼类的学名只有一个，采用拉丁文命名，所以不会混淆。一个学名通常由"属名＋种名＋命名者"组成，如大家熟悉的小黄鱼的学名：*Larimichthys*（属名）*polyactis*（种名）Bleeker（命名者）（1877），带鱼的学名：*Trichiurus*（属名）*lepturus*（种名）Linnaeus（命名者）（1758），大黄鱼的学名：*Larimichthys*（属名）*crocea*（种名）Richardson（命名者）（1846）。再加上它所属的纲、目、科，就形成一条鱼完整的分类和命名（舟山海域常见的几种海洋经济鱼类的命名见附录1）。

二、海洋鱼类体型与行为

（一）鱼类的体型

鱼类生活在水中，为了克服水中的各类阻力，适应各水层和水域环境，每种鱼均具有各自特定的体型，这是鱼类对环境的选择和适应的结果。鱼类的体型一般可以分为 4 种基本类型。

（1）纺锤形。纺锤形是一种常见的鱼类体型，鱼体中段大两头尖小，呈流线型，这样的体型可以减小水流对鱼体的阻力，所以这类体型的鱼类的游泳速度比较快，有利于它们摄食和逃避敌害，如大眼金枪鱼（图 2-1）、鲣鱼等。

图 2-1 大眼金枪鱼
图片来源：陈新军，2018

（2）棒形。棒形鱼类的头尾轴特别长，像一根棒头，这类鱼适于穴居，常年穿游于水底礁石岩缝中，或者潜伏于水底泥沙中，它们行动不甚敏捷，腹鳍及胸鳍通常退化或消失，如海鳗（图 2-2）、鳗鲡等。

图 2-2 海鳗
图片来源：朱文斌等，2022

（3）侧扁形。侧扁形鱼体左右侧扁，体高相对较高，在硬骨鱼类中较为普遍。这种体型的鱼类通常游速慢，多栖息于水流缓慢的中下层水域，行动不敏捷，很少做长距离的洄游，如银鲳（图 2-3）、马面鲀等。

图 2-3 银鲳
图片来源：朱文斌等，2022

（4）平扁形。平扁形的鱼类背腹平扁，左右宽阔，拥有这种体型的鱼类大多栖息于水底，胸鳍十分发达，有时会在中上层水域快速游泳，如黄鲼鳐（图 2-4）、光虹等。

图 2-4 黄鮟鱇

图片来源：朱文斌等，2022

除常见的 4 种鱼类体型以外，鱼类还有一些适应其特殊生活环境和生活习性的特殊体型，如带形、箱形、海马形等，甚至有些是很难判断形状的。

无论鱼类的体型如何变化，其主要部分及分区还是可以清楚地分辨的，均可以清楚地分为头部、躯干部（胴部）和尾部 3 个主要部分。图 2-5 为大黄鱼的体型分区图。

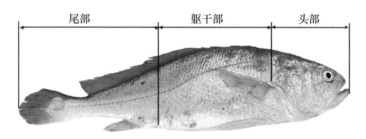

图 2-5 大黄鱼的体型分区

图片来源：王飞 摄

（二）鱼类的行为

鱼类的行为，是指鱼类对外界环境或内部环境变化的外在反应，外部环境包括水温、盐度、溶解气体、潮汐、海流、饵料、敌害等，十分复杂；内部环境包括伴随鱼类成长而产生的激素等，相对于外部环境而言比较简单。外部环境和内部环境的变化成为鱼类产生行为的刺激因素，通过眼、耳、鼻、测线等感受器接收刺激信号，经过中枢神经系统和末梢神经系统的传递，使肌肉、鳍等效应器产生反应行为。比较常见的有趋光行为、游泳行为、发声行为、集群行为、洄游行为，以及对渔具的行为等，其中集群行为和洄游行为相对而言是比较特殊的鱼类行为。

小鱼能吃
大鱼吗

1. 鱼类的集群

物以类聚，人以群分，鱼类也一样，经常会聚集在一起形成一个群体。鱼类的集群是出于生理上的需求和生活上的需要，一些生理状态相同，又有共同生活需要的鱼类个体集合成群，以便共同生活的现象。在不同的生活阶段和不同的海洋环境下，鱼类集群的规模和集群的形式是不同的。

鱼类的集群

集群是大多数鱼类较为普遍的行为。在整个生命中，鱼类都会显现出阶段性的集群，尤其是洄游性鱼类。据资料统计，世界上有记载的鱼类中，整个生命过程都会集群的鱼类占 25%，幼鱼阶段集群的鱼类占 50%。一般情况下，个体小的鱼类极易形成集群，因为这样能够增加安全系数，让它们在大鱼吃小鱼的环境里得以生存和发展。有趣的是，不仅小型鱼类喜欢集群，某些大型捕食性鱼类也喜欢集群，如金枪鱼、鲣鱼等。

根据集群产生原因的不同，鱼类的集群分为生殖集群、索饵集群、越冬集群、临时集群 4 类。生殖集群是由性腺已成熟的个体汇合而成的鱼群，这类鱼群性腺发育程度基本一致，但年龄不一定完全相同，而且这类鱼群群体密度大，也比较集中和稳定。索饵集群是由食性相同、以捕食其爱好的饵料为目标汇合而成的鱼群，这类鱼群食性相同，长相相近，种类或许不同，但都是为了相同的摄食饵料而聚集在一起。越冬集群是由为了寻找适合其生活的新环境而汇合而成的鱼群，这类鱼群都是由于环境的改变而产生停止摄食或减少摄食现象的鱼类集合而成的。临时集群是当遇到环境突变或是凶猛鱼类时引起的暂时性集中的鱼群，当环境恢复正常或是凶猛鱼类离开后，它们就可能恢复原样。

集群是鱼类经过长期自然选择而被保留的一种适应性，对鱼类的生存起着十分有利的作用。一是防御作用，大量个体尤其是小个体聚集在一起共同移动，引起"聚合效应"，难以分辨，具有庇护的效果。二是索饵作用，大量的鱼集群时不仅感觉器官总数增加，起到"多眼效应"，而且可以增加搜索的扫海面积，比单个个体更容易发现和寻找食物。三是生殖作用，集群时鱼类雌雄个体的密度大，有效地提高了繁殖能力。四是洄游作用，大量个体聚集在一起形成密集的群体，能更快地发现某些定向标记，找到洄游路线。五是节能作用，从流体动力学的角度来分析，在定向集群游动时，领头的鱼后面形成了一个漩涡，使得后面的鱼更容易前进。

2. 鱼类的洄游

海洋中的鱼类会做周期性、集群性、定向性的长距离移动，即为鱼类的洄游，主要包括产卵洄游、索饵洄游、越冬洄游等。

产卵洄游，又称生殖洄游，是指鱼类在产卵前会游到一个水温、盐度比较适合又比较安全的海区进行产卵以繁衍后代。索饵洄游，又称摄食洄游或育肥洄游，是指鱼类为追逐或寻找饵料生物而进行长距离、大规模的洄游。鱼类的饵料大多数是浮游生物、小鱼、小虾和贝类等，这些生物的数量往往随着海洋环境的变化而变化。因此，鱼类为了寻找饵料丰富的海域，不得不做长距离洄游。越冬洄游，又称季节性洄游或适温洄游，是指因水温的下降而引起的鱼类长距离洄游。因为鱼类是一种变温动物，对于水温的变化非常敏感，而每一种鱼类都有一定的适温范围，当水温下降到不能适合自身生活对水温的要求时，就会迫使鱼类洄游到水温合适的海区去。

鱼类的产卵洄游、索饵洄游、越冬洄游，这三者之间存在一定的联系。图 2-6 反映了洄游的性质，显示了鱼类生活周期的几个主要环节以及各环节相互之间的关系。

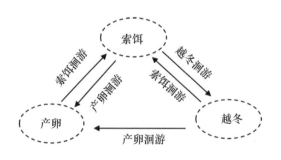

图 2-6　洄游路线

第二节　海洋渔业资源概述

一、渔业资源概念

在《辞海》（1999 年版）中讲道："水产资源是指海水水域中蕴藏的各种经济动植物（鱼类、贝类、甲壳类、海兽类、藻类）的数量，渔业上对经济动植物的数量通常称为渔业资源，包括已成熟可供捕捞的部分和未成熟的可供预备捕捞的部分。"《农业大词典》（1998 年版）和《中国农业百科全书》（水产业卷）（1994 年版）中是这样来定义渔业资源的："水产资源是指天然水域中具有开发利用价值的经济动植物种类和数量的总称，又称渔业资源。"综上所述，我们可以将渔业资源定义为，天然水域中，具有开发利用价值的鱼类、甲壳类、贝类、藻类和海兽类等经济动植物的种类和数量的总称。渔业资源是发展水产业的物质基础，也是人类食物的一个重要来源。

二、渔业资源分类

渔业资源是自然资源的重要组成部分，渔业资源状况不仅会受其本身的生物学特性的影响，还会随着其栖息环境条件的变化和人类开发利用状况的变化而变化。同时，随着人类社会、科学技术和生产手段的日益进步，渔业资源的开发种类也在不断地扩大，主要有以下两种分类方法。

（一）按捕捞对象划分

渔业资源按捕捞对象的种类来划分，可以划分为鱼类、甲壳类（虾类和蟹类等）、软体动物类（贝类等）和哺乳类（海兽类等）等动物性资源，以及藻类等植物性资源。

1. 鱼类

无论是在数量上还是在种类上，鱼类都是渔业资源中数量最大的类群，中国的鱼类种类有 3 000 余种，其中海洋鱼类有 2 000 余种，占比较高。

2. 甲壳类

甲壳类主要分为虾类和蟹类两大类，是海洋中经济价值较高的水产动物，中国有虾类 400 余种，蟹类 600 余种。。

3. 软体动物类

海洋中的软体动物是海洋动物中最大的门类，分布广泛，是洄游范围较小的水产经济动物。重要的经济软体动物主要是头足类和贝类，中国约有头足类 80 种，贝类 3 000 种，头足类主要有鱿鱼、乌贼和章鱼等；海水养殖经济贝类主要有牡蛎、蛤蜊、贻贝和扇贝等。"一方水土养一方人"，在色彩斑斓的动物世界中，不同海域的生物资源有着明显的差异。例如，"海中鸡蛋"的舟山嵊泗贻贝，肉质厚实，味道鲜美。

4. 哺乳类

哺乳类主要指的是海洋哺乳动物，也叫海兽类，包括鲸类、海豹、海獭、儒艮、海牛等，大多数被列为重点保护对象，中国约有海兽类 40 种。

5. 藻类

藻类是一种植物资源，属于定居性生物，中国约有海藻 1 000 种。我国养殖的主要经济藻类有海带、裙带菜、紫菜和江蓠等。

（二）按捕捞产量划分

根据联合国粮食及农业组织（Food and Agriculture Organization of the United Nations, FAO）统计，在全球约 800 种海洋捕捞对象中，按单一捕捞品种实际年渔获量的量级来划分渔业资源，可以划分为，特级捕捞对象，实际年渔获量超过 $1\ 000 \times 10^4\ t$，主要是秘鲁海域的秘鲁鳀鱼，其中，1970 年年产量为 $1\ 306 \times 10^4\ t$。I 级捕捞对象，实际年渔获量 $100 \times 10^4 \sim 1\ 000 \times 10^4\ t$，主要捕捞狭鳕、远东拟沙丁、日本鲐等。II 级捕捞对象，实际年渔获量 $10 \times 10^4 \sim 100 \times 10^4\ t$，主要捕捞带鱼、中国毛虾等。

Ⅲ级捕捞对象，实际年渔获量 $1 \times 10^4 \sim 10 \times 10^4$ t，主要捕捞银鲳、三疣梭子蟹、曼氏无针乌贼等。Ⅳ级捕捞对象，实际年渔获量 $0.1 \times 10^4 \sim 1 \times 10^4$ t，主要捕捞黄姑鱼、口虾姑等。Ⅴ级捕捞对象，实际年渔获量小于 0.1×10^4 t，主要捕捞黑鲷、大菱鲆等。舟山海域曾最高到达Ⅱ级产量级，主要是带鱼的捕捞，1974 年最高达 21.4×10^4 t。

三、渔业资源特性

海洋渔业资源是自然资源的一种，但它既不同于如潮汐能、风能等不可耗竭的自然资源，又不同于如矿物等可耗竭而不能再生的自然资源，它是一种可再生的资源。因此，海洋渔业资源具有其所特有的属性和自然资源所具有的共性。

（一）稀缺性

相对于人类需求的无限性，海洋渔业资源也是典型的稀缺性资源。工业革命后，人类对海洋渔业资源的采捕强度不断提高，并在第二次世界大战后愈演愈烈。1950 年，世界海洋渔业的捕捞总产量就达到了 $2\,110 \times 10^4$ t，超过了第二次世界大战前的最高水平。随着社会的进步、人口增长和生活水平的提高，人类对水产蛋白质的需求越来越大，优质水产品价格持续高涨，对水产品的需求量不断增长。20 世纪末，中国绝大部分近海海域的渔场已被过度开发，渔业资源严重衰退，导致近海资源稀缺。

（二）再生性

海洋渔业资源是一种可再生资源，具有自我繁殖的能力。通过种群的繁殖、发育和生长，资源能够得到不断更新，种群数量能够不断获得补充，并通过一定的自我调节能力，使种群的数量在一定点上达到平衡。如果有适宜的环境条件，且人类开发利用合理，则渔业资源可以世代繁衍，并持续为人类提供高质量的蛋白质。但如果生长的环境条件遭到自然或人为的破坏，或者遭到人类的酷渔滥捕，渔业资源自我更新能力就会降低，生态平衡就会遭到破坏，并将导致渔业资源的衰退甚至枯竭。因此，应控制捕捞强度，不能使其超过渔业资源种群自身的再生能力。

（三）流动性

海洋渔业资源不同于其他可再生资源的另一个典型特征是它的流动性。渔业资源中除少数固着性水生生物外，绝大多数渔业资源具有在水中洄游移动的习性，这是渔业资源与其他可再生生物资源的不同之处。一般来说，甲壳类等的移动范围相对较小，鱼类和哺乳类的移动范围较大，特别是溯河产卵的大麻哈鱼等大洋性鱼类移动范围可达上千千米。

（四）地域性

不同海域的渔业资源具有明显的地域性。例如，黄海和渤海海域渔业资源的生物总量大，但鱼类的种类较少；而南海海域渔业资源的生物总量偏小，但是鱼类种类较多。作为海域的特种水产品，如大连的扇贝、南通的文蛤和紫菜、舟山的带鱼都是我国广大消费者所钟情的水产品。

（五）渔获物的易腐性

如果渔获物腐烂变质就会完全失去其水产品的效用和使用价值，即使没有腐败变质，若鲜度下降，则水产品的利用效果也会降低。因此，在无保鲜措施的年代，渔场的利用和流通的范围受到了非常大的限制，渔业生产只能局限在沿岸海域，水产品的消费也只能局限在沿海地区。冷冻技术的发展促进了渔场的远洋化、流通的广域化，同时加工原料的大量储藏为渔业的发展创造了条件，从而促进了渔业资源的开发和利用。

（六）波动性

渔业资源除受到人为捕捞因素的作用外，还极易受气象、水文环境等自然因素的影响，资源量具有波动性，如厄尔尼诺现象造成秘鲁鳀鱼产量剧降。正是由于渔业资源的波动性，导致捕捞生产和水产养殖等生产活动的不确定性和更大的风险性。

第三节　舟山海洋渔业资源

舟山素以"渔盐之利，甲于一群"著称，被誉为"中国渔都"。舟山地处东海之滨，位于长江、钱塘江、甬江等水系交汇处，水质肥沃，自然环境优越，水产资源十分丰富。据1982年版的《舟山市志》记载，舟山渔场共有鱼类365种，其中，暖水性鱼类占49.3%，暖温性鱼类占47.5%，冷温性鱼类占3.2%。虾类60种，蟹类11种；海栖哺乳动物20余种；贝类134种；海藻类154种。特别是早期的舟山小黄鱼、大黄鱼、乌贼和带鱼"四大海产"名扬天下，白（黄）姑、海鳗、鲐鱼、蓝圆鲹、比目鱼、梭子蟹等产量较高，小鱼、小虾产品资源也非常丰富，还有小宗产品如曾经的册子渔山的鮸鱼，在舟山曾有"宁可错割廿亩稻，不可忘记鮸鱼脑"的谚语。但是，由于20世纪70—80年代的过度捕捞，大黄鱼、小黄鱼、带鱼和乌贼等传统渔业资源严重衰退。

一、萌芽时期海洋渔业资源

从全国许多古文化遗址出土的文物中发现，新石器时代已经有各种捕鱼工具，如骨制的鱼镖、鱼叉、鱼钩等。用网捕鱼，如在《易经·系辞下》中就有记载："做结绳而为网罟，以佃以渔"，渔网的应用是捕捞手段进步的一个明显的标志。舟山也如此，在舟山本岛以及衢山岛、朱家尖岛等20余处发掘出的贝壳遗骸，说明在新石器时代，舟山先民就已经在滩涂上采蚌拾贝，捉鱼摸虾，并使用简单的渔具，在海岸潮间带和礁丛等地方捕捉随潮进退的鱼、虾、蟹类。而且当时的资源十分丰富，即使使用简单的工具也能获取较多的渔获物。

二、中华人民共和国成立前海洋渔业资源

舟山岛屿众多，各个小岛都分散在海洋之中，并无膏腴的田地，所以人们只能靠获取海洋生物生活。中华人民共和国成立前的舟山海洋渔业资源十分丰富，但渔民没有现代的冷冻技术，而且渔获物易于腐烂，因此，主要靠盐藏或盐腌来防止渔获物腐烂。据史料记载，沿海渔民每产出一斤（0.5 kg）盐都要上报朝廷，官府以十文钱的价格收购，而腌制五斤鱼则需要一斤盐，渔民常因无力购盐腌鱼而致大量渔获腐烂。

后来舟山渔民为了将捕获的鱼更好地储存起来，建造了一种冰库。这种冰库上面覆盖着很厚的草，能够起到隔热保温的作用，冰库上部很矮，但在冰库的下面，却挖得很深。人们将冬季采集的大冰块放进去，即使是夏季也不会融化，再将新鲜的鱼放进这种冰库里，就可以在低温环境下保存很长时间。这是劳动人民智慧的结晶。

到了明清时期，为了维护封建王朝的统治，"海禁"等政策致使舟山两次徙民，使渔业资源的开发停滞不前。清康熙二十三年（1684年）"海禁"结束，准许人民归复，岱山岛、衢山岛、秀山岛、金塘岛、桃花岛、虾峙岛等岛率先恢复渔业生产，恢复渔业资源的开发与利用。

清康熙二十七年（1688年），来舟山渔场生产的沿海渔民日渐增多。大黄鱼汛期的衢山岛斗岙，"浙江、福建沿海诸郡渔船毕集于此，大小船至数千停泊晒鲞，殆无虚地"，但是鱼汛期一结束，各渔船都回到原来的地方，它们仅为鱼汛期而来。随着原迁徙至沿海内陆的移民陆续返回海岛定居，大对、大捕等作业方式相继传入，出海渔民以村落组成渔邦，加速了渔业资源的开发。

民国初期，舟山渔场开发捕捞的鱼类已有40多种。1917年开发了佘山小黄鱼渔场后，金融机构分别在定海、沈家门、东沙、嵊山设营业机构，鱼行等纷纷建立，社会对渔业投资也日益增加，大大推动了舟山渔业的发展，其中，1931年，定海县渔产1.5×10^4 t。但从1939年起，日本侵略军侵占舟山，在长达6年的时间里，资源开发陷入停顿阶段，直至1945年抗日战争胜利。据浙江省举办的全省渔船登记材料统计，1945年，浙江全省仅剩渔船4 447艘，损失60%以上。如舟山市六横区的佛渡岛，抗日战争前曾有渔船30多艘，经过6年的摧残，一只都没剩下。受此打击，捕捞产量锐减，渔业资源的开发一落千丈，随后的1946—1948年则是抗日战争胜利后的一个短暂的渔业恢复阶段。

渔业的
四大革命

三、中华人民共和国成立后海洋渔业资源

中华人民共和国成立之初，在舟山人民政府发放渔贷、鼓励渔民增船添网、倡导生产自救、建立渔市场、解放军出海护航护渔等多种措施的鼓励下，渔业生产恢复，渔业资源也得以开发。1952年，定海区、嵊泗县渔产8.28×10^4 t。从1953年起，中共舟山地委和舟山专员公署，确立"以渔为主"的工作方针，实施渔业合作化、风帆渔船的动力化、养殖面积品种扩大化等措施，开展渔业互助合作，进行渔业民主改

革，加强对渔业生产的投入，产量逐年增加，到 1957 年海洋渔业产量达 17.32×10^4 t，比 1952 年翻了一番。但从 1958 年开始，渔民的生产积极性受到极大的打击，再加上 1959 年 4 月在吕泗渔场生产的渔船遭受特大风灾，使得 1961 年的渔业产量降到了 13.99×10^4 t。

蚂蚁岛渔业

1963—1966 年，随着人民政府贯彻"调整，巩固，充实，提高"的方针，大批机动渔船（包括开始时的机、帆两用机帆船，后期的以机器动力为主的机动船）投入生产，渔业产量逐年上升。1966 年达 32.85×10^4 t，比 1961 年增加 134.81%。但 1969 年春至 1970 年年底，数以千计的机动渔船停产和半停产，使得 1968—1970 年平均年产量降至 21.44×10^4 t。1971 年后，生产秩序逐步恢复，产量回升。1974 年年产量达 47.82×10^4 t，1978 年年产量达 48.77×10^4 t。

由于机动船大量进入渔场作业，捕捞强度加大，近海几种主要鱼类资源日趋衰退。从 1979 年起，舟山市逐步调整生产体制和捕捞作业结构，开发外海渔场和利用近海虾、蟹资源，发展新的养殖品种，加强禁渔区和休渔期的管理，以及采取控制捕捞强度等保护水产资源的措施。因此，到 20 世纪末，舟山市水产品总产量和海洋捕捞总产量一直处于上升趋势，水产品总产量从 1990 年的 45.03×10^4 t 增加至 2000 年的 134.92×10^4 t，增加了 199.62%；海洋捕捞总产量从 1990 年的 44.01×10^4 t 增加至 2000 年的 129.30×10^4 t，增加了 193.80%。随后，因资源的过度捕捞而面临近海渔业资源的明显衰退，以及政府的捕捞产量"零增长"和"负增长"措施的实施，渔业产量徘徊不前或略有下降趋势，水产品总产量从 2000 年的 134.92×10^4 t 降至 2010 年的 131.12×10^4 t，海洋捕捞总产量从 2000 年的 129.30×10^4 t 降低至 2010 年的 104.63×10^4 t。但人们加大了对资源种类的开发，水产品种类有所增加。据舟山市 2012 年统计，舟山渔场内共有海洋生物 1 163 种，按类别分：浮游植物 91 种、浮游动物 103 种、底栖动物 480 种、底栖植物 131 种、游泳动物 358 种。捕捞的主要品种有带鱼、鳓鱼、马鲛鱼、海鳗、鲐鱼、马面鲀、石斑鱼、梭子蟹和虾类等 36 种，包括鱼类、甲壳类、贝类、头足类和其他类，其中以鱼类为主。

2021 年，舟山市海洋捕捞产量中，鱼类的捕捞产量占整个海洋捕捞产量的 61.05%，占了一半以上，图 2-7 为 2011—2021 年舟山市鱼类、甲壳类、贝类、头足类以及其他品种的捕捞产量；图 2-8 为 2011—2021 年舟山市水产品产量和捕捞产量的变化情况；图 2-9 为 2011—2021 年舟山市两区两县捕捞产量对比；图 2-10 和图 2-11 为 20 世纪 50—70 年代舟山的渔获场景。

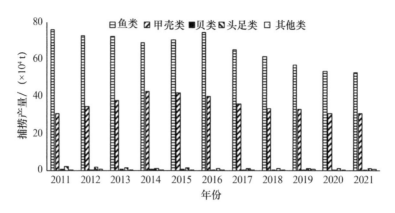

图 2-7　2011—2021 年舟山市主要海洋捕捞品种的捕捞产量对比

数据来源：舟山市统计局

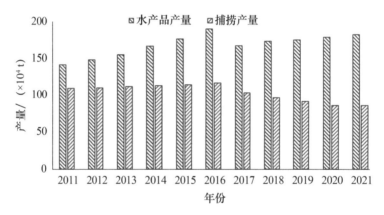

图 2-8　2011—2021 年舟山市水产品产量和捕捞产量对比

数据来源：舟山市统计局

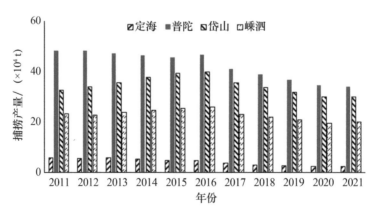

图 2-9　2011—2021 年舟山市两区两县捕捞产量对比

数据来源：舟山市统计局

图 2-10 带鱼渔获

图片来源：嵊泗海洋与渔业志编纂委员会，2011

图 2-11 带鱼汛大网头

图片来源：嵊泗海洋与渔业志编纂委员会，2011

四、海洋渔业资源修复

舟山渔场海洋渔业资源从丰产到现在渔业资源的衰退，资源群落结构也发生了变化。从20世纪60年代的以大黄鱼、小黄鱼、带鱼、鳓鱼、海鳗、鮸鱼、银鲳、舌鳎等一些优质底层、近底层鱼类为主要优势种，演变为20世纪80年代的以带鱼、鲐鱼、白姑鱼、发光鲷、灰鲳等鱼类为主要优势种，到20世纪90年代则以带鱼、小黄鱼、白姑鱼、黄鲫、梅童鱼等为主要优势种，随后优势种依次为龙头鱼、七星底灯鱼、黄鲫、赤鼻棱鳀、银鲳、皮氏叫姑鱼等小型中上层鱼类。其间，其他鱼类、虾类、蟹类和贝类等渔业资源得到了不同程度的开发利用，但由于各种原因，总体上舟山渔场海洋渔业资源是趋于衰退的。为切实保护舟山渔场资源的可持续发展，应具有学习、理解、履行高质量发展理念的自觉性，坚持"渔业稳定"，推进转型升级。远洋渔业、增殖放流、渔业养护、休渔政策与执法管理等多管齐下，才能使"东海无鱼可捕"的困境得以改变，舟山渔场才能得以休养生息，重焕生机。

舟山远洋渔业的发展与壮大为舟山近海资源的修复提供了充足的空间，同时增加了国内渔业的产量和市场供应量，并减缓近海渔业的捕捞压力，一举多得。

舟山渔场的增殖放流活动开始于20世纪80年代的对虾人工增殖。40年来，随着更多优良增殖种类人工繁育技术的突破，增殖放流种类与数量逐年增加，仅2011—2014年，舟山海域就增殖放流鱼、虾、蟹、贝等各类苗种约15亿尾。对虾、梭子蟹、大黄鱼、海蜇、黑鲷、乌贼等多个种类已成为舟山渔场最主要的大宗增殖种类，几乎绝迹的曼氏无针乌贼再次出现在市民餐桌上，鱼汛消失的大黄鱼也偶有成批捕获。

舟山渔场的渔业养护以人工鱼礁与海藻床建设为主，旨在营造海洋生物栖息的良好环境，为鱼类等提供繁殖、生长、索饵和避敌的场所。多年的探索，舟山已形成浙江省最大的水下人工鱼礁区，规模位居全国前列。其中，嵊泗列岛、朱家尖及宁波近海的人工鱼礁位列全国之首，嵊泗的海藻床规模也不容小觑，使得大、小鱼儿有了栖居的场所，鱼礁与藻床附近的渔业生物量显著增加。

休渔制度是当前一项重要且有效的渔业资源保护措施，对缓解过多渔船和过大捕捞强度对渔业资源造成的巨大压力，遏制海洋渔业资源衰退势头，增加主要经济鱼类的资源量起到了重要的作用。可以说休渔制度的实施有利于渔业资源的保护和恢复，有利于渔业生态的改善，有利于渔民的长远利益，有利于促进渔业的持续、稳定、健康发展（2023 年休渔制度见附录 2）。

多年来的实践证明，休渔保护了主要经济鱼类的亲体和幼鱼资源，使海洋渔业资源得以休养生息，具有明显的生态效益。渔船在休渔期间也节约了生产成本，休渔结束后渔获物产量增加、质量提高。

（1）休渔限制了渔具及捕鱼方式，使得人为破坏渔场的因素得到控制，渔业生态环境得以改善。

（2）实行休渔制度后，渔场鱼类资源密度增加，幼鱼比例下降，渔获个体增大，资源经济效益显著提高。

（3）减少了成本支出，实现了节能减排"双赢"。实行休渔制度，缩短了渔船作业时间，减少燃油等渔需物资的消耗，直接降低了捕捞生产成本。

另外，"减船转产""一打三整治"，加强了作业渔船的准入制度，整治了禁用渔具与海洋环境污染，捕捞的无序增长得到了有效遏制。

诚然，舟山渔场渔业资源修复是一个庞大而系统的工程，仅靠增殖放流、资源养护、休渔政策、减船转产等，远不能扭转渔场现有的颓势，还需科技创新和体制创新双管齐下，提升渔场海洋生态环境、渔业资源、海洋经济的可持续发展能力，方是破局之道。

第四节　舟山"四大海产"

舟山具有地理、水文、生物等优越的自然条件，使舟山渔场及其附近海域成为适宜多种鱼类繁殖、生长、索饵、越冬的生活栖息地，历史上以小黄鱼、大黄鱼、乌贼、带鱼最为丰富，因此，人们把小黄鱼、大黄鱼、乌贼和带鱼称为舟山的"四大海产"。

鱼类和其他水生动物受生理、遗传以及外界环境因素等的影响，会形成有规律的产卵、洄游、密集滞留等现象，从而形成密集区，有利于捕捞生产，这个时期称为鱼汛期，简称鱼汛。渔民根据其出现的季节不同，将其分为春汛、夏汛、秋汛、冬汛。20 世纪初至 20 世纪 70 年代末，在舟山一年四季几乎都有以"四大海产"

为主的鱼汛,如春季有小黄鱼汛,夏季有大黄鱼汛和乌贼汛,秋季有小黄鱼汛和大黄鱼汛,冬季有带鱼汛。20 世纪 50 年代中期至 80 年代初,大黄鱼、小黄鱼、乌贼和带鱼的捕捞产量占海洋捕捞总产量的比例均高于 50%,最高的是 1968 年,达到了 94.57%(表 2-1)。以前,在舟山经常会听到描写舟山鱼汛期资源丰富的歌谣,《四季渔歌》就是其中一首。

四季渔歌

春季黄鱼咕咕叫,要听阿哥踏海潮。

夏季乌贼加海蜇,猛猛太阳背脊焦。

秋季杂鱼由侬挑,网里滚滚舱里跳。

北风一吹白雪飘,风里浪里带鱼钓。

但是,经历了敲䑩作业,20 世纪 70 年代的围捕"中央渔场"大黄鱼,以及大批机动船的迅猛发展,并且常年投入生产,轮番滥捕,先后出现生长型和补充型群体数量极大地减少的现象,破坏了这些资源的生态平衡。同时因水产品价格全面放开等原因,鱼汛季节已无明显界限,导致捕捞能力超过了资源的再生能力,舟山渔场传统经济渔业资源被过度开发利用。

20 世纪 80 年代以后,舟山市"四大海产"捕捞产量占海洋捕捞总产量的比例明显下降。据统计,1970—1975 年占比 70% 以上,其中,1972 年占 86%;1976—1983 年占比下降至 50%~70%;1984 年起继续下降至 50% 以下,1988 年仅占 32.31%,直至 2014 年的 14.16%。其中的大黄鱼已经形成不了鱼汛,资源遭受严重的破坏,已成为"出水文物"。小黄鱼小型化、低龄化也日趋严重。乌贼的资源汛期消失,产量已明显下降,年产量不足 1 000 t。带鱼也呈低龄化、小型化趋势,处于生长期过度捕捞状态,旺汛不旺。1951—1988 年"四大海产"占海洋捕捞产量比重情况见表 2-1;2011—2021 年"四大海产"占海洋捕捞产量比重情况见图 2-12。

表 2-1　1951—1988 年舟山"四大海产"在舟山海洋捕捞产量中的占比

年份	海洋捕捞产量 / ($\times 10^4$ t)	"四大海产"产量 / ($\times 10^4$ t)	占比 (%)	年份	海洋捕捞产量 / ($\times 10^4$ t)	"四大海产"产量 / ($\times 10^4$ t)	占比 (%)
1951	5.12	3.24	63.39	1970	20.31	16.63	81.89

续表

年份	海洋捕捞产量 / （×10⁴t）	"四大海产"产量 / （×10⁴t）	占比 （%）	年份	海洋捕捞产量 / （×10⁴t）	"四大海产"产量 / （×10⁴t）	占比 （%）
1952	7.66	5.13	67.04	1971	24.37	19.56	80.26
1953	10.44	6.92	66.33	1972	31.37	26.99	86.04
1954	7.90	4.41	55.79	1973	36.80	28.51	77.48
1955	12.57	8.54	67.98	1974	44.08	36.39	82.55
1956	16.15	13.06	80.89	1975	37.03	27.52	74.30
1957	14.66	11.45	78.12	1976	37.46	25.55	68.21
1958	16.54	12.20	73.75	1977	34.06	20.69	60.73
1959	16.15	12.30	76.21	1978	45.04	23.79	52.81
1960	19.33	14.36	74.28	1979	39.68	23.48	59.18
1961	12.05	8.04	66.74	1980	36.10	23.01	63.73
1962	16.05	11.80	73.50	1981	35.70	21.45	60.08
1963	15.17	11.48	75.67	1982	35.41	18.20	51.40
1964	22.04	17.61	79.88	1983	30.17	16.08	53.32
1965	26.40	20.93	79.28	1984	33.32	14.28	42.86
1966	29.06	23.39	80.48	1985	34.69	16.45	47.43
1967	33.35	28.18	84.48	1986	38.76	15.41	39.75
1968	19.49	18.44	94.57	1987	41.00	14.24	34.73
1969	18.78	16.58	88.30	1988	36.07	11.66	32.31

数据来源：舟山市地方志编纂委员会，1992。

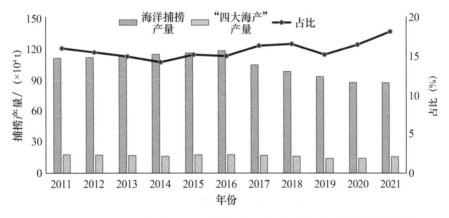

图 2-12　2011—2021 年舟山"四大海产"在舟山海洋捕捞产量中的占比

数据来源：舟山市统计局

综观舟山"四大海产"衰退的原因，主要有以下 4 个方面。

第一个主要原因是船队集中围捕。20 世纪 50 年代初期，木帆渔船改造机帆渔船试验成功后，很快被推广，捕捞机帆化的实施，使得捕捞能力迅速增强。同时由于大黄鱼、小黄鱼、乌贼和带鱼这四种鱼类经济价值和食用价值高，城乡需求量大，因此当时充分利用与发挥了机帆船队的优势，大力开发海洋渔业资源蕴藏潜力，组织日益庞大的船队集中力量围捕，尤其是对大黄鱼的捕捞更为突出。20 世纪 60 年代后期至 70 年代初，南面猫头洋、大目洋和北面岱衢洋、大戢洋等渔场已形成不了旺汛，大批机帆船利用航速快、抗风浪性能好等优势，赶往近外海各个海域探测鱼群并追捕。1974 年 3 月 1 日至 5 月 3 日，先后赴江外渔场（长江口外）机帆船对网捕获 115～250 t，此高产信息的传递，立即带动了当时舟山的 1 200 余对机帆船开赴舟外、江外渔场，俗称"中央渔场"，捕捞越冬大黄鱼。该年越冬大黄鱼被大量围捕，致使产卵亲体鱼群大量减少，大黄鱼资源遭受毁灭性破坏。1975 年，大黄鱼产量降至 3.18×10^4 t。1976 年，舟外、江外渔场大黄鱼已形不成鱼汛，并基本绝迹。乌贼也是如此，20 世纪 70 年代末由于大黄鱼汛的消失，大批机帆船开赴乌贼产卵场外围拦捕进港产卵的群体，严重破坏了乌贼产卵繁殖的生态环境。1981 年起形成不了乌贼汛。

第二个主要原因是捕捞强度失控。20 世纪 50 年代初期的木帆船船体小，所以基本上在近海捕捞，致使近海捕捞强度较大。20 世纪 60—70 年代全面实现机帆化捕捞，尤其是 70 年代后期至 80 年代，捕捞渔船逐步改为吨位大、功率大、装备优良的大型机动渔船，使得捕捞强度一增再增。随之而来的是捕捞强度超过了资源的再生能力，导致捕捞的带鱼像筷子，鲳鱼像扣子，其他各种低龄幼鱼也被大量捕捞上来，资源遭到严重破坏。

第三个主要原因是海域遭受污染。长期以来，中国沿海地区工厂、企业及生产生活设施建设均存在高消耗、低产出、粗放式等问题，大量排污入海使海洋生态环境不断恶化，这也是造成资源衰退的一个重要因素。历年来，造成舟山地区海域污染主要有 3 个源头：①陆地工业污水违规排放；②农田喷洒残留农药冲刷入海；③未经处理的城市居民生活污水，以及海上航行渔船及营运船舶排污等。这些直接导致舟山海域赤潮频发，使捕捞渔场和浅海养殖海区遭受严重污染，海洋生态环境遭到破坏，海洋生物出现大面积死亡。据资料记载，2000 年 5 月 19—20 日，舟山海域接连两次发生赤潮，面积为 4 500～5 800 km²；2006 年，舟山海域发生赤潮 12 次，累计海域面积达 3 063 km²。

　　第四个主要原因是填海造地加剧。舟山自 20 世纪 70 年代后期以来，由以渔业为主转变为发展工业、海运、物流、旅游和服务业并行，特别是沿海岛屿新建化工厂、船厂、海运物流仓储码头等基础设施，均采取了大量的劈山填海、筑坝围涂、填海造地。每处围填海工程都大量采挖海底沙土，围填、掩埋等，造成海底生态环境剧变，有些围填海将曲折蜿蜒的海岸线改成平直，大幅改变潮流流向、流速及水文特征，使河口、海湾潮流动力减弱，水流挟沙能力降低，海底淤积现象严重，海湾纳潮量减少，底栖生物数量随之减少，部分生物种群发生迁徙，生物群落结构彻底改变，生物多样性降低，海洋生物食物链同时遭到破坏，多种鱼类产卵场、育幼场和洄游通道改变，导致"四大海产"资源锐减。

思考题　　主题讨论

第三章 海洋捕捞工具

【教学目标】了解舟山得人独优的捕捞技术，理解海洋捕捞工具的作业原理，掌握舟山捕捞工具的演变历程。

【章前导言】舟山独特的地理位置、丰富的海洋渔业资源、睿智的舟山渔民创造了许多捕捞技术，为海洋渔业资源的开发与利用贡献了舟山渔民的智慧。

灯光围网

第一节 海洋捕捞工具概述

众所周知，鱼、虾、蟹、贝等水产品中含有丰富的蛋白质，这些水产品大多是通过海洋捕捞的手段获取的。人们在开发渔业资源的长期生产实践中，为捕捞这些栖息于不同水域环境中的各类经济水产品，创造了各式各样的捕捞工具。

一、海洋捕捞工具概念

海洋捕捞工具的结构或捕捞方法来自生产实践，由渔场环境条件和鱼类生活习性决定。因此，凡是在海洋水域中直接捕捞鱼、虾、蟹、贝类等海洋经济动物的工具统称为海洋捕捞工具或海洋渔具，简称渔具。为提高捕捞效率而为渔具配置的仪器、仪表等辅助设备以及渔船和机械装备等不属于渔具的范畴。

二、海洋捕捞工具分类命名

渔具的种类和名称与渔具的结构、捕捞对象、作业方式等有关，也与地区和该地区渔民的习惯等有关，性质相同或相似的渔具，其名称也各异，这无疑对渔具、渔法的科学研究、渔政管理政策的制定和执行，以及技术交流和改革等不利，应统一分类和命名。过去也有一些学者，提出了各自的分类方法，但迄今为止尚未形成统一的国际标准，各国根据本国的实际情况有一些不同的分类和命名方式。

（一）国内外研究

中国是世界上发展渔业最早的国家之一，在《易经》《诗经》《尔雅》等古代文献中，已有关于捕捞工具的记载，但渔具分类的研究工作尚未大范围开展。中华人民共和国成立后，开始了渔具分类的研究工作，有关部门先后在沿海省市的重点渔区做了调查。1958—1959年，对全国海洋渔船渔具进行了普查，出版了《中国海洋渔具调查报告》，把我国的海洋渔具分为部—类—小类—种，即网渔具、钓渔具、猎捕渔具和杂渔具4个部。网渔具和钓渔具中，分别列出8个网具"类"和4个钓具"类"，大多数"类"分若干"小类"，最后是"种"。这个分类系统统一了我国的渔具分类，并延续至1985年新的《渔具分类、命名及代号》标准的颁布。2003年对该标准又进行了修订，并发布了《渔具分类、命名及代号》（GB/T 5147—2003）。

国外一些学者也对渔具分类提出了各自的分类方法，其中具有代表性的有德国的A.V. Brand渔具分类法和苏联的A.H. 脱莱晓夫（ТОЛəНшов）渔具分类法。Brand渔具分类法主要依据的是捕鱼原理和历史发展，把欧洲的渔具分为13大类，即无渔具捕鱼、投刺渔具、麻痹式渔具、钓渔具、陷阱、框张网、拖曳渔具、旋曳网、围网、敷网、掩网、刺网、流网。脱莱晓夫则主要根据渔具的结构和作用原理，将现有渔具分为5大类，即自动捕鱼渔具、滤过性渔具、陷阱类渔具、刺缠类渔具和伤害性渔具。联合国粮食及农业组织曾建议采用由大西洋渔业统计局协调工作组提出的国际渔具标准统计分类方法，根据捕鱼方式将渔具分为12大类，即围网、地拉网、拖网、耙网、敷网、掩罩、刺缠、陷阱、钓具、刺杀渔具、取鱼机械设备（鱼泵、耙犁等）和其他捕鱼工具（驱赶设备、麻醉剂、爆炸和训练的动物等），每一大类还可分为若干小类。

（二）中国渔具分类

中国根据 2003 年颁布的《渔具分类、命名及代号》（GB/T 5147—2003）的国家标准，规定了渔具分类的原则和命名，以及渔具的分类和名称。

1. 渔具分类的原则和命名

渔具分类依据捕鱼原理、结构特征和作业方式，划分为类、型、式三级。第一级为"类"，以捕捞原理作为划分"类"的依据。第二级为"型"，在同类渔具中，以其结构特征作为划分"型"的依据。第三级为"式"，在同一类、型渔具中，以其作业方式作为划分"式"的依据。渔具分类命名即为类、型、式的名称，书写顺序为式的名称＋型的名称＋类的名称。

如双船无囊围网。其中，双船——式的名称；无囊——型的名称；围网——类的名称。

在日常生产中，渔具分类名称有时并不是用中文表达的，而是习惯用代号表示（表 3-1）。渔具分类的代号，按下列规定书写：式的代号—型的代号—类的代号。

如双船无囊围网：01—wn—W。其中，01——式的代号；wn——型的代号；W——类的代号。

2. 渔具的分类和名称

按分类原则，中国渔具分为刺网、围网、拖网、地拉网、张网、敷网、抄网、掩罩、陷阱、钓具、耙刺和笼壶 12 大类，每一大类的型和式及其数量归纳如下。

（1）刺网类：以网目刺挂或网衣缠络原理作业的渔具。按结构分为单片、双重、三重、无下纲、框格和混合 6 个型。按作业方式分为定置、漂流、包围和拖曳 4 个式。

（2）围网类：由网翼和取鱼部或网囊构成，用以包围集群对象的渔具。按结构分为有囊和无囊 2 个型。按作业方式分为单船、双船和多船 3 个式。

（3）拖网类：用渔船拖曳网具，迫使捕捞对象进入网内的渔具。按结构分为单囊、多囊、有袖单囊、有袖多囊、桁杆、框架、双联和双体8个型。按作业方式分为单船、双船和多船3个式。

（4）地拉网类：在近岸水域或冰下放网，并在岸、滩或冰上曳行起网的渔具，按结构分为有翼单囊、有翼多囊、单囊、多囊、无囊和桁杆6个型。按作业方式分为船布、穿冰和抛撒3个式。

（5）张网类：定置在水域中，利用水流迫使捕捞对象进入网囊的渔具。按结构分为张纲、框架、桁杆、竖杆、单片和有翼单囊6个型。按作业方式分为单桩、双桩、单锚、双锚、船张、墙张、并列和多锚8个式。

（6）敷网类：预先敷设在水中，等待、诱集或驱赶捕捞对象进入网内，然后提出水面捞取渔获物的渔具。按结构分为箕状和撑架2个型。按作业方式分为岸敷、船敷、拦河、定置延绳和插杆5个式。

（7）抄网类：由网囊（兜）、框架和手柄组成，以舀取方式作业的渔具。按结构分兜状1个型。按作业方式分为推移1个式。

（8）掩罩类：由上而下扣罩捕捞对象的渔具。按结构分为掩网和罩架2个型。按作业方式分为抛撒、撑开、扣罩和罩夹4个式。

（9）陷阱类：固定设置在水域中，使捕捞对象受拦截、诱导而陷入的渔具。按结构分为插网、建网和箔筌3个型。按作业方式分为拦截、导陷和多锚3个式。

（10）钓具类：用钓线结缚装饵料的钩、卡或直接缚饵引诱捕捞对象吞食的渔具。按结构分为真饵单钩、真饵复钩、拟饵单钩、拟饵复钩、无钩和弹卡6个型。按作业方式分为漂流延绳、定置延绳、曳绳和垂钓4个式。

（11）耙刺类：耙刺捕捞对象的渔具。按结构分为滚钩、柄钩、叉刺、箭铦、齿耙和锹铲6个型。按作业方式分为漂流延绳、定置延绳、拖曳、投射、铲耙和钩刺6个式。

（12）笼壶类：利用笼壶状器具，引诱捕捞对象进入而捕获的渔具。按结构分为倒须和洞穴2个型。按作业方式分为漂流延绳、定置延绳和散布3个式。

表 3-1　渔具分类的类、型、式名称及其代号

序号	类		型		式	
	名称	代号	名称	代号	名称	代号
1	刺网	C	单片	dp	定置	20
			框格	kg	漂流	21
			三重	sch	包围	22
			双重	shch		
			无下纲	wxg	拖曳	23
			混合	hh		
2	围网	W	无囊	wn	单船	00
			有囊	yn	双船	01
					多船	02
3	拖网	T	单囊	dan	单船	02
			多囊	dun	双船	00
			桁杆	hg	多船	01
			框架	kj		
			有袖单囊	yda		
			有袖多囊	ydu		
			双联	shl		
			双体	sht		
4	地拉网	Di	单囊	dan		
			多囊	dun	抛撒	38
			桁杆	hg	穿冰	40
			无囊	wn		
			有翼单囊	yda	船布	44
			有翼多囊	ydu		
5	张网	Zh	单片	dp	单桩	03
			桁杆	hg	双桩	04
			框架	kj	双桩	05
			竖杆	sg	单锚	06
			张纲	zg	双锚	07
			有翼单囊	yda	并列	25
					船张	26
					橹张	27
					多锚	08

续表

序号	类		型		式	
	名称	代号	名称	代号	名称	代号
6	敷网	F	撑架	cj	插杆	12
			箕状	jz	拦河	41
					岸敷	42
					船敷	43
					定置延绳	46
7	抄网	Ch	兜状	dz	推移	32
8	掩罩	Y	掩网	yw	撑开	31
			罩架	zj	扣罩	33
					罩夹	34
					抛撒	38
9	陷阱	X	箔筌	bq	多锚	08
			插网	cw	拦截	10
			建网	jw	导陷	11
10	钓具	D	拟饵单钩	nd	曳绳	24
			拟饵复钩	nf	垂钓	30
			真饵复钩	zhf	定置延绳	46
			真饵单钩	zhd	漂流延绳	47
			弹卡	dk		
			无钩	wg		
11	耙刺	P	柄钩	bg	拖曳	23
			叉刺	chc	投射	35
			齿耙	chp	钩刺	36
			滚钩	gg	铲耙	37
			箭铦	jx	定置延绳	46
			锹铲	qch	漂流延绳	47
12	笼壶	L	倒须	dax	散布	45
			洞穴	dox	定置延绳	46
					漂流延绳	47

资料来源：《渔具分类、命名及代号》（GB/T 5147—2003）。

三、中国海洋捕捞工具发展史

中国是个古老的渔业国家，早在山顶洞人时期就开始捕食鱼类，在漫长的岁月中，各地渔民因地制宜，创造了各种各样的渔具渔技，为发展渔业生产作出了贡献。

人类最初捕鱼时不懂得使用渔具，仅用双手，所以可以说手捡是捕鱼方法的鼻祖。现今居住在菲律宾棉兰老岛南部原始森林中的旧石器时代遗民塔萨代人，还是依靠一双灵巧熟练的手来捕鱼的。但并不是只有古代或现存的原始部落才使用这种不用任何渔具的捕鱼方式，就连在十分现代化的西北欧渔业中，尤其是在濒临大西洋的法国海滨上，手捡仍占一席之地。有的国家甚至有法律明文规定，在某一个限定的区域内只允许用手捕鱼，而不许采用任何其他的方法。例如，在美国，银鱼通常会在加利福尼亚州沿岸产卵，当这些鱼大批量涌入加利福尼亚州附近海湾时，法律规定人们只能用手捡，而不允许使用任何渔具捕捉。

但毕竟徒手捕鱼还是有很大的局限性，人们为了能够捕到更多的渔获，后来借用石块、木棒等狩猎工具击鱼（图3-1）。但石块和木棒不是专门制作的捕鱼工具，故不能称为渔具。

图 3-1　山顶洞人捕鱼示意图

图片来源：曾名湧等，2012

在全国的许多出土文物中发现了新石器时代的捕鱼工具，如骨制的鱼镖、鱼叉、鱼钩、石网、陶网坠等（图3-2），说明这一时期已有各种捕鱼工具和捕鱼方法，其中用兽骨或兽角磨制的鱼镖已有多种形式，大多数的鱼镖还具有倒钩，而且制作精巧，相当锋利，甚至可以与现代钓钩相媲美。

图 3-2 骨制鱼钩

图片来源：曾名湧等，2012

新石器时期还出现了渔网，在《易·系辞》中记载："做结绳而为网罟，以佃以渔。"为防止鱼从网的下缘逃逸，人们通常在渔网的下缘系上石制或陶制的网坠，渔网上使用网坠也是捕鱼技术上的一大进步。为适应不同水域的捕捞，人们又将渔网制成各种形状，这成为后世各种网具的起源。

夏朝文化遗址出土的骨鱼镖、骨鱼钩和网坠制作已经相对比较精细了，这也反映出当时的捕捞生产已有一定的进步。后因战争中大批战俘以奴隶的身份进行生产，使生产人数增加、生产规模扩大，导致水域滥捕、森林滥伐，造成了渔业、林业资源的破坏。针对这种情况，夏禹总结经验首创了一项法令："春三月山林不登斧斤，以成草木之长；夏三月，川泽不入网罟，以成鱼鳖之长（先秦时的《逸周书》记载）。"这是我国历史上第一个保护渔业、林业资源的法令，说明当时人们已经有渔业资源保护的意识和行为。

商代的渔业在农牧经济中占有一定地位。1952年，河南偃师二里头的商初宫殿遗址出土的文物中发现了青铜鱼钩。青铜鱼钩是最早的金属鱼钩。出土的这枚鱼钩钩身浑圆，钩尖锐利，顶端有一凹槽，用以系线，有很高的工艺水平。

周代的捕鱼技术有了进一步的发展，捕捞工具已趋多样化，有钓具、笱、罩、罾等多种形式，可归纳为网渔具、钓渔具和杂渔具三大类，也创造了一些特殊的渔具。其中槑就是一种特殊的渔具渔技，它是将柴枝置于水中，引诱鱼类聚集栖息于柴枝下面，继而围捕。近代，槑在湖北等地仍在使用。槑有生槑和熟槑的区别：生槑利用自然环境；熟槑则全由人工设置。因此，槑也成了现今人工鱼礁的雏形。周代渔具种类的增多以及特殊渔具渔技的形成，反映出人们进一步掌握了不同鱼类的生态习性，捕鱼技术有了很大的提高。

周代还开始了对捕鱼实行管理，管理人员称为渔人。据《周礼》记载，渔人有"中士四人、下士四人、府二人、史四人、胥三十人、徒三百人"，说明当时已形成了一支稍有规模的渔业管理队伍。渔人的职责除捕取鱼类供王室外，还执掌渔业政令并征收渔税。为保护鱼类的繁殖生长，这时还规定了禁渔期，即一年之中，春季、秋季和冬季为捕鱼季节，夏季鱼类繁殖，禁止捕捞，这可能就是现今休渔制度的雏形。同时，周代对渔具渔技也作了一定的限制，规定不准使用密眼网（小网目）、不准毒鱼和竭泽而渔。

春秋时期，随着冶铁技术的发展，青铜鱼钩慢慢地被铁质鱼钩替代。相比于铜，铁质坚固，同时来源又广，因此，铁鱼钩的出现大大地推动了钓鱼业的发展。

从秦汉到南北朝的七八百年间，人们积累了更多关于鱼类的品种和生态习性的知识，周代所有的渔具渔技此时得到了更加广泛的使用，尤其是人们已经能够按照不同的捕捞对象使用不同的网具，说明对捕捞对象的生活习性已经非常了解，也说明当时制作网具已有较高的水平。至东汉时期，不仅网具规模增大而且开始使用机械操作。古时人们称网具为网罟，当时有一种网罟，是把四角系在四根大木上，用轮轴起放，张捕鱼类，在《初学记·风俗通》中就有记载："罟者，树四木而张网于水，车挽之上下"，指的就是这种渔网。由于用机械提取网具，既节省人力，又提高捕捞效率，这也是渔业机械的最早应用。至唐代，这种渔网被广泛使用，晚唐时期的《奉和鲁望渔具十五咏·网》中有记载："晚挂溪上网，映空如雾縠。闲来发其机，旋旋沈平绿。"这里的"机"，就是轮轴一类的起放装置。东汉时期还出现一种以模拟鱼诱集鱼群而钓捕的方法，王充在《论衡·乱龙篇》中记载："钓者以木为鱼，丹漆其身，近水流而击之，起水动作，鱼以为真，并来聚会。"这是用木鱼来吸引鱼的钓法，其实就是现在的拟饵钓。

西晋时期出现了声音捕鱼技术，该技术是利用鱼类的发声或鱼类对声音的敏感而进行的一种捕捞技术。捕鱼人在捕鱼时用长木条敲击船舷，驱鱼入网。至明代，浙江沿海渔民利用石首鱼能发声的特点，用声捕鱼技术进行捕捞，在田九成的《游览志》中就有记载：石首鱼"每岁四月，来自海洋，绵亘数里，其声如雷。海人以竹筒探水底，闻其声乃下网，截流取之"。清初，在这个基础上更发展成了敲罟渔业。在屈大均的《广东新语》记载："深罟，上海水浅多用之，其深六七丈，其长三十余丈，每一船一罟。一罟以七八人施之，以二罟为一朋。二船合，则曰罟朋，别有船六七十艘佐之，皆击板以惊鱼。每日深舶二施，可得鱼数百石。"敲罟渔业产量虽高，但对资源破坏十分严重，现已被禁止使用。

宋代出现了利用鱼类的趋光习性进行捕鱼的方法，最早见于宋代的《太平御览》，书中记载："鹅毛鱼出东海，不用网罟，二人乘小艇，张灯艇中，鱼见灯光即上艇，须臾而盈，多则去灯，否则小艇不胜载矣。"明代郎瑛的《七修类稿》也记载了一种简易的灯光捕鱼法："渔人贮萤火于猪胞，缚其窍而置之网间，或以小灯笼置网上，夜以取鱼，必多得也。"清末，浙江等地渔民就利用灯火诱捕乌贼，发展成了盛极一时的乌贼渔业。

南宋时期还出现了空钩延绳钓。空钩延绳钓也称滚钩，其结构形式近似现代的延绳钓，是在一根干线上结附许多支线，支线上结附锋利的鱼钩，敷设在江河、浅海底层鱼类洄游的通道上，当捕捞对象通过钓具时，就会被密集的鱼钩挂住，范致明在《岳阳风土记》中详细记述了这种渔具渔技。

随着东南沿海地区经济的进步，大量经济鱼类资源得到开发利用，宋代的渔具渔技也更加成熟和完善。当时浙江地区还出现了一种大捕网，这其实是一种张网，它是用两只单锚把网具固定在浅海中，网口对急流，利用流水，冲鱼进入，操作方法比较简单，深受渔民的喜爱。宋代还出现了刺网渔具，即利用长带形的网具，敷设在鱼类通道上，刺挂或缠络鱼类，以达到捕捞目的。周密的《齐东野语》记载了用双船定置刺网捕马鲛鱼的方法："海有鱼曰马嘉（马鲛），银肤燕尾……春夏乳子，则随潮出波上，渔者用此时帘而取之。帘为疏目，广袤数十寻，两舟引张之，缒以铁，下垂水底。"帘就是刺网，福建有渔民至今仍称刺网为帘。

宋代的钓具已相当完整，其中邵雍在《渔樵问对》中把竿钓归纳为由竿（钓竿）、纶（钓线）、浮（浮子）、沉（沉子）、钩（钓钩）、饵（钓饵）6部分组成，这与近代竿钓已基本相同。

到明代后期，出现了大对渔船拖网，以两艘船为一生产单位，其中一艘称网船，负责下网起网，另一艘称偎船，供应渔需物资、食品及储藏渔获物。由于用两艘船拖网，可使网口张开更大，扫海面积就更大，从而渔获物更多。

到了清代捕捞业有了进一步的发展，拖、围、流、钓、定置张网等作业都已比较完善，捕捞海域也陆续扩大到近海渔场，有的远到外海。清初，广东沿海开始用围网捕鱼，围网不仅可捕中上层鱼类，也可捕中下层鱼类，这在当时是世界上先进的渔具。清代中期浙江沿海出现了延绳钓捕带鱼，带鱼的捕捞在海洋渔业中开始占据重要地位。

从1840年鸦片战争起到1949年是近代渔业时期，此时主要是以渔轮为载体的拖网捕捞作业。

20世纪50年代，基本上沿用历史的捕捞工具和作业方式，有对网、围网、拖网、流网、张网、大捕网、钓等主要的捕捞工具。

20 世纪 60 年代末，近海渔业资源开始呈现减退现象，因此，70 年代末以后，对捕捞作业进行了全面调整：把损害资源的作业调下来，把有利于资源保护的作业调上去；把本重利轻，甚至得不偿失的作业调下来，把本轻利重的作业调上去。控制捕捞强度，压缩机帆船对网作业，禁止秋季机帆船底拖网作业，限制张网作业等。

21 世纪，随着科学技术的进步，人们用科技支撑渔业，创造出保护渔业资源的生态型渔具，为世界渔业发展贡献了"中国智慧""中国方案"和"中国力量"。

第二节　生态型捕捞工具

一、生态型捕捞工具概念

在世界海洋渔业的发展历史中，随着人类在科学技术领域的不断突破，海洋渔业技术也不断进步，从最原始的徒手、鱼叉捕捞发展到当前的大型捕捞工具，特别是在第二次世界大战以后，世界海洋渔业进入了一个快速发展阶段。然而，在人类对高品质鱼类需求越来越大、渔具作业效率不断提高、捕捞努力量持续增长、地球气候和海洋环境变化等诸多因素影响下，大多数鱼类资源因过度开发而衰竭，渔业发展的可持续问题就凸显在世人面前。

在海洋捕捞中，无论是以单一种类的捕捞对象还是以多品种捕捞对象的渔业，在作业过程中，都不可能完全符合预先的捕捞要求，也都不可避免地会捕获到非目标种类或不符合要求的目标种类渔获，因此需要对渔具进行改革，设计出尽可能符合生产要求的渔具，这类捕捞渔具称为生态型渔具。生态型渔具是对海洋生态比较友好的渔具，具有减少兼捕非目标对象、减少误捕保护动物、减少对海洋环境的破坏、减少对幼鱼资源的破坏等特点。

二、生态型捕捞工具研究背景

影响渔业资源数量变动的因素很多，但主要有三大因素：鱼类本身的生物学特性因素、生活环境因素和人为的捕捞因素。鱼类本身的因素包括繁殖、生长和死亡等；环境因素包括水温、盐度、饵料生物、种间关系和敌害生物等；人为的捕捞因素主要是指捕捞强度方面，是影响权重比较高的因素。适当的捕捞规模可以使种群数量减少的部分

海洋渔具展示中心

由种群补充部分来补偿，过度的捕捞则因得不到适当的补偿而使资源平衡遭到破坏，使资源蕴含量下降，这就是人们通常所说的资源遭到破坏和不可持续利用，这一情况在生长缓慢、性成熟晚、寿命长的鱼类种群中经常发生，这些现象的发生当然与捕捞工具直接有关。根据生产实际，目前使用的捕捞工具中，有些捕捞工具会破坏海洋生态系统，如电脉冲的电流对渔具所涉及范围内的鱼体都有损坏；底拖网对所拖到范围内的海底环境有破坏；虾拖网对非目标捕捞对象有兼捕现象；延绳钓、围网等对非捕捞对象有误捕现象，等等。这些现象的发生对海洋渔业资源的可持续利用十分不利。

为了寻求渔业的可持续发展，通过科学技术的手段，在渔业资源的捕捞过程中，应用对渔业资源环境无害甚至有益的捕捞工具来取代对渔业资源环境有潜在危害的捕捞工具，即应用对资源友好的捕捞工具和方法，以便最大限度地降低对渔业资源破坏的风险，促使海洋渔业资源的可持续利用。

三、生态型捕捞工具设计原则

生态型渔具的设计，要从海洋渔业资源的蕴含量和绿色捕捞理念出发，以使海洋渔业资源可持续为宗旨，健康、绿色发展为目的，在网目尺寸、兼捕、误捕上进行分析研究，设计出对海洋生态友好的渔具。

（1）网目尺寸方面。在遵循农业管理部门规定的海洋捕捞准用渔具最小网目（或网囊）尺寸相关标准和海洋捕捞过度渔具最小网目（或网囊）尺寸相关标准要求的基础上（表3-2、表3-3），设计相关网具的网目大小，保证对幼鱼资源的友好度。如拖网，通过对拖网渔具网囊网目尺寸选择性的研究，确定特定渔业的最小网目尺寸，同时通过对不同形状网目网囊的选择性研究，改进渔具的网囊设计，以此释放更多的幼鱼。

（2）兼捕方面。对于非目标捕捞对象的兼捕问题，通过分析研究，在渔具上安装减少兼捕装置或副渔获物释放装置，使非目标鱼种通过装置逃离网具，从而起到减少兼捕的作用。

（3）误捕方面。误捕是指一些海洋生物（主要是被保护类的海洋动物）主动进入捕捞工具或被动被捕，如延绳钓，延绳钓渔业作为一种被动渔具，对海洋环境影响较小、能耗小以及渔获质量高的优点使得其在世界各地的商业渔业中迅速发展，但是延绳钓渔业能误捕到各种海鸟、海洋哺乳类、鲨鱼以及海龟等。特别是海鸟误捕问题已经引起了国际社会的广泛关注，在一些区域，海鸟在延绳钓渔业中的误捕已经导致了部分种类处于濒危的境地，因此应引起广泛重视。

表 3-2　海洋捕捞准用渔具最小网目（或网囊）尺寸相关标准

海域	渔具分类名称		主捕种类	最小网目（或网囊）尺寸 /mm	备注
	渔具类别	渔具名称			
黄渤海	刺网类	定置单片刺网、漂流单片刺网	梭子蟹、银鲳、海蜇	110	
			鳓鱼、马鲛、鲅鱼	90	
			对虾、鱿鱼、虾蛄、小黄鱼、梭鱼、斑鰶	50	
			颚针鱼	45	该类刺网由地方特许作业
		定置单片刺网、漂流单片刺网	青鳞鱼	35	
			梅童鱼	30	
		漂流无下纲刺网	鳓鱼、马鲛、鲅鱼	90	
	围网类	单船无囊围网、双船无囊围网	不限	35	主捕青鳞鱼、前鳞骨鲻、斑鰶、金色小沙丁鱼、小公鱼的围网由地方特许作业
	杂渔具	船敷箕状敷网	不限	35	

续表

海域	渔具分类名称		主捕种类	最小网目（或网囊）尺寸/mm	备注
	渔具类别	渔具名称			
东海	刺网类	定置单片刺网、漂流单片刺网	梭子蟹、银鲳、海蜇	110	
			鳓鱼、马鲛、石斑鱼、鲨鱼、黄姑鱼	90	
			小黄鱼、鲻鱼、鳀类、鱿鱼、黄鲫、梅童鱼、龙头鱼	50	
	围网类	单船无囊围网、双船无囊围网、双船有囊围网	不限	35	主捕青鳞鱼、前鳞骨鲻、斑鰶、金色小沙丁鱼、小公鱼的围网由地方特许作业
	杂渔具	船敷箕状敷网、撑开掩网掩罩	不限	35	
南海（含北部湾）	刺网类	定置单片刺网、漂流单片刺网	除凤尾鱼、多鳞鱚、少鳞鱚、银鱼、小公鱼以外的捕捞种类	50	该类刺网由地方特许作业
			凤尾鱼	30	
			多鳞鱚、少鳞鱚	25	
			银鱼、小公鱼	10	
		漂流无下纲刺网	除凤尾鱼、多鳞鱚、少鳞鱚、银鱼、小公鱼以外的捕捞种类	50	
	围网类	单船无囊围网、双船无囊围网、双船有囊围网	不限	35	主捕青鳞鱼、前鳞骨鲻、斑鰶、金色小沙丁鱼、小公鱼的围网由地方特许作业
	杂渔具	船敷箕状敷网、撑开掩网掩罩	不限	35	

资料来源：中华人民共和国农业农村部网站。

表 3-3　海洋捕捞过度渔具最小网目（或网囊）尺寸相关标准

海域	渔具分类名称		主捕种类	最小网目（或网囊）尺寸 /mm	备注
	渔具类别	渔具名称			
黄渤海	拖网类	单船桁杆拖网、单船框架拖网	虾类	25	
	刺网类	漂流双重刺网、定置三重刺网、漂流三重刺网	梭子蟹、银鲳、海蜇	110	
			鳓鱼、马鲛、鳕鱼	90	
			对虾、鱿鱼、虾蛄、小黄鱼、梭鱼、斑鰶	50	
	张网类	双桩有翼单囊张网、双桩竖杆张网、樯张竖杆张网、多锚单片张网、单船框架张网、多桩竖杆张网、双锚竖杆张网	不限	35	主捕毛虾、鳗苗的张网由地方特许作业
	陷阱类	导陷建网陷阱	不限	35	
	笼壶类	定置串联倒须笼	不限	25	
黄海	拖网类	单船有翼单囊拖网、双船有翼单囊拖网	除虾类以外的捕捞种类	54	主捕鳀鱼的拖网由地方特许作业
东海	拖网类	单船有翼单囊拖网、双船有翼单囊拖网	除虾类以外的捕捞种类	54	主捕鳀鱼的拖网由地方特许作业
		单船桁杆拖网	虾类	25	
	刺网类	漂流双重刺网、定置三重刺网、漂流三重刺网	梭子蟹、银鲳、海蜇	110	
			鳓鱼、马鲛、石斑鱼、鲨鱼、黄姑鱼	90	
			小黄鱼、鲻鱼、鲷类、鱿鱼、黄鲫、梅童鱼、龙头鱼	50	
	围网类	单船有囊围网	不限	35	
	张网类	单锚张纲张网	不限	55	
		双锚有翼单囊张网	不限	50	

续表

海域	渔具分类名称		主捕种类	最小网目（或网囊）尺寸/mm	备注
	渔具类别	渔具名称			
东海	张网类	双桩有翼单囊张网、双桩竖杆张网、樯张竖杆张网、多锚单片张网、单桩框架张网、双锚张纲张网、单桩桁杆张网、单锚框架张网、单锚桁杆张网、双桩张纲张网、船张框架张网、船张竖杆张网、多锚框架张网、多锚桁杆张网、多锚有翼单囊张网	不限	35	主捕毛虾、鳗苗的张网由地方特许作业
	陷阱类	导陷建网陷阱	不限	35	
	笼壶类	定置串联倒须笼	不限	25	
南海（含北部湾）	拖网类	单船有翼单囊拖网、双船有翼单囊拖网、单船底层单片拖网、双船底层单片拖网	除虾类以外的捕捞种类	40	
		单船桁杆拖网、单船框架拖网	虾类	25	
	刺网类	漂流双重刺网、定置三重刺网、漂流三重刺网、定置双重刺网、漂流框格刺网	除凤尾鱼、多鳞鱚、少鳞鱚、银鱼、小公鱼以外的捕捞种类	50	
	围网类	单船有囊围网、手操无囊围网	不限	35	
	张网类	双桩有翼单囊张网、双桩竖杆张网、樯张竖杆张网、双锚张纲张网、单桩桁杆张网、多桩竖杆张网、双锚竖杆张网、双锚单片张网、樯张张纲张网、樯张有翼单囊张网、双锚有翼单囊张网	不限	35	主捕毛虾、鳗苗的张网由地方特许作业
	陷阱类	导陷建网陷阱	不限	35	
	笼壶类	定置串联倒须笼	不限	25	

资料来源：中华人民共和国农业农村部网站。

第三节　舟山海洋捕捞工具

舟山以群岛著称，岛礁众多，星罗棋布，四面环海，海域面积为 $2.08 \times 10^4 \ \mathrm{km}^2$。人们祖祖辈辈靠海吃海，因此，舟山人为求生存和发展而勇敢地走向大海，在长期的生产实践中，创造性地运用和改进各种捕捞工具。

一、舟山海洋捕捞工具发展史

舟山渔民，以及在舟山渔场进行捕捞作业的沿海各地渔民，在舟山渔场这种特殊的环境条件下，发扬大无畏的拼搏精神和探索精神，运用自己的智慧与勇气，在开发渔场、改进渔业技术、发展渔业生产的漫长历史进程中，不但设计出具有与其他沿海地区相同的渔具，还不断地创造新的、有地方特色的渔具、渔法，尤其是在中华人民共和国成立以后，广大渔民在实践中不断总结、改革和创新。

在经历了用石器、木棒、骨鱼镖、骨鱼叉、骨鱼钩、网罟等工具的漫长的新石器时代以后，进入了春秋战国时期。生于海边、长于风浪间的舟山渔民水性特别好，还可在水下潜行很长距离，能在海底持刀捕鱼。这种渔猎技术，比在海岸边用石器与木棒捉鱼，有了历史性的进步。此后又结合舟山渔场的特点，先后创造了深罟、索罟、围罟、车缯、绞缯、扳缯等渔具渔技。

后来，舟山渔民在滩涂和浅滩上插簖、堆堰，用绳编连向岸边伸张两翼：潮来时，鱼虾越过竹枝；潮退时，被竹所阻挡而被捕获。这种方法后来被称为"沪"，这是舟山渔民创造定置渔具技术的智慧结晶。西晋陆云在《答车茂安书》中，对这种渔业生产的情形作了这样的描述："……若乃断遏回浦，隔截曲限，随潮进退，采蚌捕鱼……"唐代陆龟蒙的《渔具》中曾对"列竹于海澨"下定义说"列竹于海澨曰沪"。据《舟山渔业史话》记载，后来这种以"列竹于海澨"，用"沪"的捕鱼技术，经舟山群岛北部与上海毗邻的嵊泗—洋山一带渔民，流传到了南汇、金山、吴淞即古上海地域。"列竹于海澨"以捕鱼成为当地一种广泛、普遍而繁荣的新景象，当地渔民即以"沪"作为自己渔猎栖息所在的地名。舟山渔民创造的渔具之名，无意中成为上海地名的别称也是比较有意思的。

沪

　　唐代，渔民根据在捕捉乌贼时或乌贼遇敌就会吐墨，把海水染黑以掩护自身逃命的习性，发明了乌贼拖等技术。唐《酉阳杂俎》记载："乌贼，旧说名河伯度，一日从事小吏，遇大鱼辄放墨方数尺，以混其身。"宋《埤雅》又记载："乌贼八足，绝短者集足在口，缩喙在腹，怀板含墨。此鱼每遇渔舟，即吐墨染水令黑，以混其身。渔人见水黑则知是，网之大获。"乌贼护身的本领却招来了被捕结果，原因就在于乌贼吐墨隐身"欲盖弥彰"。舟山渔民正是从长期的捕捞生产实践中，认识到乌贼吐墨染水护身以及它喜光的特性，发明了"墨鱼拖"技术和"灯照乌贼"（火篮）捕乌贼技术。舟山早期的乌贼拖是单船作业，小型木船，3人操作。网呈囊形，由背网、腹网拼成。20世纪20年代，舟山有乌贼拖300～400只，从20世纪50—80年代初，每年有乌贼拖800～1 000只。由于操作时劳动强度很大，从20世纪70年代始，逐步改以小功率柴油机为动力。后来由于乌贼资源衰减，1983—1986年减至100只左右。因为乌贼拖主捕夏汛时产卵乌贼，破坏乌贼资源，现在已经被禁止使用了。

　　带鱼浑身上下披一层银白色的鳞，且喜欢集群洄游，鱼群所到之处，清澈的海面上会出现像淘米浆水颜色一样的一片范围，舟山渔民从长期观察中发明了"带鱼拖"。

　　到了20世纪50年代，舟山的海洋捕捞业还处于抗日战争后的恢复期，仍沿用历史上的捕捞工具和作业方式，主要包括网渔具和钓具。对网、拖网、围网、张网、流网、大捕网、钓等各种作业布局比较合理，捕捞能力与鱼类资源基本匹配，各种作业都有主要作业渔场和主捕对象。舟山渔场夏汛时期各种鱼类并发，各种作业都能在不同的渔场捕捞不同的鱼类。如1957年夏汛，全舟山出海生产渔具共有5 187个，其中，对网作业有小对1 062个，背对24个，大对32个，共计1 118个，占总出海作业单位的21.55%；大捕船作业1 119个，占21.57%；流网作业936个，占18.04%；拖网作业1 496个，占28.84%；其他作业518个，占9.99%。这一时期，虽然生产工具比较简陋，也没有先进的技术装备，但各种鱼类资源丰富，实行多种作业捕捞，所以渔船出海满载而归。

　　由于木帆船对网作业产量低、作业不安全，在20世纪60年代几乎全部被淘汰。另外，有的地方在推广机帆船对网作业过程中，夸大机帆船对网作业的优越性，贬低流网、大捕网作业的作用，更有流传说"大捕像话筒，越捕越加穷，流网像条带，越捕越背债"，导致一些流、捕作业也纷纷改为机帆船对网作业。1978年夏汛，全舟山投入生产的作业渔具共有 2 847 个，其中，机帆船对网作业 1 204 个，小机帆船 74 个，共计 1 278 个，占出海单位总数的 44.89%；流网作业中机流 78 个，木流 71 个，共计 149 个，仅占 5.23%；大捕网作业也只有 1957 年的一半，共计 507 个，只占 17.81%。机帆船对网作业的单一化，导致一部分渔业资源被利用过度，甚至枯竭，另一部分渔业资源未能被充分利用，造成资源浪费，使得资源利用不平衡。主要是由于机帆船对网作业捕捞的对象几乎集中在小黄鱼、大黄鱼、乌贼和带鱼"四大海产"上，并且都在近海渔场作业，导致生产渔船拥挤，近海资源衰退，总产量和机帆船单位产量逐年下降，特别是机帆船底拖网作业，破坏资源最为严重。

从 20 世纪 70 年代后期起，渔民看到了因为单一作业而带来的资源破坏，因此开始调整作业结构，组织大型机动船到禁渔线（沿海最外岛屿连接线以东 12 n mile 为机轮作业禁渔线）以外海域生产，发展光诱围网作业，恢复大捕、流网等传统作业，发展外港拖虾生产，作业布局渐趋合理。

从 20 世纪 90 年代起，先后引进发展帆张网、网板单拖、蟹笼等作业，大捕、潮捕、跃笭等作业随之被淘汰。20 世纪 90 年代后期至 21 世纪初，舟山的海洋捕捞作业方式主要有双拖、单拖、拖虾、流网、张网、灯光围网、蟹笼、海底串、钓业等。

（一）对网和双拖作业

对网作业曾是舟山群众渔业的主要作业方式，捕捞对象集中在小黄鱼、大黄鱼、乌贼和带鱼"四大海产"。在近海渔场作业，造成了生产渔船拥挤、资源衰退、总产量和单位产量均逐年下降。从 20 世纪 90 年代开始，对网作业逐步减少，至 1999 年基本消失。双拖作业是在 20 世纪 90 年代以前与对网作业在同一条船上随着季节变化而相互兼作的渔具。20 世纪 90 年代前，一般以对网为主、拖网为辅；20 世纪 90 年代后，逐渐转为以拖网为主、对网为辅。双拖作业以带鱼、小黄鱼等为主要捕捞对象，与台州、象山等地以拖中上层鱼类为主不同。舟山市普陀区的双拖渔船大多集中在东海南部渔场，以捕带鱼为主；岱山县和嵊泗县双拖渔船则大多集中在北面的大沙沙外、江外等渔场，以捕小黄鱼为主。双拖作业渔获物除带鱼和小黄鱼外，还有梅鱼、鲳鱼、鳗鱼、头足类及底杂鱼等。

（二）单拖作业

单拖作业于 1994 年从广东汕头一带引进，其投入少、经济效益较好，在舟山数量逐年增加，2003 年最多，有 652 个。该作业渔船主要分布在普陀区，2005 年，普陀区全区共有 469 个，占全舟山市的 71.93%。单拖作业的主要渔获物有头足类、带鱼、马面鲀、刺鲳、鲆鲽类、皱鳍鱼和海螺类等。

（三）拖虾作业

舟山拖虾作业开始于 1976 年，是浙江省发展拖虾作业最早的地区。起初，从江苏省引进桁杆拖虾网具开展捕虾生产试验，试验成功后，在 20 世纪 80 年代初迅速发展。随着拖虾渔场向外扩展，拖虾渔船逐渐大型化、钢质化。进入 90 年代后，拖虾作业渔船数量基本稳定，产量稳定在 30×10^4 t 左右。

（四）流网作业

近海沿岸的流网作业是舟山传统作业工具之一，历史悠久，但其捕捞产量在舟山海洋捕捞产量中所占比重不大。近海流网种类较多，按渔获品种分，有鲳鱼流网、鳓鱼流网、鲥鱼流网、蟹流网和黄鱼流网。按作业水层分，有浅水流网、深水流网等，其中，深水流网作业是 20 世纪 80 年代末从广东引进的，以捕捞栖息在深水处的方头鱼等底层鱼类为主，深水流网作业渔获量不大、产值不高、操作技术和渔获保鲜要求较高，在舟山发展不快。随着主要捕捞对象鲳鱼、鲥鱼、梭子蟹等资源的衰退，传统流网作业也逐年萎缩，1989—2005 年，流网渔船从 2 000 多艘缩减至 500~600 艘。

（五）蟹笼作业

蟹笼作业于 20 世纪 80 年代后期，由舟山市岱山县渔民首先从韩国引进，90 年代初由浙江水产学院改革研制成功。蟹笼作业油耗低、成本低、效益好，受到渔民青睐，尤其是岱山、嵊泗等地引进蟹笼起拔机后发展更快。蟹笼起捕方式由手工起拔改为现代化自动投放和起笼，每船蟹笼携带数量也由最初几百只增加到 3 500 只以上，甚至到 9 000 只。该作业是以捕海底蟹类为主，兼捕章鱼等头足类。

（六）灯光围网作业

灯光围网作业是以捕捞鲐鲹类为主，渔场主要分布在浙江近海沿岸。在舟山，灯光围网作业始于 20 世纪 70 年代初，20 世纪 80 年代中期快速发展。后因资源、市场等原因，出现较大滑坡，1994 年最少时只剩 6 组。1996 年灯光单围成功引进后，得以迅速恢复发展。《中华人民共和国政府和大韩民国政府渔业协定》（以下简称《中韩渔业协定》）实施后，海洋捕捞作业空间压缩，灯光围网作为部分对拖、帆张网渔船在伏休期内的有效兼作作业方式，受到渔民的青睐。2001 年，在普陀虾峙岛进行群众深水灯光围网试捕，灯光围网作业范围由过去传统近海渔场向外海开拓。2005 年，普陀广荣渔业公司成功从广东引进 7 组深水灯光围网。至 2005 年年底，全舟山市常年深水灯光围网单位 30 余组，灯光围网总单位 569 组。

（七）帆张网作业

帆张网作业于 1993 年前后从江苏省引进，具有适渔对象多、捕捞产量高、生产成本低、经济效益好等特点，发展较快，帆张网作业每船携带网具数量从 2～3 顶渐增到 7～9 顶。帆张网其实是一种新兴的大型单锚张纲张网，它是依靠网口设置的巨大帆布，在潮力作用下使网口扩张，并迫使生活在海洋中的许多捕捞对象入网而捕获的一种捕捞方式，渔获品种主要为小黄鱼，其他有带鱼、梅鱼、鳙鱼、鲳鱼、鳗鱼和虾类等。后来，由于该渔具对资源的破坏性较大，被严格限制。

（八）海底串作业

海底串作业是 20 世纪 90 年代初发展起来的，是一种可移动的定置张网类作业，适宜于中小型渔船作业，生产渔场也在近海一带，是舟山市的非主流作业。

（九）钓业

钓业分远洋钓和国内近海钓，其中，远洋钓主要分鱿钓、金枪鱼延绳钓等。舟山以鱿钓为主。1989 年，舟山海洋渔业公司到北太平洋海域试钓鱿鱼获得成功后，全市鱿钓业快速发展。2005 年，全舟山市投入的鱿钓渔船 202 艘，总产量为 11.29×10^4 t。而国内作业的钓船，大多数是 24 马力以下的小船，在近海沿岸以钓恋礁性鱼类为主，主要渔获物有鳗鱼、虎头鱼、鲈鱼和鲷科鱼类等，产量不高，但经济价值较高。

以上是 20 世纪 90 年代后期至 21 世纪初的舟山海洋捕捞主要作业方式。自 21 世纪初以来，随着科学技术的进步和人们保护海洋渔业资源意识的增强，有些对资源破坏较大的渔具被相继禁止，保护资源的生态型渔具被研发应用。

二、舟山主要海洋捕捞工具概述

舟山渔具种类繁多，结合中国的渔具分类标准《渔具分类、命名及代号》（GB/T 5147—2003），把舟山当前主要的渔具分为 3 大类：网渔具类、钓渔具类、笼壶类。由于远洋渔业单独在第六章阐述，因此下面涉及捕捞产量的数据均不包含远洋捕捞产量。

（一）网渔具类

用渔网捕鱼在新石器时代就已经开始了，它的出现极大地提高了捕捞效率。网渔具是目前使用最广的渔具，世界上使用网渔具捕获的水产品占总渔获量的 80%以上。网渔具主要由网片、绳索、浮子、沉子等组成。根据捕捞对象和作业方式的不同，网渔具分为刺网、围网、拖网、张网、敷网、抄网、掩网、陷阱、地拉网等。舟山的网渔具主要包括拖网、围网、张网、刺网等。

1. 拖网

1）作业原理
拖网是一种移动的过滤性渔具，依靠机器、风力或人力，驱使渔船拖曳囊袋形渔具，在其经过的水域将鱼、虾、蟹或软体动物强行拖捕进入网囊，以达到捕捞生产的目的（图3-3）。拖网渔具形式多样，规模大小不一，分布广泛，根据舟山渔民的作业环境和生产实践，舟山市拖网作业可分为单拖作业、双拖作业、桁杆拖虾作业3种作业方式。

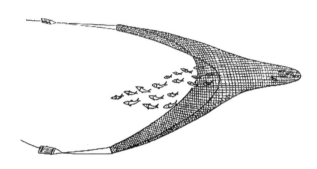

图 3-3　拖网作业示意图

图片来源：孙满昌，2004

拖网主要捕捞对象是比较集群的底层鱼类和中上层鱼类、虾、蟹、贝类等，如带鱼、大黄鱼、小黄鱼、马面鲀、鳓鱼、鲳鱼、鳕鱼、鲐鱼、鲹鱼、鲅鱼、鲷鱼、海鳗、鲆鱼、鲽鱼、海鲇、鲱鲤、蛇鲻、虾、蟹、乌贼、柔鱼、章鱼、螺、贝等。

2）生产特点

经过长期生产实践和改革证明，拖网具有以下几个特点。

（1）机动灵活，能积极追捕鱼群，适应性强。

（2）捕捞种类广泛，可用于捕捞鱼类，也可用于捕捞头足类、贝类和甲壳类等，是海洋捕捞中的主要作业方式。

（3）作业范围非常广，可用于不同水层捕捞，现代拖网渔具已可有选择地对水域表层、中层、底层捕捞对象实施有效捕捞。

（4）拖网属于主动拖曳，所以能耗高，对能源的高度依赖使作业成本上升，效益下降。

（5）拖网作业对鱼类资源本身造成巨大的损害，拖网作业所造成的资源衰退不仅局限于它的目标种类，而且对其他非目标种类造成了严重的浪费和资源破坏。如虾拖网渔业中兼捕和抛弃大量的低价值鱼类和海洋动物；中层拖网由于拖速快，会兼捕到海洋哺乳动物并造成其损伤或死亡；底拖网作业对鱼类赖以生存的海底生态环境也造成巨大的破坏。

3）捕捞产量

（1）舟山市拖网捕捞总产量。

拖网作业是舟山重要的海洋捕捞方式之一。2011—2021 年，舟山市海洋捕捞总产量为 $1\,145.98 \times 10^4$ t，而拖网的捕捞总产量为 421.35×10^4 t，占比为 36.77%。2011—2021 年，每年的拖网捕捞产量在海洋捕捞产量中的占比在 33.61%~39.03%，其中占比最高的是 2021 年，为 39.03%；最低的是 2011 年，为 33.61%。图 3-4 为 2011—2021 年舟山市拖网捕捞产量与海洋捕捞产量对比。

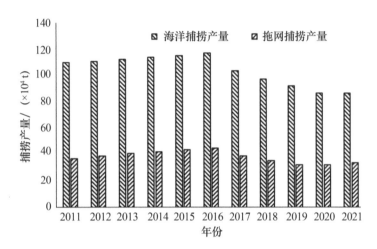

图 3-4　2011—2021 年舟山市拖网捕捞产量与海洋捕捞产量对比

数据来源：浙江省渔业经济统计资料

（2）舟山市两区两县拖网捕捞产量。

在舟山市下属的定海区、普陀区、岱山县和嵊泗县两区两县中，2011—2021 年的 11 年间，普陀区的拖网作业占最重要的地位，其次是岱山县、嵊泗县、定海区。普陀区的拖网捕捞年平均产量为 21.78×10^4 t，占舟山市拖网捕捞年平均产量 38.30×10^4 t 的 56.87%，岱山县占 20.76%，嵊泗县占 13.52%，定海区占 8.85%。2011—2021 年舟山市两区两县的拖网捕捞产量对比见图 3-5。

2. 围网

1）作业原理

围网是一种过滤性渔具，是根据捕捞对象集群的特性，利用长带形或一囊两翼的网具包围鱼群，采用围捕或结合围张、围拖等方

网片缝合

式，迫使鱼群集中于取鱼部或网囊，从而达到捕捞目的（图 3-6）。

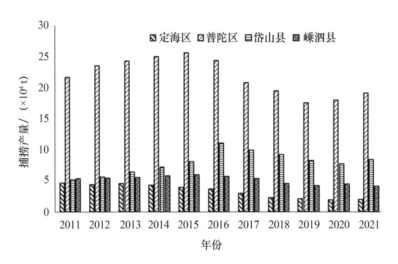

图 3-5　2011—2021 年舟山市两区两县拖网捕捞产量对比

数据来源：浙江省渔业经济统计资料

围网的捕捞对象主要是集群性的中、上层鱼类，如鲐鱼、太平洋鲱鱼、蓝圆鲹、竹荚鱼、马鲛鱼、青鳞鱼、带鱼、鲲鱼、沙丁鱼、鲣鱼、金枪鱼、鲑鳟、毛鳞鱼、大黄鱼等。同时借助现代化鱼探仪以及捕捞技术水平的提高，还能捕获近底层集群性鱼类，也可以将分散的鱼类采取诱集和驱集手段使鱼集群并加以围捕。

网片剪裁

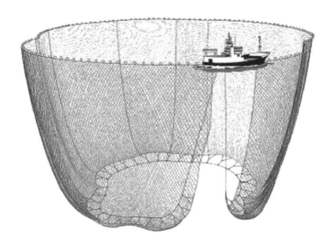

图 3-6　无囊围网作业示意图

图片来源：孙满昌，2012

2）生产特点

围网是网具大、网次产量高的一种渔具，具有以下几个特点。

（1）生产规模大，网次产量高。

（2）捕捞对象具有较稳定的集群性，鱼群的大小和密度在很大程度上决定了围网的捕捞效果。尽管围网网具的长度和高度都很大，但在实际作业和操作过程中，其实际围捕面积和体积是有限的，对于群体小且较分散的鱼群，必须先采取诱集或驱集措施，将小群集成大群，以达到良好的生产效果。

（3）生产技术水平要求较高，探鱼和捕捞操作技术水平的高低决定了围网的生产效率。

（4）作业渔船具有良好的操纵性能和较好的捕鱼机械设备，要求渔船有良好的快速性和回转性，以适应迅速追捕鱼群。

（5）围网渔业成本高，投资大，如灯光围网以船组生产，除网船外，尚需有辅助灯船和运输船，网船上机械设备繁多，辅助灯船上也装备了先进的导航通信设备和鱼探仪，投资较大。

3）捕捞产量

（1）舟山市围网捕捞总产量。

2011—2021 年，舟山市海洋捕捞总产量为 $1\,145.98 \times 10^4$ t，而围网的总产量为 100.19×10^4 t，占比为 8.74%。2011—2021 年，每年的围网捕捞产量在海洋捕捞产量中的占比在 5.09% ~ 15.57%，其中，占比最高的是 2011 年，为 15.57%；最低的是 2021 年，为 5.09%。图 3-7 为 2011—2021 年舟山市围网捕捞产量与海洋捕捞产量对比。

（2）舟山市两区两县围网捕捞产量。

在舟山市下属的定海区、普陀区、岱山县和嵊泗县两区两县中，2011—2021 年的 11 年间，普陀区的围网作业产量相对较高，其次是岱山县、嵊泗县和定海区。普陀区的围网捕捞年平均产量为 4.05×10^4 t，占舟山市围网捕捞年平均产量 9.01×10^4 t 的 45.02%，岱山县占 31.84%，嵊泗县占 21.73%，定海区占 1.41%。2011—2021 年舟山市两区两县的围网捕捞产量对比见图 3-8。

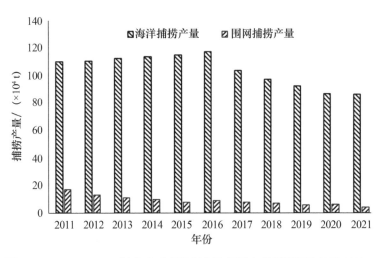

图 3-7　2011—2021 年舟山市围网捕捞产量与海洋捕捞产量对比

数据来源：浙江省渔业经济统计资料

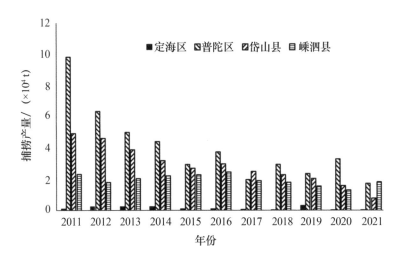

图 3-8　2011—2021 年舟山市两区两县围网捕捞产量对比

数据来源：浙江省渔业经济统计资料

3. 张网

1）作业原理

张网是根据捕捞对象的生活习性和作业水域的水文条件，将囊袋形网具，用桩、锚或竹竿、木杆等敷设在具有一定水流速度的区域或鱼类等捕捞对象的洄游通道上，依靠水流的冲击，迫使捕捞对象进入网中，从而达到捕捞目的（图 3-9）。

张网渔具结构简单，作业技术要求不高，成本低，使用小型渔船就可在沿岸和近海从事生产，而且可当天根据潮水涨落时间收取渔获物，随即进行销售，渔获物新鲜度高。另外，舟山渔场属于大陆架渔场，而且岛礁星罗棋布，这为张网渔业创造了良好的自然条件，因此，张网是舟山传统近海作业的主要渔具之一。张网作业的捕捞对象主要是大黄鱼、小黄鱼、带鱼、鲵鱼、鲽鱼、黄鲫、虾以及其他小杂鱼和一些经济水产动物的幼体等。

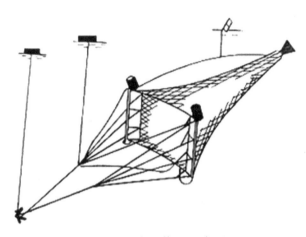

图 3-9　张网作业示意图

图片来源：孙满昌，2012

2）生产特点

根据结构特点和生产实践，张网具有以下几个特点。

（1）张网属过滤性定置渔具，依靠水流的冲击力迫使捕捞对象进入网内，因此必须敷设在具有一定水流速度的水域中。

（2）张网作业方法比较简单，过程中需要的劳动力较少。

（3）大多数张网类渔具的作业生产对渔船的性能要求一般较低，作业规模较小。

（4）就捕捞小型鱼类、虾类来说，张网和其他渔具相比效率较高、成本较低。

（5）张网在利用小型鱼类、虾类资源方面，以及在节约能源、实现经济效益方面有其独有的优势，但张网的主要渔获物为经济鱼、虾类的幼体，对渔业资源繁殖保护的影响严重，存在损害鱼类资源的弊端。

3）捕捞产量

（1）舟山市张网捕捞总产量。

张网作业是舟山重要的海洋捕捞方式之一。在 2011—2021 年的 11 年里，舟山市海洋捕捞总产量为 $1\,145.98 \times 10^4\,t$，而张网的总产量为 $430.32 \times 10^4\,t$，占比为 37.55%。2011—2021 年，每年的张网捕捞产量在海洋捕捞产量中的占比在 33.39%～39.99%，其中，占比最高的是 2012 年，为 39.99%；最低的是 2021 年，为 33.39%。图 3-10 为 2011—2021 年舟山市张网捕捞产量与海洋捕捞产量对比。

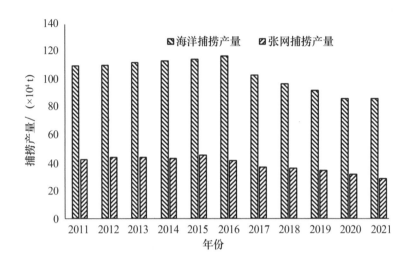

图 3-10　2011—2021 年舟山市张网捕捞产量与海洋捕捞产量对比

数据来源：浙江省渔业经济统计资料

（2）舟山市两区两县张网捕捞产量。

在舟山市下属的定海区、普陀区、岱山县和嵊泗县两区两县中，在 2011—2021 年的 11 年中，只有 2017 年、2019 年、2021 年这 3 年的张网产量嵊泗县稍高于岱山县，但整体上岱山县的产量较高，其次是普陀区和定海区。岱山县的张网捕捞年平均产量为 $15.99 \times 10^4\,t$，占舟山市张网捕捞年平均产量 $39.09 \times 10^4\,t$ 的 40.91%，嵊泗县占 38.88%，普陀区占 19.19%，定海区占 1.03%。2011—2021 年舟山市两区两县的张网捕捞产量对比见图 3-11。

4. 刺网

1）作业原理

刺网是由若干片网片连接成长带形的网具，作业时将依靠重力、浮力垂直张开的网具垂直敷设在鱼、虾的洄游通道上，使鱼类在洄游或受惊吓逃窜时刺挂或缠络于网衣上而被捕获（图 3-12），属于被动型渔具。刺挂是指鱼类头部、鳃盖或身体部分被网目挂住；缠绕是指鱼类被缠入网衣或因为牙齿、鳍或其他凸出物被网衣缠住，而鱼体不需进入网目。刺网渔具结构简单，操作方便，其捕捞对象较广，海洋中主要有鲷鱼、大黄鱼、小黄鱼、鲥鱼、鲳鱼、鲅鱼、鲆鱼、鲽鱼、鲑鱼、鳟鱼、燕鳐、鲐鱼、金枪鱼、对虾、梭子蟹、柔鱼等。

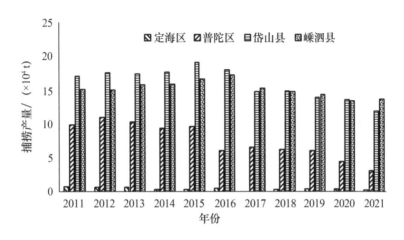

图 3-11　2011—2021 年舟山市两区两县张网捕捞产量对比

数据来源：浙江省渔业经济统计资料

2）生产特点

刺网类渔具结构简单，生产作业机动灵活，选择性好，由于其依靠鱼类与网具直接接触而捕获，所以具有以下几个特点。

（1）刺网能捕捞上、中、下各层次水域中比较集中或分散的鱼类、甲壳类、头足类等，所捕对象的个体较大且整齐，质量也较好，有利于渔业资源的繁殖与保护。

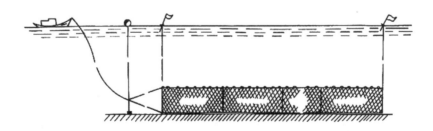

图 3-12　定置刺网作业示意图

图片来源：孙满昌，2005

（2）刺网作业对渔场环境具有特殊的要求，除水温、水深、底质分布等一般条件外，水色、透明度、光照、刺网与背景色、底质与背景色的配合等是决定刺网渔获率的重要因素。同时，与水流对刺网的漂流、网形变化、鱼的趋流反应等都密切相关。

（3）刺网摘取渔获物比较麻烦，费时又费力，鱼体也往往会因此而受到损伤。

（4）流刺网占用渔场面积较大，在多种渔具作业的渔场中容易与其他渔具纠缠，从而影响生产，同时，在航道上放网也会影响船舶航行。

（5）刺网在网渔具中是选择性比较好的一种渔具。刺网的网目尺寸只要严格按照主要捕捞对象的可捕标准确定，对渔业资源影响不是很大。对不同的捕捞对象采用不同网目尺寸，这方面在我国都有相关的标准。但有些人为了追求产量，缩小网目尺寸，大量捕捞幼鱼，使得渔业资源被破坏。另外，由于多重型刺网相当于给鱼类的逃逸安装了多层关卡，不利于幼鱼的逃离，对渔业资源影响比较大，因此被禁用。

现在渔网的网衣材料基本上使用合成纤维，不易腐烂，如果废网具被随意丢弃在海洋里，就会使得一些海洋生物被网衣刺挂缠绕。如公海中的大型中上层流刺网容易捕杀海洋哺乳类动物，会对渔业资源和生态环境造成影响。因此，1991年联合国大会第46届会议通过决议，1993年1月1日起在大洋和公海海域禁止使用大型流刺网。

3）捕捞产量

（1）舟山市刺网捕捞总产量。

在2011—2021年的11年里，舟山市海洋捕捞总产量为 $1\,145.98 \times 10^4$ t，而刺网的捕捞总产量为 88.35×10^4 t，占比为7.71%，占比较小。2011—2021年，每年的刺网捕捞产量在海洋捕捞产量中的占比在 5.87%~10.31%，其中，占比最高的是2021年，为10.31%；最低的是2011年，为5.87%。图3-13为2011—2021年舟山市刺网捕捞产量与海洋捕捞产量对比。

（2）舟山市两区两县刺网捕捞产量。

在舟山市下属的定海区、普陀区、岱山县和嵊泗县两区两县中，在2011—2021年的11年里，普陀区的刺网作业占最重要的地位，其次是岱山县、定海区和嵊泗县。普陀区的刺网捕捞年平均产量为 5.48×10^4 t，占舟山市刺网捕捞年平均产量 8.03×10^4 t 的68.24%，岱山县占25.01%，定海区占4.68%，嵊泗县占2.07%。

2011—2021 年舟山市两区两县的刺网捕捞产量对比见图 3-14。

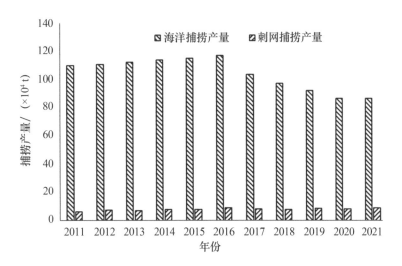

图 3-13　2011—2021 年舟山市刺网捕捞产量与海洋捕捞产量对比

数据来源：浙江省渔业经济统计资料

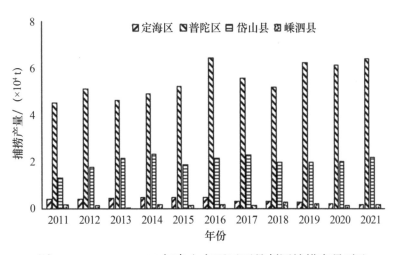

图 3-14　2011—2021 年舟山市两区两县刺网捕捞产量对比

数据来源：浙江省渔业经济统计资料

（二）钓渔具类

钓渔具是舟山主要的海洋捕捞工具之一，随着转产转业的开展和人们生活水平的提高，舟山休闲海钓项目也十分活跃。

1. 作业原理

钓渔具利用鱼类、甲壳类、头足类等动物的食性，一种是在钓线上系结钓钩，并装上诱惑性的饵料（真饵或拟饵），诱使其吞食而达到捕获目的；另一种是不使用饵料，而是将较多数量的锐利钓钩横列在鱼类通道上，使鱼误触钓钩而被钓获。无论是使用还是不使用饵料，在渔技特征上一般是借钓钩刺入鱼体达到捕捞目的。也有极少数钓具不装钓钩，直接以食饵诱集而钓获。钓渔具结构简单，制作容易，成本低，渔场宽阔，渔期长，产品质量高，且对幼体损伤不大。

2. 生产特点

钓渔具是比较小型的渔具，因为一钩一线就可装饵诱鱼上钩。但许多钩联合使用时，又是长度最大的渔具，如延绳钓渔具长达数十千米。从渔场适应、渔获质量以及渔具构造等方面来看，钓渔具具有以下特点。

（1）钓渔具是捕捞分散鱼群（包括头足类等）的一种良好的渔具。

（2）钓渔具对渔场条件和季节有广泛的适应性，四季均可作业，且不易受渔场底形、底质、水深、海况等的限制。

（3）钓渔具的捕捞品种广泛，对不同水层中的鱼类、头足类、甲壳类等都有良好的钓捕效果。

（4）钓渔具的渔获个体较大、质量较好，有利于对渔业资源的选择性利用。

3. 捕捞产量

1）舟山市钓渔具捕捞总产量。

在 2011—2021 年的 11 年里，舟山市海洋捕捞总产量为 $1\ 145.98 \times 10^4$ t，而钓渔具的捕捞总产量为 7.38×10^4 t，占比为 0.64%，占比较小。2011—2021 年，每年的钓渔具捕捞产量在海洋捕捞产量中的占比在 0.26%~1.20%，其中，占比最高的是 2021年，为 1.20%；最低的是 2012 年，为 0.26%。图 3-15 为 2011—2021 年舟山市钓渔具捕捞产量与海洋捕捞产量对比。

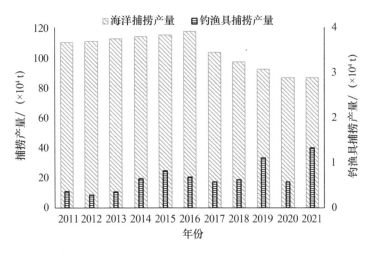

图 3-15　2011—2021 年舟山市海洋捕捞产量与钓渔具捕捞产量对比

数据来源：浙江省渔业经济统计资料

2）普陀区和嵊泗县钓渔具捕捞产量。

在舟山市下属的定海区、普陀区、岱山县和嵊泗县两区两县中，定海区和岱山县在 2011—2021 年的钓渔具捕捞产量极低，因此这里不做统计，仅统计普陀区和嵊泗县钓渔具捕捞产量。2011—2021 年，整体上看普陀区的钓渔具作业占据相对重要的地位，其次是嵊泗县。普陀区的钓渔具捕捞年平均产量为 0.48×10^4 t，占舟山市钓渔具捕捞年平均产量 0.67×10^4 t 的 71.64%，嵊泗县占 28.36%。2011—2021 年舟山市普陀区和嵊泗县的钓渔具捕捞产量比较见图 3-16。

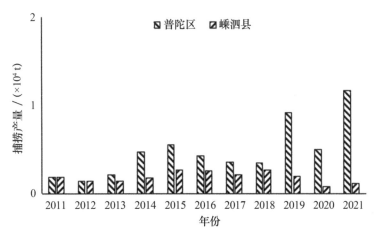

图 3-16　2011—2021 年舟山市普陀区和嵊泗县钓渔具捕捞产量对比

数据来源：浙江省渔业经济统计资料

（三）笼壶类

笼壶类渔具结构简单，成本较低，操作方便，可以从沿岸浅海小规模渔业到大洋深海渔业，在拖网、流刺网等难以作业的岛礁附近海域都能生产。

蟹笼

1. 作业原理

笼壶类渔具是根据捕捞对象特有的栖息、摄食或生殖等生活习性，设置洞穴状物体或笼具，引诱捕捞对象入内而捕获的专用工具（图 3-17）。笼壶是一种被动式渔具，不同于围网、拖网等主动性渔具，其允许捕捞对象进入，但能很大程度地阻止进入的捕捞对象逃逸。

笼壶类渔具的具体捕捞方法因捕捞对象而异，有的结笼于桩，敷设在捕捞对象活动的水域，利用潮流作用，诱陷捕捞对象而捕获（如鲚鱼篓等）；有的利用捕捞对象钻穴习性、走触探究行为，引诱入笼而捕获（如章鱼螺、短蛸罐、青蟹笼等）；有的在笼内装饵料，诱导捕捞对象入笼（如一般的虾笼、蟹笼、鱼笼等）；还有的利用捕捞对象在繁殖季节觅求产卵附着物，寻找配偶等行为，诱导它们在笼内外集结而捕获（如乌贼笼等）。

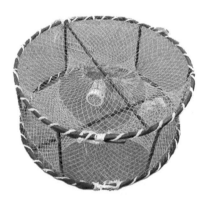

图 3-17　蟹笼
图片来源：王飞　摄

2. 生产特点

笼壶类渔具普遍具有以下生产特点。

（1）渔具结构简单，操作方便。

（2）生产规模相对较小，作业人员较少，能耗低，生产成本也较低。

（3）渔获物一般是鲜活产品，虽产量不高，但产值较高。

折叠式蟹笼

思考题　　　　主题讨论

第四章 海洋渔船

【教学目标】了解海洋渔船的演变历程，理解海洋渔船的分类及其特点，掌握舟山不同种类、不同功率、不同作业类型的渔船。

【章前导言】舟山是四面环海的群岛性地区，靠海吃海，人们为了生存，要从大海中获取更多的食物，因此，不仅需要有得心应手的渔具，还需要配备先进的渔船。舟山渔船的改革与创新为海洋渔业的发展奠定了基础。

渔船的演变

第一节 海洋渔船概述

海洋渔船是海洋生产作业的重要工具之一，是生产作业离岸由近及远的重要媒介，海洋渔船的发展助推海洋渔业的发展。

一、海洋渔船概念

海洋渔船，是指用来捕捞和采收海洋中的动、植物的船舶，也包括现代捕捞生产的一些辅助船舶，如进行水产品加工、运输、养殖、资源调查、渔业指导和教学实习，以及执行渔政任务等的船舶。图4-1为艉滑道拖网船模型。

二、海洋渔船分类

随着科技的进步，渔船建造工艺日新月异，建造出了许多种类的渔船。渔船按不同的分类方法，可划分为不同的类别，这一点世界各国的分类方法基本上是统一的。

图 4-1　艉滑道拖网船模型

图片来源：浙江海洋大学船模室，王飞　摄

（一）按作业范围划分

按作业范围划分，海洋渔船可以分为沿岸渔船、近海渔船和远洋渔船等。

（1）沿岸渔船。沿岸渔船一般指在沿岸渔场作业的渔船，多属小船。

（2）近海渔船。近海渔船一般指在近海渔场作业的渔船，规格比沿岸渔船大。

（3）远洋渔船。远洋渔船一般指在远洋渔场作业的渔船，规格一般比近海渔船大，续航力及其他设备都比较先进。

（二）按使用动力划分

按使用动力划分，海洋渔船可以分为手动渔船、风帆渔船、机帆渔船和机动渔船等。

（1）手动渔船。手动渔船主要依靠手摇船桨或橹作为渔船的推进动力，中国早期的渔船都是手动渔船。因为动力完全来自人力，所以渔场作业时间和区域比较受限。

（2）风帆渔船。风帆渔船是利用船帆靠风力推进作为渔船前进的动力。因为风帆船要靠大自然的风力，船舶推进动力来源不稳定，所以风帆船上都保留着船桨或橹，以备没有风或风力不足时使用。

（3）机帆渔船。机帆渔船是在风帆渔船上安装动力装置，用机械动力或风帆推进作为动力的渔船。有风时靠风帆的动力作为渔船推进的动力，无风时则用机器推进作为动力，以此来避免风帆渔船无风时人摇橹的困境。

（4）机动渔船。机动渔船是完全依靠机器推进作为渔船的动力，在动力方面增加了渔船的快速性和灵活性，能大大提高捕捞效率。

（三）按船体材料划分

按船体材料划分，海洋渔船可以分为木质渔船、钢质渔船、玻璃钢质渔船、铝合金渔船、钢丝网水泥渔船以及各种混合结构的渔船等。

（1）木质渔船。木质渔船是船体主要部分由木材建成，仅在连接处用金属材料的渔船，早期的渔船都属于木质渔船。

（2）钢质渔船。钢质渔船是船体主要部分所用的材料为各种型钢及钢板的渔船，增加了渔船的安全性。

（3）玻璃钢质渔船。玻璃钢质渔船是船体主要部分用玻璃纤维增强剂和不饱和聚酯、环氧树脂与酚醛树脂黏合剂为基本组成的渔船。

（4）铝合金渔船。铝合金渔船是船体主要部分用铝合金材料建造的渔船。

（5）钢丝网水泥渔船。钢丝网水泥渔船是以钢盘为加固件，钢丝网作外壳、甲板，并捣以水泥而成的渔船。

（四）按作业渔法划分

按作业渔法划分，海洋渔船可以分为拖网渔船、围网渔船、刺网渔船、张网渔船、钓渔船以及其他渔船等。

（1）拖网渔船。拖网渔船是用拖网进行捕捞生产的渔船，主机功率较大。

（2）围网渔船。围网渔船是用围网进行捕捞生产的渔船，主机功率较大。

（3）刺网渔船。刺网渔船是用刺网进行捕捞生产的渔船，主机功率相对较小。

（4）张网渔船。张网渔船是用张网进行捕捞生产的渔船，主机功率相对较小。

（5）钓渔船。钓渔船是用钓具进行捕捞生产的渔船，主机功率较大。

（五）按所担负任务划分

按所担负任务划分，海洋渔船分为生产渔船和辅助渔船等。

（1）生产渔船。生产渔船是用于渔业生产的渔船，主要包括捕捞渔船和养殖渔船。

（2）辅助船渔。辅助船渔是辅助渔业生产的渔船，包括生产性渔业辅助船（如渔业基地船、渔业加工船、围网作业辅助船、养殖使用船等），非生产性渔业辅助船（如渔业补给船、渔业运输船等），以及渔业调查船、渔业培训船、渔业生产指挥船和执行渔政任务的渔政船等。

目前，我国在渔船分类方面多按作业渔法和担负任务的不同来划分。

三、中国海洋渔船发展史

渔船是渔民最基本的生产工具，从古代简陋的渔船发展到现如今的现代化渔船，都凝聚着人类的聪明才智。

（一）古代渔船

远古先民在长期跟水打交道的过程中发现，有的物体会浮在水面上，有的物体会沉入水底；有的浮在水面上的物体还能载物，有的则不能；有的物体浮在水面上比较稳定，有的却容易翻滚。他们渐渐地理解了物体的浮性，利用浮性较好的物体来渡水（图4-2）。人类的祖先率先发展了农牧业和种植业，他们广泛种植各种农作物，在种植和收获过程中，他们发现一种叫葫芦的植物果实具有质量轻、浮力大的优点，因此就大胆尝试用成熟的葫芦连在一起浮于水面，以供载人或将收获的果实运过河。在盛产葫芦的地方，原始人还学会了抱着葫芦过河。

在人类进入饲养牲畜阶段后，出现了利用牲畜的皮革来制作浮具，人们可以抱着浮具渡水，称为皮囊。

接着，人们发明了用筏来渡水。筏是由单体浮具发展起来的，将较多的单体浮具用藤或绳系为一体便形成了筏，有竹筏、木筏、皮筏等。筏取材方便，容易制作，稳定性较好，是很好的渡水工具。

图 4-2　利用浮性物体渡河
图片来源：孙勇志等，2012

事实上，葫芦、皮囊、筏等原始的渡水工具，都算不上真正意义上的船，从造船技术的发展角度来看，船的直系祖先应该是独木舟。

在新石器时代，人类对火、石器、浮力有了一定的认识和积累后，人们把砍下来的树干用石斧和火将一面削平、挖空，里面可以坐人，形成的浮具称为独木舟，从而进行水上捕捞和迁徙航行，也就开始有了"船"。原始时期的浮具一般比较小，所以很多用手划就可以，随着独木舟的使用，手划逐渐不适应了，便出现了船桨。独木舟沿用了很长一段时间，在一些少数民族地区，至今还能看到独木舟。信阳出土的商代（3 500 年前）独木舟，舟长 9.28 m，宽 0.78 m，深 0.60 m，是我国迄今为止考古发现的最古老、最大的独木舟。

但独木舟在性能、材料来源、制造工艺上都存在严重的缺陷，如行驶不稳，容易倾覆，即使用粗大的树木来制作，空间也比较狭小，而且取材不便，制造的时候树干得砍削掉一半左右，剩下的部分又得挖空，比较浪费。筏虽然面积大、稳定性较好，但没有干舷，而且中间有缝隙，容易渗水。随着人们在使用过程中的不断创新，如在筏的两侧添加木板并填充缝隙，演变成了平底的木板船；在独木舟的两侧加宽加高，原来的独木舟就逐渐变成船底了，慢慢地演化成尖底或圆底的木板船。于是在殷商时期，完全不同于筏和独木舟的新船——木板船诞生了。最早出现的木板船叫舢板（图 4-3），原名"三板"。顾名思义，可以推测它最初是用三块木板构成的，就是由一块底板和两块舷板组合而成。

随着人类文明的不断进步，认识水平的不断提高，人们发现木板船在航行时会遇到的一个突出问题，就是它的抗风能力较差。于是人们借助大自然的风力，在船上安装风篷，这样的木板船就可以靠风力前进，也就出现了可以相对远距离航行的木帆船。因为木帆船用桅杆撑起帆后，借助风力可以减轻划桨的人力，此时经由水路外出的古人，也在自然环境中获得了更大的主动权。

图 4-3　舢板

图片来源：刘胜勇，2015

最早的帆是类似长方形的，而且一艘船上只有一个单桅杆，后来用类似三角形的帆替代了类似长方形的帆。因为在实践中，人们发现长方形只能在顺风中使用，而三角形在逆风中也能使用，三角形的帆更有利于船舶的航行。随着造船技术的发展，为了更有效地利用风力，船桨和船帆的数量也相应地有所增加，从单桅船发展为双桅船、三桅船、四桅船，甚至五桅以上的多桅船。在我国宋元时期的海船中，一般是三桅船和四桅船，在一根桅杆上还经常挂多张帆，以增强动力。

另外，帆发明以后，船只虽然可以借助风力航行，但是由于风的大小和方向经常是不固定的，所以一般一艘帆船往往还有划桨的设备，以备在风力不足或风向不对的时候使用。

到了春秋战国时期，我国南方出现了专门的造船工场——船宫。各个诸侯国之间的来往经常通过船只，并有了战船的记载。春秋战国时期还出现了用铁箍连接船板的造船工艺，也就是先进的钉接榫合的连接工艺，极大地提高了船的强度。在战国中山王墓中的随葬船中发现了这一工艺，这些铁箍连接是从竹钉、木钉向铁钉过渡的一个演变过程，体现了人类科技的进步。

秦汉时期是中国造船史上第一个高峰，继承和发展了先进的造船技术，这一时期船只不仅规模大，而且类型多。在此之前，对于船舶的特殊用途没有太多的限制，不管是战船、商船、渔船，都没有特别的区别，造船技术的提高也直接提升了渔船的技术含量。

唐后期至宋初，人们渐渐地将船舶与船舶的功能对应起来。宋代，沿海开始出现对网、刺网和张网等捕捞作业，相应的小对船、小捕船、流网船和张网船等木帆渔船也相应地诞生了。宋时，渔民还使用多船并用的技术，宋代的"并舟举网图"展示了渔民运用两舟并一的手段来提高捕捞作业时渔船的稳定性。

古代造船史上的第二个高峰出现在唐宋时期，古代造船业的发展在这个阶段进入了成熟时期。秦汉时期出现的造船技术，如船尾舵、橹以及风帆的有效利用等，在这个时期得到了充分发展和进一步完善，而且发明了许多更加先进的造船技术。

在经过秦汉时期和唐宋时期两个发展高峰以后，明代的造船技术和工艺都有了很大的进步。明代的《渔书》《天下郡国利病书》和清代的《海错百一录》《南越笔记》《广东新语》等都有渔船的记载。渔船的结构与作业海域的地理环境、风力以及作业要求、捕捞对象等关系密切，故每一海区、每种渔业都有特殊类型的渔船。

元明时期是中国造船发展的第三个高峰期。据考古和古书上记载，明朝时期造船的工场分布广、规模大、配套全，在历史上是空前的，可以说达到了古代造船史上的最高水平。正是有了这样雄厚的造船业做基础，才有了郑和七次下西洋的远航壮举。郑和的宝船属于沙船类型，更属于沙船中的佼佼者。当然，高超的造船技术使得渔船的制造工艺也得到了相应的提高。

清初至清中期，渔船种类及名称日益增多，用途也不断拓宽，捕捞上有大对船、大捕船、小对船、小捕船、流网船、小钓船、张网船、拖乌贼船和舢板船等渔船。虽然经过了3个造船业发展的高峰期，但古代的海洋捕捞渔船都是木质构造，使用风帆和人力摇橹作为渔船的推进动力，使得渔船的灵活性、安全性较低。

木帆渔船时代，船和渔民们最担心的是在海上遭遇风暴。因此，他们在实践中积累和总结了一系列行之有效的气象、海洋与捕捞等相关的渔谚民谣，如"东北风，浪太公"，即刮台风多为东北风，风暴必然带来巨浪，刮东北大风是发生海浪的"祖宗"；"东风浪淘底，西风浪刨面"，是说东北风或东风刮得猛，海中会巨浪翻滚、连底淘起，而西北风或西风掀起的只是表层浪，渔船在海上航行危险性较小。

（二）近代渔船

鸦片战争后，西方工业技术逐渐传入中国，中国出现了在风帆渔船上安装机器动力装置的渔船，称为渔轮，并且发展势头迅猛。

渔轮最早出现在 1882 年的英国，以蒸汽机为动力，与传统的风帆动力渔船相比，推进动力大，作业海域范围大，而且渔船转动灵活，渔轮的出现是渔业发展史上一次重要的技术革命。

1904 年，中国近代实业家张謇有感于"中国渔政久失，士大夫不知海权"的现状，奏请朝廷组建渔业公司，以渔业为依托，巩固海权。1906 年春，江浙渔业公司成立，张謇兼任经理。那时正好有一艘德国的渔轮以青岛为基地，在黄海一带捕鱼，张謇报请商部将其购买，定名为"福海"号。清末沈同芳在《渔业历史》中记载过这件事："謇至上海，会有购回德国万格罗捕鱼轮船，改名福海。"

"福海"号是中国历史上第一艘机轮渔船，也是中国第一艘机动拖网船，它开启了我国动力化渔船的新篇章，也促使中国海洋渔船从"舟筏风帆时代"跨入了"机器动力时代"。"福海"号渔轮船长 33.3 m，宽 6.7 m，功率为 367.5 kW，以蒸汽机为动力，在甲板上用绞车收放拖网。同时，"福海"号渔轮上还配备一尊快炮，10 支后膛枪，10 把快刀，并雇用有经验的 4 名胶州水手，一方面捕鱼，另一方面负责巡海，救护渔船，承担起护渔缉盗的使命，在中国首创渔政管理。张謇认为："海权界以领海界为限，领海界以向来渔业所至为限。渔业盛则渔界益明，渔民附则海权益固。"无疑，"福海"号的引入是张謇经营海疆的重要实践。在当时清朝统治者对海洋权益意识普遍淡薄的大环境下，张謇清醒地看到这一点，并且倾力奔走呼号，是尤为难能可贵的。

民国初，各地渔业公司如雨后春笋，竞相发展渔轮捕捞业，1919 年，浙海渔业公司新造"富浙"号、"裕新"号两艘机轮渔船；1922 年，农商部江苏省海州渔业技术传习所新造一艘"海鹰"号机轮渔船。到 1935 年，中国机轮渔船共 449 艘，成为民国时期机轮渔船的鼎盛期。机轮渔船的出现对海洋捕捞生产规模的扩大和作业海区的开拓都起着重要作用。不过，虽然中国机轮渔船数量增加，但当时旧式风帆渔船仍占主体地位。

（三）现代渔船

自中华人民共和国成立以来，渔业有了很大的发展，渔船也得以快速发展。如果说到 1949 年为止机轮渔船是以新建和购买为主，那么到 1955 年，浙江省率先将一对大捕型风帆渔船改装成为机帆渔船，从此开启了我国渔船机帆化改装的时代。1955 年，我国的海洋机动渔船 584 艘，占全国渔船的 0.13%，基本上恢复到抗日战争前的水平。

1959 年 4 月 11 日，吕泗洋遭受特大风灾，其间渔场作业的浙江省木帆船沉毁 278 艘，占出海渔船的 8.39%，死亡渔民 1 479 人，占出海渔民总数的 4.5%，损坏渔船 2 000 艘，渔具损失难以计数，共计损失 2 000 多万元，其中舟山地区沉船 230 艘，而机帆船则全部安全返航。重大的海损事故更加激发了群众发展机帆船的积极性。

吕泗海难

1966 年，南海水产研究所设计了机轮灯光围网，并在珠江口渔场捕捞蓝圆鲹获得成功，1971 年全国计划会议决定拨款 1.5 亿元，新建、改造 70 组共 280 艘灯光渔船。

1972 年前后，黄海造船厂、南通渔船修造厂等试制成功了"E150"系列柴油机；福建机器厂、舟山船厂等试制成功了"E135"系列柴油机。柴油机的成功试制加速了机动渔船的建造，中国机轮渔船数量不断地增加。

1966—1976 年，盲目追求高产量、高指标，不顾海洋渔业资源的再生能力，大量建造渔船。至 1976 年，全国海洋捕捞机动渔船达 3.28×10^4 艘，是 1966 年的 3.66 倍。至 1984 年年底，全国海洋机动渔船的总量达到 11.21×10^4 艘（图 4-4），在海洋渔船中的比例达到 52.35%，首次超过海洋非机动渔船。至 2010 年，海洋机动渔船的数量达到 29.77×10^4 艘，占全部海洋渔船的 94.21%，其中，钢质渔船 3.36×10^4 艘，玻璃钢渔船 2.10×10^4 艘，多数渔船上配备了卫星导航、起网机、吸鱼泵等信息设备和机械设备。

至此，中国渔船在工业化的推动下，广泛应用机器动力，结束了延续 7 000 年的"一靠风，二靠潮，三靠橹摇"的风帆动力历史，实现了中国海洋渔船的机动化。中国渔船推进动力从"木筏风帆时代"迈进"机器动力时代"、作业方式从"手工时代"迈进"机械化时代"、制造材料从"木质时代"迈进"钢质时代"，既减轻了渔民的劳动强度，又提高了捕捞业的生产力水平。2011 年版《中国渔业统计年鉴》统计数据显示，2010 年海洋捕捞从业人员 106.63 万，海洋捕捞产量 $1 203.59 \times 10^4$ t，占海产品产量的 43.02%，比 2009 年增加 24.98×10^4 t，增长 2.12%。

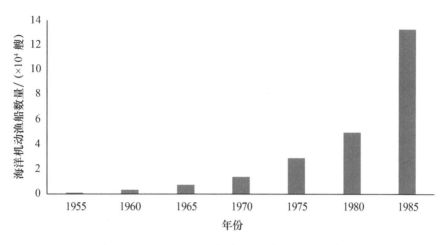

图 4-4 1955—1985 年全国海洋机动渔船数量

（四）压减渔船

工业化成功推动了中国海洋渔船的发展，海洋渔船无论是在数量上还是在规格上都大大增加了。全国海洋机动渔船从 1955 年的 584 艘增加到 1987 年的 19.63×10^4 艘，增加了 336.13 倍。海洋渔船队伍的不断壮大，带来的最直接的结果就是海洋捕捞能力的大幅度提升，导致近海海洋渔业资源被过度利用。渔船规模过大与渔业资源衰减的矛盾是制约我国捕捞业绿色发展的重要因素，因此，1987 年，国家对海洋捕捞渔船数量和功率提出了总量控制制度，简称"双控"政策。按照总量控制的原则，1999 年、2000 年农业部分别实施了海洋捕捞"零增长"和"负增长"政策，进一步加大了对海洋捕捞强度的控制力度。

但许多沿海地区由于受就业压力、捕捞渔民转产转业补助与渔业劳动就业政策不配套等多种因素的影响，"双控"制度未能得到全面贯彻执行。据统计，到 2002 年年底，全国海洋捕捞渔船为 22.24×10^4 艘，总功率为 $1\,269.66 \times 10^4$ kW，与"九五"期间的"双控"指标相比，渔船数增加 0.5%，总功率增加了 35.6%。鉴于这种情况，为有效减轻海洋捕捞强度，养护和合理利用海洋渔业资源，促进渔业可持续发展，根据《中华人民共和国渔业法》的有关规定，农业部出台了《关于2003—2010 年海洋捕捞渔船控制制度实施意见》，对 2003—2010 年全国海洋捕捞渔船控制工作提出具体的实施意见。实施意见规定，根据渔民的可承受能力和渔区经济社会发展状况，全国海洋捕捞渔船船数和功率数分别从 2002 年年底的 22.24×10^4 艘、$1\,269.66 \times 10^4$ kW，压减到 2010 年的 19.24×10^4 艘、$1\,142.70 \times 10^4$ kW 以内，船数减少 3.00×10^4 艘，功率数减少 126.96×10^4 kW，年均减少 3 750 艘、15.87×10^4 kW；重点压减持《临时渔业捕捞许可证》的渔船，以及从事拖网、帆张网、定置张网作业等对海洋渔业资源破坏性较大的作业方式的渔船。通过压减捕捞渔船数量和功率数，达到初步控制我国海洋捕捞强度盲目增长和资源过度利用，逐步实现海洋捕捞强度与海洋渔业资源可捕量相适应的目的。

2011 年，农业部又颁发了《关于"十二五"期间进一步加强渔船管理控制海洋捕捞强度的通知》，继续将 2010 年年底的控制数作为"十二五"期末的控制指标。

紧接着，农业部对"十三五"期间的国内渔船和捕捞产量管控提出了新的要求与措施，指出牢固树立和贯彻落实创新、协调、绿色、开放、共享的发展理念，坚持渔船投入和渔获产出双向控制，进一步完善海洋渔船"双控"制度和配套管理措施。并于 2017 年 3 月 13 日在农业部举行"十三五"渔船管理"双控"和海洋渔业资源总量管理责任书签订仪式，分别与 11 个沿海省（区、市）签订责任书，同时明确：到 2020 年，全国压减海洋捕捞机动渔船 2×10^4 艘、功率 150×10^4 kW（基于 2015 年控制数），沿海各省（区、市）年度压减数不得低于该省总压减任务的 10%，其中，国内海洋大中型捕捞渔船减船 8 303 艘、功率 135.08×10^4 kW；国内海洋小型捕捞渔船减船 1.17×10^4 艘、功率 14.92×10^4 kW；港澳流动渔船（指持有我国香港、澳门特区船籍，并在广东省渔政渔港监督管理机构备案的渔船）船数和功率数保持不变，控制在 2 303 艘、功率 93.97×10^4 kW 以内。通过压减海洋捕捞渔船船数和功率总量，逐步实现海洋捕捞强度与资源可捕量相适应。据统计，截至 2019 年 12 月底，"十三五"以来拆解渔船 2.04×10^4 艘，提前完成"十三五"全国海洋捕捞渔船船数压减任务。

为继续深入贯彻落实绿色发展理念，推动捕捞业绿色、安全发展，农业农村部始终高度重视减船转产工作，自 2002 年首次采取国家赎买功率指标的办法推动渔民减船转产以来，通过制定专门的管理办法，建立了管理体系，减船转产工作稳步推进，现已成为沿海渔民自愿退出捕捞业的一个重要途径。该政策已实施 20 余年，由于人们对政策较为熟悉，各地的运作方式均较成熟，为此，经国务院批准，

"十四五"期间农业农村部将减船转产项目调整为地方一般性转移支付项目，鼓励各地根据实际设计减船政策，安排减船资金，设定补贴标准。

在远洋渔船方面，自"十三五"以来，农业农村部全面调整远洋渔业发展思路，严控远洋渔船规模，将远洋渔业发展主要由数量扩张调整到严格控制规模、强化规范管理、加快转型升级、提高质量效益上来，除非淘汰现有远洋渔船，原则上不允许新增远洋渔船。图 4-5 显示的是 2011—2021 年全国远洋捕捞总产量和国内海洋捕捞总产量，图中显示，虽然实施了国内海洋捕捞产量"零增长""负增长"政策，但在 2016 年之前还是呈上升趋势，从"十三五"开始，才出现了下降势头，到 2020 年，全国远洋捕捞总产量为 947.41×10^4 t，控制在国家规定的 $1\,000 \times 10^4$ t 以内，减渔船数量、减渔船功率的效果才得以显现。出现这种变化的原因是在 2011—2016 年，虽然全国海洋渔船数量下降了，但渔船的功率在增大，从而导致 2016 年之前的捕捞产量还是呈上升趋势。图 4-6 显示的是 2011—2021 年全国海洋渔船的数量和功率；图 4-7 显示的是 2011—2021 年全国海洋机动渔船的数量和功率；图 4-8 显示的是 2011—2021 年全国海洋捕捞渔船的数量和功率；图 4-9 显示的是 2011—2021 年全国远洋渔船的数量和功率。

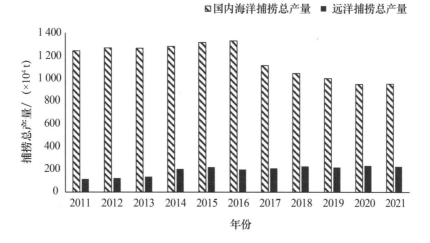

图 4-5　2011—2021 年全国远洋捕捞总产量与国内海洋捕捞总产量

数据来源：《中国渔业统计年鉴》

图 4-6　2011—2021 年全国海洋渔船的数量和功率

数据来源：《中国渔业统计年鉴》

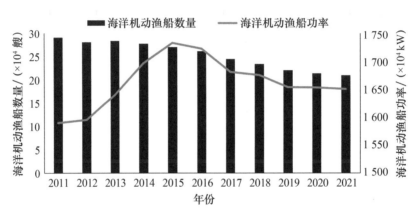

图 4-7　2011—2021 年全国海洋机动渔船的数量和功率

数据来源：《中国渔业统计年鉴》

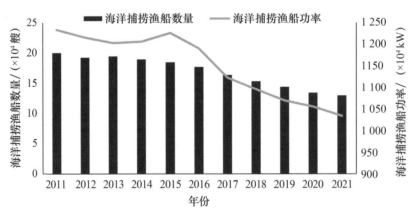

图 4-8　2011—2021 年全国海洋捕捞渔船的数量和功率

数据来源：《中国渔业统计年鉴》

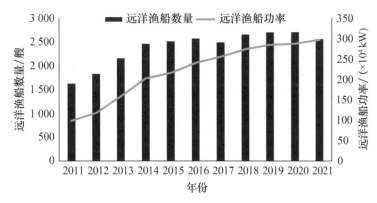

图4-9　2011—2021年全国远洋渔船的数量和功率

数据来源：《中国渔业统计年鉴》

第二节　舟山海洋渔船发展史

渔业要发展绝大部分取决于资源、渔船、渔网，以及先进的技术，渔船是海洋渔业的基本生产资料，是捕捞作业的主要工具。

一、木帆渔船

渔船歌
（木帆渔船）

（一）发展历史

舟山海洋渔船历史悠久，早在河姆渡文化时期，原始人类就在杭州湾一带使用独木舟从事捕捞活动。唐代中期，随着舟山人们滩涂采拾向沿岸浅海延伸，形成了沿岸浅海的捕捞作业，从而迫使他们改革生产工具和捕捞方式。早期的捕捞渔船小而简陋，没有定型的规格和名称，渔民根据需要自行设计制造，其中最大的渔船船身长4.5～5.5 m，船宽1～1.2 m，载重1～2 t，均系类似"独木舟"式小型木帆渔船，称为"丈八河条"。后来随着木板拼装船建造技术工艺的不断进步，人们开始改革捕捞渔船的结构模式。他们在船身的一侧装饰了"玉肋"（船肋），这艘船就被称为"单搁河"。如果船的两侧都装上玉肋则被称为"双搁河"。不管是哪一种，它们的船体都比较狭小，而且没有"门头盖"（舱盖）。唐中期至宋初，由于造船技术进一步提高，船体拓宽增大。

宋时，海洋渔船船型船体开始增大至 6~8 m，载重 3~4 t，有的船头两侧装饰"船眼睛"，称为"亮眼龙头""亮眼木龙"；没有装饰船眼睛的则称为"瞎眼龙头""瞎眼木龙"。

渔民称船为"木龙"，颇具独特的海洋渔文化色彩。一方面是将自己的捕鱼船具称为龙，喻示着水族之首的龙可以统治和降服海中的"虾兵蟹将"，水族万物服龙，可保年年有鱼（余）、岁岁丰收；另一方面是借海中蛟龙所向无敌之意，寄托渔民驾龙闯海、乘风破浪、避邪祛恶、消灾除祸、永保四海平安的愿望，是渔民的一种精神寄托。

"船眼睛"有两种制作方法：一种是选用樟木、梓木等硬木，精心雕刻制作成圆形，中间眼珠向外微凸，呈半圆球形状，钉在船首的左右两侧，周边涂上一圈白色，中间凸起处涂刷成黑色，似人的黑眼珠一般，使船头两侧有一对睁开的圆圆龙眼；另一种是在船首左右两侧按照上述形状钉上一对船眼睛，并在船眼前后部位各涂刷红、黄、绿、白、黑等多种颜色绘画的 9 只圆眼，称为"廿只眼睛船"。

在舟山，每逢新船建成，在安装船眼时，还有一个相袭成俗的"定彩"仪式，即在新船造成后，择定吉日，按金、木、水、火、土五行，用五种彩色钉丝线，随同充当渔船眼珠的圆背铁一起钉上船头。船主用新的红布或是红纸，罩在船眼上，即为"封眼"。待新船下海，在欢快的锣鼓鞭炮声中，船主将封眼的红布或红纸揭去，意为木龙"启眼"。

渔民在渔船上安船眼，既为装饰，但更重要的是以木龙明眼为象征物，意为渔民引航，能明察海域妖魔鬼怪，同凶恶的妖术相抗衡，吓退海妖。同时，还想依靠船眼，探明鱼群，避开暗礁险滩，以示保太平、求丰年的心愿。从中映现出的一种浓厚的神秘色彩，也反映出渔民在未能理解自然现象时，祈求借助木龙神力，驱灾保太平的心理活动。

20 世纪 80 年代以后，随着渔民思想观念的更新和变化，渔船制造和装饰趋向简便、明快，船眼逐渐消失。特别是 80 年代后期至 90 年代初期，大小机动渔船形状皆转变为渔轮模式，船眼不复存在，取而代之的为船号。

唐宋时期是我国海洋渔船创始、演化和发展兴盛时代。到南宋理宗开庆元年

（1259 年），仅庆元（今宁波含舟山在内）、台州、温州三郡就有大小渔船、冰鲜船等民船 19 287 艘。朝廷为防海盗，征用民船，据记载，当时舟山被征用渔船、冰鲜船等民船 3 324 艘，从侧面反映了南宋时的舟山群岛拥有海洋渔船数量已经相当可观，但是以小对渔船为主。

"海禁"时期，渔民不准下海捕鱼，舟山岛民全部迁徙外地，使得海洋渔业荒废，从而造成海洋渔船发展陷入停滞不前的状态。

清康熙二十三年（1684 年），"海禁"解除，迁徙内陆的舟山岛民迁回舟山，社会秩序和人民生活安定，从事渔业生产的人们开始致力于渔船更新改造，把原沿岸捕捞的小对渔船进行增扩，改造成为中小对或小大对渔船，进而演化成为大对渔船；把原小捕渔船改进成中小捕渔船和大捕渔船；小流网船改进成中、大流网渔船。同时会根据捕捞生产需要，逐步加大船体，加深渔船吃水深度以及增加载重量。

清代中期，海洋渔船更新改造加快，大批大对渔船、大捕渔船投入捕捞后，使海洋渔船由长期小型化走向大型化。乾隆、嘉庆年间新建造的大对渔船和大捕渔船，虽然船身长 9.5～11.5 m，船宽 2～2.1 m，船型深 1.0～1.1 m，载重量 6～12 t，但渔船建造工艺与技术比元明时期有较大的进步，船体结构、规格尺寸和航行设备等都有了较大变化，并且以大对渔船、大捕渔船为代表的海洋渔船船式已基本定型。这时期的海洋渔船已经具备以下基本形式和功能特点：船头高翘，船身较短，舱部宽阔，船尾平阔而两侧高耸，逐渐装置"一字梁"；船首置斗筋，船底装龙骨，两侧置船肋骨，尖而椭圆形船底，船身坚固，吃水较深，能迎风破浪到距海岛陆岸稍远和较深海域航行作业。

光绪三十二年（1906 年），张謇等购入的德国制造的蒸汽机拖网渔轮"福海"号，曾投入嵊山、洋鞍、花鸟、佘山等海域生产。1929年，浙江省立水产学校购入 2 艘 100 总吨、110 kW 功率的手操网渔轮，命名为"民生 1"号、"民生 2"号，作为学生实习和渔场调查之用，抗日战争中被毁。

张謇与舟山渔场

民国时期的海洋渔船船型规格基本上延续清代。但随着生产作业多样化，本地及外来渔船种类增多，有大对船、大捕船、小对船、小捕船、流网船、张网船、拖乌贼船、打洋船、小钓船（俗称"小白底"）、大钓船及各种舢板船等，种类繁多，其中以中小对船、大对船、大捕船和拖乌贼船等居多。虽然渔船种类及名称越来越多，用途也不断地拓

舟山"海曙"号木帆渔船模型

宽，但是渔船发展极为缓慢，规格和形式基本保持清代的样子，没有太大变化，皆为木质构造，使用风帆和人力摇橹作为推进动力（图4-10、图4-11）。

图 4-10　小钓木帆船模型

图片来源：浙江海洋大学船模室，王飞　摄

图 4-11　大捕木帆船模型

图片来源：浙江海洋大学船模室，王飞　摄

1950—1954年，在海洋捕捞渔船中，重点是发展建造大捕渔船，大捕渔船成为捕捞骨干力量和捕捞渔船的发展方向。其间，除船型、规格逐渐拓宽增大外，船头仍呈"V"字形，低平鳖壳，船尾置手操舵，船型基本没有变化。

但因为当时渔区群众生活艰苦，建船资金缺乏，为了筹集资金，舟山当时出现了许多艰苦创业的事迹。其中比较有名的是普陀县蚂蚁乡的草绳船和火囱船。1954年蚂蚁乡的500多名妇女用3个月，搓了6×10^4 kg草绳，卖了9 600多元，买了一艘大捕船。接着妇女们又开始收集废铜烂铁，许多妇女忍痛割爱，把冬天取暖的450多只铜火囱卖了，把心爱的金耳环和小孩子的银项圈都变卖，凑足了9 500多元，又买了一艘大捕船，大家非常高兴地将这两对船命名为"草绳船"（图4-12）和"火囱船"（图4-13）。新船一出海，就捕到1 000多担鱼（约50 t），这在当时属于高产，以至于更加激起了渔区群众造新船的愿望。在建造的新船上虽然做了改进和发展，但是在 1954 年之前，渔民捕鱼用的船还是以木质摇橹渔船和木帆渔船为主。

图 4-12　草绳船模型
图片来源：蚂蚁岛创业纪念室，王飞　摄

图 4-13　火囱船模型
图片来源：蚂蚁岛创业纪念室，王飞　摄

木帆船由桅、帆、舵、桨、橹、碇及绳索等组成，船上的橹主要是用来调整方向的，船的前进主要是靠风力来推动的。因为一切只能靠风，所以顺风时行驶速度较快，偏顺风时，则需要调整帆的方向，而逆风时就比较麻烦了，船只就得根据潮水流向走"S"形了。因为要靠风，风帆船出行比较麻烦，风太大了，不能出海；风小，又航行不动。而且，旧时代的木帆渔船仅是几吨或十几吨容量的小船，船板单薄，设施简陋，所以出海生产时最怕遇风暴，但又怕无风逆潮。因而有渔民的渔谣说"打（风）暴吓煞，无风摇煞"，意思是遇到有大风时，帆具动力太大，船速过快，担心会出事故；若遇无风完全靠摇橹航行，尤其是船处逆潮无风时更靠人使劲儿地摇，不摇则倒退。但是，木帆渔船从出现到结束也经历了一段漫长的时间，在舟山海洋渔业的发展过程中起到了不可磨灭的作用（表4-1）。

基于木帆船的这些问题，人们不断地探索，虽然早在1906年就有张謇从德国购买的以蒸汽机为动力的"福海"号渔轮在舟山海域作业，但捕捞渔船真正实现机动化是从1955年开始的。

表4-1　1951—1992年舟山木帆渔船数量及吨位

年份	数量/艘	吨位/t	年份	数量/艘	吨位/t	年份	数量/艘	吨位/t
1951	6 517	25 590	1965	6 626	28 815	1979	4 225	18 414
1952	9 292	36 486	1966	6 880	28 507	1980	3 903	16 807
1953	10 016	42 017	1967	5 957	25 338	1981	3 510	15 444
1954	10 057	49 300	1968	5 406	28 819	1982	2 977	12 851
1955	10 356	54 497	1969	5 188	25 140	1983	3 258	12 130
1956	10 906	58 368	1970	5 010	25 175	1984	1 959	5 640
1957	11 077	61 003	1971	5 354	26 660	1985	1 247	2 378
1958	10 514	58 403	1972	5 919	21 079	1986	759	1 429
1959	9 488	54 276	1973	6 139	22 995	1987	651	849
1960	9 263	50 919	1974	5 609	22 193	1988	545	787
1961	8 466	46 383	1975	5 255	20 612	1989	344	400
1962	7 806	40 670	1976	5 196	19 972	1990	554	850
1963	8 088	41 715	1977	4 706	18 307	1991	401	409
1964	7 522	34 877	1978	4 440	18 487	1992	427	485

数据来源：舟山市统计局。

（二）具体船型

1. 舢板渔船

舟山的舢板渔船是唐中期出现的一种最小型捕捞渔船，俗称"舢板船"或"背舢板"，无风帆、无桅杆、无密封装置且无固定船型及规格。形态多种多样：有方头形、圆头形、尖头形和"V"字形等；名称繁多，较为普遍的叫法有"带角舢板""背舢板""大钓舢板""阔头舢板"和"红皮舢板"等。宋至明清，舢板渔船一般长5.5 m，船宽1.1～1.3 m，船型深0.4～0.5 m，载重量0.5～1.5 t。舢板渔船用于岛礁岸边拖乌贼、撩海蜇和拖虾（内港拖虾）等渔业生产。民国时期及中华人民共和国成立后，除上述用途外，大部分用作背对渔船（母船）的"子船"。20 世纪 50 年代初期至中期，由于冬汛渔业生产发展，背对作业新建造了大批舢板渔船，当时船身长都在 6～6.5 m，船宽 1.1～1.5 m，船型深 0.5～0.7 m，载重量 1～1.5 t。舢板渔船延用时间较长，一直到 20 世纪 70 年代末或 80 年代初，才开始大批改造为小型机动渔船。

2. 小型木帆渔船

舟山早期的木帆渔船其实就是木质的风帆渔船，无固定规格，渔民根据需要自行设计制造，较大的船身长 4～5 m，称"丈八河条"。后来逐步根据操作需要，演变成张网船、小捕船、小流网、小对船等。宁波东钱湖、奉化、象山的大对和大捕等作业传入舟山后，各种不同规格的木帆渔船增多，后以所从事的作业命名为大对船、大捕船、流网船、小对船、张网船等。各类船体、船型，长期以来改进不多。中华人民共和国成立后，随着渔业互助合作的开展，渔民有了经济能力，才逐步从扩大船身、增强牢固强度、便利操作等方面加以改进。大型木帆渔船中，大捕船可一船多用，既可单船从事大捕作业，又可双船用于对网生产，还可带上 2 只舢板捕带鱼，因而这种类型的渔船增加较快，而小型木帆渔船，因受海况制约影响生产逐年减少。

3. 小对渔船

在小型木帆渔船后，接着出现了小对渔船，它是最早出现的一种船体定型渔船，是在唐后期至宋初，由宁海、鄞县、象山和临海等地传入舟山。经常在沈家门渔港集驻的小对渔船，分为本地小对渔船与外地小对渔船两大类。本地建造的有普通"小对船""带角船""下山对""雄鸡对"和"活水对"等小对渔船，外地传入的有"红头对""白底对""花头对"和"红旗对"等小对渔船。各种小对渔船的船长、船宽、型深和载重量等规格尺寸各不相同，差异较大。宋、清时期的小对渔船船长 5～6 m，船宽 1.0～1.2 m，载重量 0.5～1 t。民国时期至中华人民共和国成立初期，小对渔船船长一般 7～9 m，船宽 1.45～1.6 m，船型深 0.5～0.9 m，载重量 1.5～2.5 t。20 世纪 50 年代后期，船体、船宽和载重量逐渐增大，最大渔船长 10.3 m，船宽 2.5 m，船型深 1.1 m，载重量 3.5 t。小对渔船的特点是结构简单，小巧灵活，适应性强，舟山民间流传有"呆大捕、死张网、活络要数小对郎"之俗语。但是小对渔船船上无遮盖及食宿装置，船民常流传"吃雨淋饭，困湿舱板"的渔谣。为了保证生产和安全，渔民经常自发地以两艘渔船拼对用以沿岸浅海拖（拉）网捕捞生产。宋、清和民国时期，小对渔船数量最多，中华人民共和国成立初期迅猛增加，到 20 世纪 50 年代后期逐渐被淘汰。

4. 中对渔船

中对渔船的船式及构造与小对渔船相同，无一定规格，船稍大。小对渔船的船型和规格较大的也称为"中对渔船"。用 1 艘中对渔船配上 1 艘小对渔船，称为"中小对"或"小大对"。中对渔船用途与小对渔船一样，由于船身略大，生产安全性相对好一些。中对渔船数量较少，中华人民共和国成立后逐步被淘汰。

5. 大对渔船

大对渔船最初由宁波东钱湖、鄞州和镇海等地传入舟山。初期，大对渔船是根据当时小对渔船型式放大建造，后来两艘渔船拼对捕鱼活动中分别由一艘船撒网捕鱼，另一艘船担负带偎（渔绳）起网，因而前者称为"网船"，后者称为"偎船"。网船与偎船船型、结构略有差异，网船需能投放拉回渔网操作和储藏渔获物等，所以网船船型稍深，甲板放宽，后舱鳌壳较短；偎船则为生产指挥船，后舱鳌壳较长。据 1994 年版《定海县志》记载：民国中期（1926—1935 年），大对渔船船长13.6 m，船宽 3.3 m，船型深 1.3 m，载重量约 10 t。船头两侧均装饰"船眼睛"，两侧船舷上绘漆两条绿色长眉，称为"绿眉毛大对船"。中华人民共和国成立初期，由于这种大对渔船船身狭小，统称为"老式大对船"。20 世纪 50 年代初开始，放宽甲板，缩短后舱，改装平鳌壳，船长增至 14.7 m，船宽 3.5 m，船型深 1.3 m，载重量 11～15 t，统称为"新式大对船"。并且原使用的软篷（风帆）改为硬篷，逐渐

舟山"绿眉毛"
渔船模型

向大捕船型转化，称为"改良大对船"。大对渔船是海洋捕捞的一种主要渔船，是明清、民国及中华人民共和国成立后使用历史最久的渔船。20 世纪 50 年代中期迅猛增加，后期被逐步改造成为机帆渔船。

6. 小捕渔船

小捕渔船是由鄞州和宁海等地传入舟山，也是最早出现的一种海洋捕捞渔

船。小捕渔船无固定船型及规格,船身的长、宽和深等规格尺寸比小对渔船略大。其特点是甲板较宽,尾舱稍短,载重量 5 ~ 6 t。渔民也把小捕渔船称为"小大捕船""潮捕船"或"打桩小大捕船""捕艚船"等。明清及民国时期,小捕渔船数量较多,中华人民共和国成立后增加得较少,后逐渐改装成小型机帆渔船。

7. 大捕渔船

大捕渔船是由象山和奉化等地传入舟山,船型基本与大对渔船相同,但船身大于大对渔船,特别是甲板较宽大,后舱稍短,抗风浪性能强。宋、明时期,大捕渔船都是在沿岸浅海抛碇张捕作业,俗称"双碇张网",船型规格较小。清至民国时期,大捕渔船逐步增大。据调查,20 世纪 30 年代,大捕渔船船长已增至 15.5 m,船宽 3.1 m,船型深 1.4 m,载重量 10 ~ 15 t。中华人民共和国成立后,根据大捕渔船春汛拼作对(网)船,夏汛单船张捕,冬汛改为背对(又称背舢板)等多种用途,被列为重点发展捕捞渔船。20 世纪 50 年代中后期,船身长增至 16.5 ~ 17.1 m,船宽 3.1 ~ 3.6 m,船型深 1.2 ~ 1.5 m,载重量 15 ~ 30 t,被称为"大捕型大对船",但20 世纪 60 年代均改造成机帆渔船。

8. 背对渔船

在民国后期,由船型较大的 1 艘大捕船或大对渔船作为母船,再配上 2 只舢板船作为子船,组成为"母子船",俗称"背对船"或"背舢板船"。20 世纪 50 年代中期,1 艘大捕渔船(母船)背 3 ~ 6 只舢板,称"单背对""双背对""三背对"。背对(背舢板)渔船只有在每年冬季带鱼汛时出海捕捞,数量不是很多,20 世纪50 年代后期,背对渔船逐渐被淘汰。

9. 流网渔船

早先的流网渔船无固定船型与规格,小对渔船和张网渔船等都可以替代其作业,随着向近海捕捞的推进,出现了小流网渔船、中流网渔船和大流网渔船等多种流网渔船船型。明清至民国时期,流网渔船的船型、规格大小差异很大。小型流网渔船载重量为 2 ~ 3 t,中型流网渔船载重量为 10 ~ 20 t,大型流网渔船载重量为20 ~ 30 t。流网渔船与其他渔船的不同特点在于其船型深,船体吃水深,船首高,后舱长，头部宽敞，甲板两边斜坡坡度大，舱面密封性能好，船桅容易放倒，遇到大风浪时排水快，船只稳定性好。民国后期到中华人民共和国成立后，船型增大，20世纪60年代，木帆流网渔船改造为机帆流网渔船。

10. 张网渔船

张网渔船的船身大小不一，结构简单，无固定规格，船型多种多样。早先的张网渔船船长7~8 m，船宽1.0~1.2 m，船型深0.4~0.5 m，载重量1.0~1.5 t，主要用于从陆岸或岛屿到附近港湾浅海张网桁地（内港海区）打桩、挂网、解网、撩取和装运渔获物。清至民国时期，张网渔船船长9~10 m，船宽1.3~1.4 m，船型深0.5~0.7 m，载重量3~5 t。20世纪50年代后期，船长增至11.4 m，船宽2.4 m，船型深0.6~0.8 m，载重量5~8 t。后逐渐改装为小型机帆张网渔船。

二、机帆渔船

（一）发展历史

木帆渔船航行完全凭借风力和潮力，因为它既不能迎风而行，又不能逆流前进，风潮不顺，就无法生产作业。鱼汛一刻值千金，鱼群洄游，一日数变，往往因不能及时追捕鱼群而错失良机，于是就有了渔船中引入机器作为动力来源的必要性和紧迫性。

渔船歌
（机帆渔船）

1954年，经浙江省委批准并拨款支持，由沈家门水产技术指导站和舟山船厂负责进行机帆船改装尝试捕鱼试验，经过努力，在船型、网型、渔法等方面不断地摸索改进，终于于1955年研制出了一艘大捕型机帆渔船，并获得初试成功。这艘渔船总长20 m，主机功率44 kW，是在原来木帆渔船的基础上装配了柴油机动力装置，实现了机、帆两用，因此在渔船的推进动力方面变得比较灵活，而不再受风力的影响。同时，这艘渔船还安装了立式绞钢机，极大地降低了渔民的劳动强度，因此，当年的捕捞产量比同期木帆渔船的捕捞产量足足提高了5倍。机帆渔船的研制成功为舟山乃至浙江渔业的发展作出了重大的贡献，该成果获得了1978年全国科学大会奖。

在生产实践中，机帆渔船显示出了木帆渔船所不及的优越性，即具有转移渔场和追捕鱼群快、能避免风暴袭击、减轻劳动强度、增加作业时间等既增产又安全的优越性，一般平均每艘机帆渔船的产量比风帆渔船高 3 倍多，操作技术基本上沿用了风帆渔船的操作方法，易为广大渔民接受，因此在渔区逐渐掀起了一次发展机帆渔船的热潮。但是，受社会经济的限制，造船资金哪里来呢？于是群众纷纷出谋划策，想办法渡过难关。当时普陀县的蚂蚁乡合作社在这方面做得特别积极，群众纷纷表示"合力闯难关"。

1955 年，蚂蚁岛妇女们通过成立 24 个勤俭持家小组，提出了"日积一分，月积三块"的口号，3 年时间，于 1958 年用省吃俭用的 42 000 元打造了一艘机帆渔船，该船总吨位 30 t，船长 16 m，主机功率 29.4 kW，命名为"妇女"号（图 4-14）。1959 年年初，蚂蚁乡的男青年也吃苦耐劳省吃俭用攒钱，苦干一个月不分红，共投资 46 315 元建造了一艘机帆渔船，命名为"青年"号，为公社机帆船的添置发挥了应有的力量和作用。"妇女"号和"青年"号机帆渔船的建成，使蚂蚁岛从此进入了机帆渔船捕鱼的时代。到了 1960 年，蚂蚁岛机帆渔船数量达到了 27 艘，成为浙江省渔区第一个全面实现渔船机帆化的海岛。蚂蚁岛人民斗天斗地的精神集中体现在渔业发展史上，创造了把蚂蚁岛精神的红旗插遍全国渔区的佳话。

图 4-14　"妇女"号渔船模型
图片来源：浙江海洋大学船模室，王飞　摄

从 1954 年起，在试制较大型机帆渔船并投入渔场作业获得成功的基础上，1958 年 4 月 14 日，嵊泗县渔业部门成功地把一对小对木帆渔船改装成舟山渔区第一对小对机帆渔船，并为今后小对机帆渔船的广泛应用提供了借鉴和技术基础。

1958年，浙江省海洋与渔业研究所和金塘人民公社合作研制成功了流网机帆渔船（图4-15），该船总长18.2 m，排水量51.5 t，抗风能力强，稳性好，最大续航能力为30 d。大捕型机帆渔船、流网机帆渔船研发的成功充分体现了科技是第一生产力，科技创新助推了渔业经济的提升。

图4-15　金塘大流网机帆渔船模型
图片来源：浙江海洋大学船模室，王飞　摄

20世纪60年代后期，普遍推广使用机帆渔船生产后，在渔船的配备上也有了提升，所有渔船均装备无线电收音机，其中带头渔船还装备收发报机（电台）、对讲机、定位仪和雷达等现代化先进通信导航设备，以便及时向所属渔船通报气象、大风和海况等信息，确保广大渔民和渔船的安全生产。由于船型大了、航速快了、信息灵了，广大渔民对风暴的担心可以相对弱化，从而使木帆渔船时代所形成的谚语渔谣逐渐淡化，成为渔村和渔民的一种历史渔文化沉淀。

总体而言，舟山机帆渔船从20世纪50年代中期开始试验至今，在船型、吨位、主机功率和装备的发展过程，大体上可分为3个阶段。

1. 试验和初步应用阶段

1955—1959年，是机帆渔船试验和初步应用阶段。为了降低造船费用，加速发展，船型选用当地风帆渔船中最为先进的大捕船型，改装的机帆渔船称为舟山的第一代机帆渔船，吨位32 t左右，主机功率29.4 kW左右。船用的柴油机因当时没有定点生产单位，供不应求，很多是利用杂牌旧机器，甚至汽车引擎，因此故障较多。第一代机帆渔船的特点是船体较大，抗风力较强，甲板作业面大，布置合理，能进行以对网为主的多种作业。这一时期，投入生产的机帆渔船数量不多，因此，渔船在渔场上的捕捞作业回旋余地大，产量相对较高。

2. 改进和普遍推广阶段

20 世纪 60 年代至 70 年代中期，进入机帆渔船改进和普遍推广阶段。随着渔场的扩大和生产技术的进一步提高，以及立式伞齿轮绞机的出现，机帆渔船的优越性日益被广大渔民接受，使得对船体和功率的要求相继增大，原有的 32 t、29.4 kW 的船型难以满足生产的需要，因此出现了第二代机帆渔船即改良大捕型渔船，吨位为 40 t 左右、主机功率为 44.1 kW 左右。以后又逐步增大吨位、功率，动力化趋向明显，但基本船型无太大变化。

3. 大型化和多功能发展阶段

从 20 世纪 70 年代后期开始，是机帆渔船向大型化和多功能发展的阶段。由于近海渔业资源量衰退，传统作业产量减少，生产渔场逐步向外推移。为了增强机帆船抗风浪性能和续航能力，适应向禁渔线外和外海发展，船体、吨位、功率需要向大型化发展。

1978 年，舟山利用外贸贷款，新建了 40 对 75 t、110.3 kW 的大型机帆渔船，渔民习惯称为"外贸船"，即第三代机帆渔船。这些大型机帆渔船在建造时，船底增添了龙骨，船首由"V"字形改为尖形，尾部去掉一字梁，增建驾驶台，安装人力、机械两用舵机，比中型机帆渔船大 1/3 以上。这些机帆渔船虽然均为木质结构的大型化渔船，但船体结构有了明显的改进和加强，渔船抗风力强、航速快、作业海区广、续航时间长、产量高、经济效果比较显著。

20 世纪 80 年代初，为了实现渔业调整，保护近海水产资源，开发外海渔场，政府根据渔民的需求，对船的结构和使用效果进行了认真总结，在广泛征求渔船设计部门和渔民合理化建议的基础上，组织设计部门以第三代机帆渔船为基型，设计了大型木质、钢质机帆渔船，这是舟山地区机帆船发展中的一个新的转折，在渔业向外海发展的道路上迈出了可喜的一步，为群众渔业的进展探索新的途径。

从 20 世纪 80 年代中期起，再次增大船体和功率，船长 31.5 m，船宽 6.3 m，船型深 2.5 m，载重量 100 t，配置功率为 183.9 kW 的柴油机，称为"渔轮式大型船"或"线外船"（准到禁渔线外海域捕捞）。这一时期舟山还存在钢木质结构和船上带帆的渔船。80年代后期开始就木质大型机动渔船、全部钢质大型机动渔船，拆除风帆。这一时期船身长为33～35 m，船宽6.5～6.8 m，船型深2.5～2.7 m，载重量100～130 t，安装了功率为235.2～331.0 kW的柴油机，加大了渔船的海上抗风浪能力和续航能力，实现了捕捞渔船的大型化和现代化。

从舟山地区机帆渔船的整个演变过程来看，机帆渔船发展速度比较快，船型结构比较单一。1957年机帆渔船只有157艘，仅占渔船总数的1.40%；到了1960年，机帆渔船推广到695艘，占渔船总数的6.98%。以后近20年，虽然经历了许多曲折，但机帆渔船总数总体呈继续增加趋势。到1981年，机帆渔船达到5 302艘，占渔船总数的60.17%，机帆渔船的捕捞产量占总产量的85.85%，说明机帆渔船在渔业生产中有着举足轻重的作用，占有极为重要的地位（表4-2）。20世纪90年代初，全市海洋捕捞生产基本淘汰木帆船，尚存少量非机动小舢板，主要用于养殖生产和渔港内摆渡。

舟山的机帆渔船作业，是在木帆渔船作业的基础上逐步发展起来的，在生产中发挥了巨大的作用，但遗留下来的问题并没有解决。一方面是工具设备和技术落后：过去的木帆渔船，如大捕渔船、大对渔船，载重只有20 t，6级风以上就不能生产，8级风以上航行就有危险。机帆渔船作业开始发展时，船只载重吨位也都在30 t以下，以后虽陆续更新改造，有所增大，但进度不快，船型变动也不大。据1978年统计，全区共有机帆渔船3 969艘，其中，40吨位以下的有2 519艘，占63.47%。40～60吨位的有1 253艘，占31.57%。60吨位以上的只有197艘，仅占4.96%。因此不能远出外海，渔场受到很大限制。另一方面是作业单一，捕捞对象集中在"四大海产"，使群众渔业自1967年突破35×10⁴ t以后，时起时落，很不稳定。

表4-2　不同年份舟山市木帆渔船与机帆渔船的数量对比

年份	渔船总数/艘	机帆渔船		木帆渔船	
		渔船数量/艘	占比（%）	渔船数量/艘	占比（%）
1957	11 234	157	1.40	11 077	98.60
1960	9 958	695	6.98	9 263	93.02
1970	7 740	2 730	35.27	5 010	64.73
1980	8 809	4 906	55.69	3 903	44.31
1981	8 812	5 302	60.17	3 510	39.83

数据来源：舟山市统计局。

（二）具体船型

1. 小型机帆渔船

在舟山，小型机帆渔船一般分为两种类型：一种是利用原来的舢板渔船或以舢板渔船为船型新建造的，安装功率为 2.2~8.8 kW 柴油机作为渔船推进动力，主要用于岛周沿岸拖乌贼。如果在灯光围网船作业时作为子船的，则称为"小挂机船""小艇"或"灯艇"（灯光围网辅助用）。另一种是由原来的小对渔船、大小捕渔船和张网渔船改装的，船长一般 15~17 m，船型深 0.5~0.8 m，载重量 8~15 t，安装功率为 8.9~28.7 kW 的柴油机作为推进动力，从事沿岸浅海张网、拖虾、流网和钓鱼等捕捞作业。小型机帆渔船的船头多为尖头形，少量为"V"字形。20 世纪 80 年代中后期数量增加最多，从 90 年代初起逐渐减少。

2. 中型机帆渔船

在舟山，中型机帆渔船最早是利用木帆大捕渔船、木帆大对渔船改造试验成功的主要捕捞渔船。从 20 世纪 50 年代初开始，在木帆大捕渔船和木帆大对渔船上改造安装功率 29.4~44.1 kW 的柴油机，实行机器与风帆并用，改造试验成功后被迅速推广。60 年代的中型机帆渔船船身长 19 m，船宽 4.2 m，船型深 1.4 m，载重量 35~45 t，平均每艘功率为 33.1 kW，称为"大捕型机帆渔船"。60 年代初，逐渐停用风帆，船上安装的机器功率增至 44.1~88.3 kW，为"改良大捕型机帆渔船"。60 年代后期基本上实现捕捞渔船机帆化。80 年代，中型机帆渔船船身长增至 20.9 m，船宽 4.4 m，船型深 1.5 m，载重量 50~60 t，改称为"机动渔船"，是海洋捕捞的骨干渔船，其最鲜明的特点是能够适应对船、单船、母船和子船等船的功能，进行对网、拖网、张网、流网、围网和钓鱼等多种捕捞作业。

三、机动渔船

20 世纪 80 年代后期，渔船的数量总体呈增加趋势，并且逐步走向钢质结构、全机械动力、大型化。其中，1990—1991 年，舟山的渔村经济体制从集体经济转为股份制，市民掀起了合伙造船的高潮，且当时拖虾生产形势较好，用于拖虾作业的小型机动渔船猛增。1994—1995年，渔业生产丰收，渔民有了一定资本积累，加上渔区推行股份合作制，钢质大型渔船大幅度增加，表4-3显示的是1989—1995年舟山市机动渔船数量。

表4-3　1989—1995年舟山市机动渔船数量

年份	渔船总数/艘	机动渔船数/艘	占比（%）
1989	10 640	10 296	96.77
1990	11 092	10 538	95.01
1991	12 489	12 088	96.79
1992	12 541	12 114	96.60
1993	12 436	11 928	95.92
1994	11 843	11 552	97.54
1995	12 353	12 353	100.00

数据来源：舟山市统计局。

四、渔船减压政策

随着渔船数量的大幅度增加，海洋捕捞强度不断增大。长期的高强度捕捞，加之不科学的捕捞方式、海洋环境污染等问题导致海洋渔业资源的再生能力受到严重破坏。2001年后，随着新的《中华人民共和国和日本国渔业协定》（以下简称《中日渔业协定》），以及《中韩渔业协定》的相继生效，舟山渔民30%的传统作业渔场丧失，25%的渔场受到严格限制，全市3 000余艘大型帆张网、拖虾渔船及近30 000渔民被迫退出中日、中韩协定水域的传统作业渔场，影响产量约30×10^4 t。海洋渔业资源的衰退、捕捞生产作业空间的减少等使舟山海洋渔业面临困境。为保护海洋渔业资源，促进海洋渔业资源可持续发展利用，渔民减船转产非常必要，但迫于生计问题，渔民又不愿减船转产，两者之间的矛盾日益突出。

浙江省、舟山市政府积极响应国家政策，采取一系列减船转产措施。2001年3月，浙江省政府下发《关于加快渔业经济发展的通知》，8月出台《关于加快海洋渔业结构调整、切实减轻渔民负担的若干政策意见》，实施渔业补贴和政策优惠，减轻渔民负担，调整渔业结构，鼓励渔民转产转业。10月，舟山市政府出台《关于加快渔业结构战略性调整的若干意见》，由市本级每年安排2 000万元渔业结构调整和渔民转产转业的专项资金，县（区）按1∶1比例配套。舟山市渔民积极响应，于 2001 年 11 月，舟山市暨定海区在定海启帆船厂举行了海洋捕捞渔船拆解现场会，共报废拆解捕捞渔船 22 艘，其中有 5 艘捕捞渔船报废用于人工鱼礁建造。2002 年 7 月，选定了普陀区东港街道塘头渔业村和定海区小沙镇毛峙渔业村为全市首批渔民"双转"试点，通过调查摸底、宣传发动及政策引导，渔民从不愿意到自觉参与，渔民"双转"积极性提高，裁减渔船进度加快。

至 2005 年年底，全市累计削减海洋捕捞渔船 1 753 艘，涉及渔民 8 707 人，其中列入国家补助的报废渔船 1 602 艘，核减总动力 18.16×10^4 kW，约 53% 的渔民实现转产转业。对核准报废的渔船，大部分进行就地拆解，一部分用于人工鱼礁建设，已改作人工鱼礁的渔船共 303 艘，形成礁体 $17.10 \times 10^4 \mathrm{m}^3 \cdot$ 空。

从舟山市海洋捕捞渔船数量、功率和捕捞产量分析，1995—2005 年，全舟山市海洋捕捞渔船数量逐年减少，但 1995—2000 年全市的海洋捕捞产量却呈上升的趋势（图 4–16），主要原因是海洋捕捞渔船的船体在加大，渔船的功率从 1995 年的 102.00×10^4 kW，增加到 2001 年的 136.75×10^4 kW，使得单船的捕捞强度变大，所以渔船减少的数量抵不过功率的增加，直接导致捕捞产量继续上升，持续破坏海洋渔业资源的蕴含量。

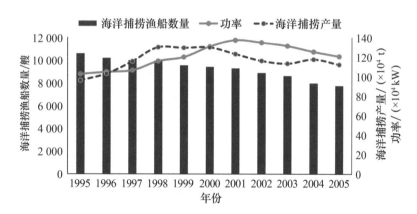

图 4-16　1995—2005 年舟山市海洋捕捞渔船数量、功率和捕捞产量变化趋势

数据来源：舟山市统计局

随着国家、浙江省和舟山市政府等对减船转产政策不断完善，远洋渔业资源进一步开发和利用，以及渔民保护海洋渔业资源意识增强，舟山市国内海洋捕捞渔船数量在徘徊中持续下降。2016 年，浙江省海洋与渔业局印发了《关于海洋捕捞渔民减船转产的实施方案》，该方案指出，以国家安排减船补贴为手段，逐年压减海洋捕捞渔船总功率和船数，包括压减老旧渔船、木质渔船、大中型渔船以及对海洋

渔业资源破坏性较大的底拖网、帆张网、三角虎网等作业方式的渔船，从而逐步降低捕捞强度，并积极引导捕捞渔民转产转业，带动增养殖业、休闲渔业及其他产业发展，促进渔业产业结构优化调整，实现渔业可持续发展和渔民增收。

2015—2019 年，以 2014 年浙江省海洋捕捞渔船数量和总功率数为基数，至 2019 年年底，全舟山市共压减海洋捕捞渔船 733 艘、总功率 13.23×10^4 kW，每年压减渔船功率和数量 20% 左右。其中，定海区 39 艘、5 587 kW，普陀区 268 艘、48 856 kW，岱山县 215 艘、54 226 kW，嵊泗县 200 艘、21 675 kW（表 4-4）。

表 4-4　2015—2019 年舟山市海洋捕捞渔船压减渔船、功率数量

区域	2015—2019 年减船任务		分年度减船任务									
			2015 年		2016 年		2017 年		2018 年		2019 年	
	船数/艘	功率/kW	船数/艘	功率/kW	船数/艘	功率/kW	船数/艘	功率/kW	船数/艘	功率/kW	船数/艘	功率/kW
舟山市合计	733	132 348	145	26 469	146	26 469	147	26 470	147	26 470	148	26 470
舟山市本级	11	2 004	2	401	2	401	2	401	2	400	3	401
定海区	39	5 587	7	1 117	8	1 117	8	1 118	8	1 118	8	1 117
普陀区	268	48 856	53	9 771	53	9 771	54	9 771	54	9 771	54	9 772
岱山县	215	54 226	43	10 845	43	10 845	43	10 845	43	10 846	43	10 845
嵊泗县	200	21 675	40	4 335	40	4 335	40	4 335	40	4 335	40	4 335

数据来源：舟山市人民政府官网。

接着，浙江省农业农村厅又对"十四五"期间舟山市海洋捕捞渔船的压减工作作出了安排。为进一步降低海洋捕捞强度，修复保护海洋渔业资源，促进海洋捕捞业持续稳定发展，有效降低海洋渔船安全生产风险，推动海洋渔业高质量发展，根据《浙江省人民政府办公厅关于印发浙江省加强涉海涉渔领域安全生产系统治理促进海洋渔业高质量发展行动方案（2022—2024 年）的通知》《财政部农业农村部关于实施渔业发展支持政策推动渔业高质量发展的通知》《财政部关于调整 2021 年成品油价格调整对渔业补助预算的通知》等精神，浙江省农业农村厅制定了《浙江省海洋渔船减船转产实施方案》，纳入全国海洋渔船动态管理系统数据库管理的海洋捕捞渔船和辅助渔船，在渔民和企业自愿的基础上，遵循市场规律，通过政府赎买方式，引导沿海渔民逐步减少渔船。优先支持淘汰老旧渔船〔认定标准根据《农业部关于加强老旧渔业船舶管理的通知》（农渔发〔2007〕11 号）

确定]、帆张网、涉氨冷藏等破坏资源和安全隐患较大的国内海洋渔船。2021—2025年，舟山市计划减少953艘，压减功率95 127 kW。其中，舟山市本级5艘、功率72 kW；定海区39艘、功率4 194 kW；普陀区393艘、功率35 286 kW；岱山县290艘、功率36 986 kW；嵊泗县226艘、功率18 589 kW，且按不同年份规定具体减少数量。要求原则上每年度减少渔船数量和功率数不得低于总任务量的20%，其中，"十四五"前两年须至少完成总任务量的20%（表4-5）。

表4-5 2021—2025年舟山市海洋捕捞渔船减船任务

区域	2021—2025年减船任务		分年度减船任务									
			2021年		2022年		2023年		2024年		2025年	
	船数/艘	功率/kW	船数/艘	功率/kW	船数/艘	功率/kW	船数/艘	功率/kW	船数/艘	功率/kW	船数/艘	功率/kW
舟山市合计	953	95 127	192	19 028	192	19 028	192	19 028	192	19 028	185	19 015
舟山市本级	5	72	1	15	1	15	1	15	1	15	1	12
定海区	39	4 194	8	839	8	839	8	839	8	839	7	838
普陀区	393	35 286	79	7 058	79	7 058	79	7 058	79	7 058	77	7 054
岱山县	290	36 986	58	7 398	58	7 398	58	7 398	58	7 398	58	7 394
嵊泗县	226	18 589	46	3 718	46	3 718	46	3 718	46	3 718	42	3 717

数据来源：舟山市人民政府官网。

在舟山的整个减船过程中，帆张网渔船的压减是一个比较棘手的问题。一方面，帆张网捕捞作业范围大，产量高，耗能少，成本低，渔民拥有量较大。帆张网于1993年从江苏引进，1994年在舟山渔区推广，发展迅猛。2001年舟山市帆张网的捕捞产量为37.22×10^4 t，占当年全舟山市捕捞总产量120.26×10^4 t的30.95%。在舟山，帆张网作业最多的是岱山县，2021年有496艘帆张网捕捞渔船，占各类渔业船舶1 958艘的25.33%。

另一方面，帆张网是一种张网渔具，用锚固定在海底，依靠装在网口两侧的帆布，利用水流冲击迫使大黄鱼、小黄鱼、带鱼、鲽鱼、黄鲫、虾以及其他小杂鱼等经济水产动物幼体进入网中，对渔业资源破坏严重。有研究表明，对2007年12月至2008年6月东海北部和黄海南部海域的帆张网渔获组成成分进行分析，得出渔获物主要是由小黄鱼、带鱼、细条天竺鱼等10个种类组成，其中小黄鱼和带鱼幼鱼比例过高，分别达到97.20%和61.00%，帆张网渔获物中幼鱼比例较高，对经济幼鱼资源的损害较严重。另外，帆张网敷设区域也会引起航行安全问题。

为解决舟山帆张网低成本高产量与资源破坏严重的矛盾问题，舟山市政府在浙江省有关部门的指导和帮助下，通过"集中攻坚、综合整治、减转结合、疏堵并举"的措施和方法，积极打赢压减帆张网渔船的攻坚战，使帆张网渔船渔民顺利转产，有效保护了海洋生态环境，有力遏制了海上渔船安全事故。

海洋渔船
模型馆

第三节　舟山海洋渔船拥有量

　　舟山渔船涉及在国内海域生产作业的国内渔船和远洋生产作业的远洋渔船，本节内容主要阐述舟山的国内主要渔船，远洋渔船在第六章阐述。

　　舟山的国内海洋渔船一般是指在沿岸海域、近海海域生产的渔船，相对于远洋渔船而言，数量较多，规格稍小，在舟山海洋渔业的发展中发挥着重要的作用。

一、海洋机动渔船

　　舟山的国内海洋渔船主要是为海洋渔业服务的渔船，包括机动渔船和非机动渔船。目前的非机动渔船是指一些规格更小、设备相对落后的渔船，如小舢板等，主要用于养殖生产等，数量不多。相对于非机动渔船，舟山机动渔船的数量比较多，主要包括捕捞渔船、养殖渔船以及用于渔业生产的辅助渔船。图 4-17 显示的是

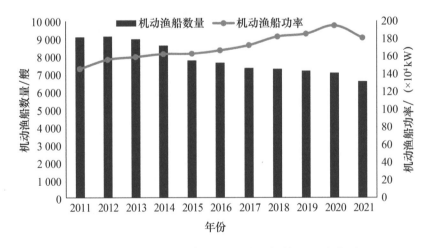

图 4-17　2011—2021 年舟山市机动渔船数量和功率对比
数据来源：舟山市统计局

2011—2021 年舟山市机动渔船的数量和功率对比情况，图 4-18 显示的是 2011—2021 年舟山市两区两县机动渔船数量变化趋势，图 4-19 显示的是 2011—2021 年舟山市两区两县机动渔船功率变化趋势。图 4-17 至图 4-19 显示舟山市两区两县机动渔船总数量从 2011 年的 9 093 艘下降到 2021 年的 6 583 艘，减少了 2 510 艘；2020 年之前总功率呈缓慢上升趋势，2020 年之后开始呈明显下降趋势。舟山市两区两县机动渔船数量基本上每年都在减少，但是渔船功率在有的区域呈上升趋势，说明中大型渔船偏多，但 2020 年之后都呈减少趋势。

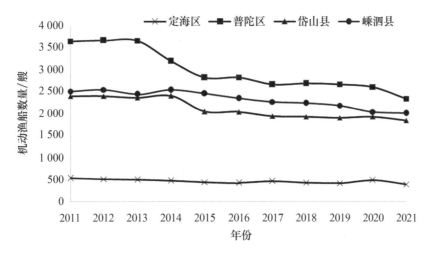

图 4-18　2011—2021 年舟山市两区两县机动渔船数量变化趋势

数据来源：舟山市统计局

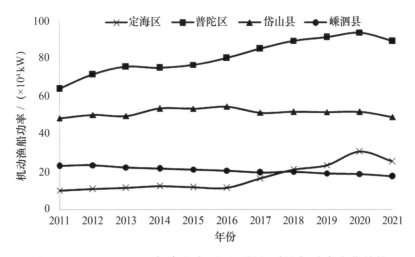

图 4-19　2011—2021 年舟山市两区两县机动渔船功率变化趋势

数据来源：舟山市统计局

二、海洋捕捞渔船

舟山是一个沿海城市，海洋经济占主要地位，尤其是海洋捕捞业，因此海洋捕捞渔船占比非常大。2011—2021 年，海洋捕捞渔船在海洋机动渔船数量中的占比在 73%~84%，其中，最高的是 2011 年，为 83.10%；最低的是 2021 年，为 73.17%。国内海洋渔业捕捞渔船的数量基本上呈下降趋势，2021 年比 2011 年减少 2 739 艘，下降了 36.25%（表 4-6），但渔船的功率有增大趋势，应积极响应国家政策，控制在规定范围内。舟山市下属的两区两县中，定海区、普陀区、岱山县的海洋捕捞渔船数量是在徘徊中下降，嵊泗县则一直呈下降趋势；2021 年与 2011 年相比，嵊泗县海洋捕捞渔船压减比例最高，减少了 871 艘，下降了 46.21%（图 4-20），渔船功率压减了 27.87%。

表 4-6　2011—2021 年舟山市海洋捕捞渔船数量和功率

年份	机动渔船数量 / 艘	捕捞渔船数量 / 艘	数量占比（%）	捕捞渔船功率 /（×10⁴ kW）
2011	9 093	7 556	83.10	121.38
2012	9 132	7 573	82.93	129.21
2013	8 973	7 422	82.71	130.30
2014	8 617	6 836	79.33	129.25
2015	7 758	6 008	77.44	128.73
2016	7 629	5 835	76.48	129.25
2017	7 333	5 512	75.17	130.23
2018	7 286	5 387	73.94	139.40
2019	7 178	5 372	74.84	146.53
2020	7 062	5 234	74.11	154.01
2021	6 583	4 817	73.17	144.01

数据来源：舟山市统计局。

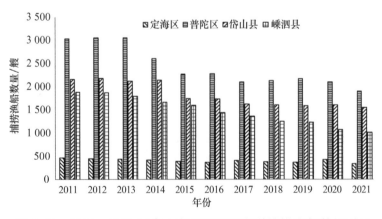

图 4-20　2011—2021 年舟山市两区两县海洋捕捞渔船数量对比

数据来源：舟山市统计局

（一）不同功率捕捞渔船

舟山市海洋捕捞渔船按照功率的大小，分为 441 kW 以上的大型捕捞渔船、184～440 kW 的中型捕捞渔船、44～183 kW 的中小型捕捞渔船以及 44 kW 以下的小型捕捞渔船。2011—2021 年，这 4 类捕捞渔船中，184～440 kW 中型捕捞渔船在舟山市海洋捕捞渔船总数中的占比最高，为 51%～64%，其中，最大的是 2015 年，占 63.62%；最小的是 2013 年，占 51.97%。其次是小型捕捞渔船、中小型捕捞渔船和大型捕捞渔船（图 4-21）。数据图显示，小型捕捞渔船、中小型捕捞渔船和中型捕捞渔船的渔船数量都呈下降趋势，而大型捕捞渔船的数量则是每年在增加，与 2011 年相比，2021 年增加了 390 艘，增长了 169.57%，在舟山市海洋捕捞渔船总数中的占比从 2011 年的 3.04% 增加到 2021 年的 12.87%。

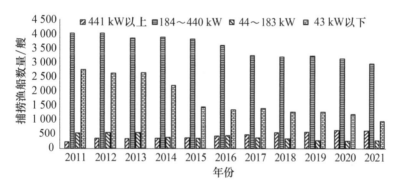

图 4-21　2011—2021 年舟山市不同功率海洋捕捞渔船数量对比

数据来源：舟山市统计局

（二）不同作业方式捕捞渔船

舟山市海洋捕捞渔船按照作业方式的不同，可以分为拖网渔船、围网渔船、刺网渔船、张网渔船、钓具渔船和其他渔船。2011—2021 年，这 6 类渔船中，围网渔船数量最少，占舟山市海洋捕捞渔船的 8%～19%；张网渔船和拖网渔船的数量较多，占舟山市海洋捕捞渔船的 26%～34%，其中 2015 年之前张网渔船最多，占舟山市海洋捕捞渔船的 31% 以上，2015—2021 年则是拖网渔船多于张网渔船。从数量的变化分析，这 6 类海洋捕捞渔船中对资源破坏较小的钓具类渔船数量呈增长趋势，其余

5 类都呈减少趋势。与 2011 年相比，2021 年钓具类渔船增加了 14.80%；围网渔船减少了 60.00%；张网渔船减少了 48.82%；拖网渔船减少了 39.01%；刺网渔船减少了 20.81%（图 4-22）。

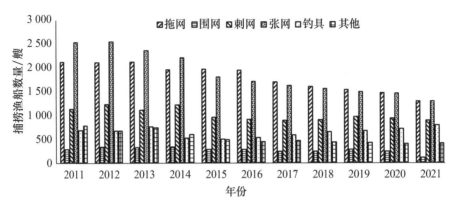

图 4-22　2011—2021 年舟山市不同作业方式海洋捕捞渔船数量对比

数据来源：舟山市统计局

思考题　　　　主题讨论

第五章 海水养殖

【教学目标】了解海水养殖的概念、特点和分类，理解海水养殖的背景和意义，掌握舟山海水养殖的发展历史和养殖品种。

【章前导言】舟山群岛是发展海水养殖的重要场所，具备充足的可供养殖的海域面积、适宜的海域气候条件和肥沃的水质，适宜于开展多样性品种养殖。海水养殖业是舟山渔业的重要组成部分，也是实现渔民增收、渔农村增色的支柱产业。

人工鱼礁

第一节 海水养殖概述

根据全国海域调查统计，中国主张管辖的海域面积约为 300×10^4 km²，其中，10 m 等深线以浅的海域面积 5×10^4 km²，$10 \sim 30$ m 等深线的海域面积 20×10^4 km²。目前，10 m 等深线以浅已用于海水养殖开发的海域面积约 2×10^4 km²，占 10 m 等深线以浅海域总面积的 40% 左右，已接近开发极限，而 $10 \sim 30$ m 等深线海域利用约 0.2×10^4 km²，利用率约为 1%，而且深远海海域空间广阔、海洋生态环境较好，具有很大的开发潜力。

一、海水养殖概念

中国是海洋渔业生产大国，包括海洋捕捞和海水养殖。2008 年，中国水产品总产量为 $4\,895.60 \times 10^4$ t，水产养殖总产量为 $3\,412.82 \times 10^4$ t，其中，海水养殖产量为 $1\,340.32 \times 10^4$ t，占水产养殖总产量的 39.27%。2021 年，中国水产总产

量为 $6\,690.29 \times 10^4$ t，水产养殖总产量为 $5\,394.41 \times 10^4$ t，其中，海水养殖产量为 $2\,211.14 \times 10^4$ t，占水产养殖总产量的 40.99%。由此可见，中国海水养殖的占比在不断增大，但增长速度比较缓慢。

海水养殖是综合利用海水养殖水域，采取改良生态环境、清除敌害生物、人工繁育与放养苗种、投喂饲料、防治病害、设置养殖设施等系列科学管理措施，促进养殖对象正常、快速生长发育，大幅度增加数量，最终获得鱼类、甲壳类、贝类、藻类等海产经济动植物的生产过程，并保持其持续、快速和健康地发展。是人类定向利用海洋生物资源、发展海洋水产业的重要途径之一，也是保护海洋渔业资源的途径之一。海水养殖的过程中需要不同学科技术的共同参与，包括理学、农学、工学、医学、管理学等学科的现代化科学技术。同时，海水养殖的产品也是人类食品中的优质蛋白质，而其本身又是一项快速、高效增加水产资源的重要途径，因此，有必要加速中国海水养殖业的发展。

二、海水养殖分类

海水养殖涉及经营对象的种类、生物学特性、应用的基础理论、生产方式、生产区域等，因此，海水养殖形式众多，根据分类依据的不同，海水养殖有不同的称谓。

（一）按养殖水域划分

按照养殖水域的不同，海水养殖可以划分为港湾养殖、滩涂养殖、近海养殖，以及深远海养殖等不同的类型。

（1）港湾养殖。港湾养殖一般是指利用沿海港湾、滩涂及低洼地带，通过挖沟、造闸门，或进行围堤，利用纳潮放入天然种苗，或投放入人工种苗进行养殖的一种方式。港湾养殖在我国北方称港养，南方习惯叫鱼塭养殖。港湾养殖一般养殖面积较大，较难投放饵料或者投放的饵料利用率低，所以一般情况下不投放饵料，属于粗放式、低成本的养殖方式，难以进行精养，以养殖鲻鱼、梭鱼等短食物链、广温性、广盐性的鱼类为主。

（2）滩涂养殖。滩涂养殖是指利用潮间带和低潮线以内的水域，直接或经过整治、改造后从事海水养殖、增殖和护养、管养、栽培的一种方式。一般情况下直接利用滩涂进行养殖的，往往是以贝类（如贻贝、扇贝、蛤、牡蛎、泥蚶、蛏蜻等）和海藻类（如海带、紫菜等）的养殖为主。经整治或改造后建成潮差式、半封闭式或封闭式区域进行养殖，往往以鱼类（如鲻鱼、梭鱼、鲷鱼、石斑鱼、鲳鱼、鳗鱼、遮目鱼、非洲鲫鱼等）和虾类（如对虾）的养殖为主。滩涂养殖是由单一品种到多品种、粗放式养殖到集约化养殖的过渡。

（3）近海养殖。近海养殖是指在近岸浅水区域，利用多种养殖方式如虾池、网箱、浮筏、定置网具等进行的各种形式的养殖活动。目前，我国近海养殖密度较大，已经趋于饱和状态，因此，养殖的环境、养殖效益得不到保证。

（4）深远海养殖。深远海养殖是指在远离大陆、水深20 m以深的海区，依托养殖工船或大型浮式养殖平台等装备，并配套深海网箱设施、捕捞渔船、能源供给网络、物流补给船和陆基保障设施所构成的，集工业化绿色养殖、渔获物搭载与物资补给、水产品海上加工与物流、基地化保障、数字化管理于一体的渔业综合生产系统。深远海海域水的交换率高、污染物含量低，因此向深远海海域发展养殖将减轻各种污染对养殖生物的影响，生产出健康洁净的水产品，为人们提供更多更优质的深海营养源。发展深远海养殖，成为目前国内海水养殖努力的方向。自1978年以来，我国海水养殖业取得了长足进步，部分技术已达到世界先进水平，对国民经济发展作出重要贡献。然而随着我国社会经济的发展，海水养殖空间受到严重挤压，主要集中在水深不超过20 m的潮间带和近浅海区域，导致养殖密度过大、养殖容量趋于饱和、养殖海域富营养化等一系列严重问题。相关研究表明，深远海养殖可利用更先进的养殖技术和设备，将养殖作业拓展到水深更深和水流交换条件更好的深远海，并增强养殖海域生态系统对养殖排放物的扩散和同化能力，从而提升养殖水产品质量。因此，与传统近海养殖相比，深远海养殖具有技术先进、环境友好和产品品质高等优点，从而改善近海海洋生态环境、保障国家食品安全以及推进"蓝碳计划"的实施和海洋渔业经济的可持续发展。

（二）按养殖品种划分

按照养殖品种的不同，海水养殖可以划分为藻类养殖、甲壳类养殖、贝类养殖，以及鱼类养殖等不同的类型。

（1）藻类养殖。藻类养殖是指以养殖藻类为主的海水养殖方式。目前的养殖品种主要有海带、紫菜、裙带菜、羊栖菜等。海洋藻类养殖的规模化开启了我国第一次海水养殖浪潮。

（2）甲壳类养殖。甲壳类养殖是指以养殖甲壳类海产品为主的海水养殖方式。目前养殖的主要有南美白对虾、斑节对虾、中国对虾、日本对虾、梭子蟹、青蟹等品种。海水虾类养殖的规模化开启了我国第二次海水养殖浪潮。

（3）贝类养殖。贝类养殖是指以养殖贝类为主的海水养殖方式。目前养殖的主要有牡蛎、鲍鱼、贻贝、扇贝、泥蚶等品种。海洋贝类养殖的规模化开启了我国第三次海水养殖浪潮。

（4）鱼类养殖。鱼类养殖是指以养殖海水鱼类为主的海水养殖方式。目前养殖的主要有大黄鱼、鲈鱼、鲆鱼、鲷鱼、石斑鱼等品种。海水网箱养鱼的规模化开启了我国第四次海水养殖浪潮。

（三）按养殖模式划分

按照养殖模式的不同，海水养殖可以划分为粗放型养殖模式、精养型养殖模式等不同的类型。

（1）粗放型养殖模式。粗放型养殖模式主要是指港湾养殖。养殖水域面积或体积较大，养殖生态环境条件不易控制，苗种的放养密度小，一般不投放饵料，养殖对象主要依靠天然肥力与饵料生物完成生长发育，人工调控与管理措施比较简陋，因此，单位水体产量与产值较低。

（2）精养型养殖模式。精养型养殖模式主要是指围塘养殖。养殖水域面积或体积较小，养殖生态环境条件好且易控制，苗种放养密度大，进行人工投喂饵料，因此，其单位水体产量与产值较高。

（四）按养殖方式划分

按照养殖方式的不同，海水养殖可以划分为围塘养殖、网箱养殖、筏式养殖、吊笼养殖、底播养殖、工厂化养殖等不同的类型。

（1）围塘养殖。围塘养殖是指以利用靠近海边的洼地、盐碱或种植低产闲杂地，垒堤围筑而成池塘，用于养殖海产品，养殖品种以虾和蟹为主。目前，海水池塘养殖是以开放式水系统、单品种、粗放式养殖模式为主，这种养殖模式生产过程中投入的饵料有相当部分不能被养殖生物摄食而沉积池底，给养殖户造成经济损失。

（2）网箱养殖。网箱养殖是指在网箱内进行海水鱼类养殖的一种方式，是通过网箱内外水体的自由交换，在网箱内形成一个适宜鱼类生长的生态环境，并进行高密度养殖的一种方法，主要有美国红鱼、大黄鱼、鲈鱼、真鲷、石斑鱼、军曹鱼、红鳍东方鱼等品种的养殖。按照水域范围分为浅海网箱养殖和深远海网箱养殖，深远海网箱养殖可大大拓展养殖空间，同时极大地减少了因污染和养殖密集而造成的损失。

（3）筏式养殖。筏式养殖是指在浅海与潮间带上利用浮子和绳索组成浮筏，并用缆绳固定于海底，使养殖对象固着在吊绳上，悬挂于浮筏的一种养殖方式。筏式养殖可以平面养殖，也可充分利用水域空间，进行立体养殖。浮筏养殖便于优选水层、合理调整养殖密度、施肥、除害、收获等管理，是利用自然肥力和饵料基础进行藻类和贝类养殖的一种方式，以养殖贻贝、海带、紫菜等为主。

（4）吊笼养殖。吊笼养殖是指在适宜养殖品种生长的海域，搭设筏架，把养殖品种放置在养殖笼里，然后拴在筏架上，吊挂在海水里的一种养殖方式，以养殖海参为主。

（5）底播养殖。底播养殖是指在适宜养殖的海域按一定密度投放一定规格的海产品苗种，使之在海底自然生长、不断增殖的一种海产品养殖方式。养殖场所位于海底，水温低、日温差较小，且不存在温度、盐度跃层，风浪等自然环境变化影响较小。养殖的产品主要有海参、虾夷扇贝、鲍鱼等。

（6）工厂化养殖。工厂化养殖是指在室内海水池中采用先进的机械和电子设备控制养殖水体的温度、光照、溶解氧、pH、投饵量等因素，进行高密度、高产量的养殖方式，是一种高度集约化的养殖方式。

三、中国海水养殖发展史

中国海水养殖历史悠久，早在 2 000 多年前的西汉时期，就有牡蛎的养殖。我国宋代泉州太守蔡襄在万安渡为民造洛阳桥时，为了保护桥基柱石，"取蛎房散置石基上，岁岁延蔓相粘，基益胶固也"。洛阳桥位于福建省惠安县，建于宋仁宗皇祐五年（1053 年），完成于嘉祐四年（1059 年）。由此可见，人工移植牡蛎至少有900 年的历史了。北宋梅尧臣《食蚝》记载："亦复有细民，并海施竹牢。采掇种其间，冲激恣风涛。咸卤与日滋，蕃息依江皋。"梅尧臣亦为仁宗时代诗人，他的这首诗生动地反映了当时已有"围竹养蚝"。贝类中蛏蛏的养殖在宋代就已经开始了，南宋淳熙九年（1182 年）的《三山志》里就有记载在福州沿海有海田 1 130 顷（约 75.33 km²）用来养蛏。宋代时期，半咸淡水的鲻鱼被作为最早的鱼类养殖对象，采用的是鱼塭这种最古老的海水鱼类养殖方式。明代黄省曾的《养鱼经》记述了饲养鲻鱼的情况，"鲻鱼，松（今上海市）之人于潮泥地凿池，仲春潮水中，捕盈寸者养之，秋而盈尺"。到了明末清初，鲻鱼、鲅鱼的养殖已在我国沿海地区普及了。到了清代末期，鱼塭养殖规模已较为发达，如光绪三年（1877 年），潮州总兵方耀就围建鱼塭 6 200 亩（约 4.13 km²）。

明清时期，我国牡蛎的养殖已相当发达。明代后期，在福建的霞浦县创造了一种插竹养蛎法，据《福建通志》记载："竹江人知青山浅港，浪少水肥，插之以竹，易于发苗，至七八月取苗运回，再插之于东虎洋深水之界潮处，疏插以大其，有红水随潮至，肉始能足。"明末清初，广东渔民用投石法养蚝，屈大均的《广东新语·介语·蠔》（蠔即蚝）中介绍了广东养蚝的情况，"东莞新安有蠔田，与龙穴洲相近，以石烧红散投之，蠔生其上，取石得蠔，仍烧红石投海中，岁凡两投两取，蠔本寒物，得火气其味益甘，谓之种蠔，又以生于水者为天蠔，生于火者为人蠔"。说明这一时期，投石养蚝已较为普遍，主要集中在福建、广东、浙江沿海一带，如乾隆年间东莞县沙井地区蚝的养殖面积约有 200 顷（约 13.33 km²）。

明代浙江、广东、福建沿海已有泥蚶养殖。该时期的《潮州志·渔业志》记载："蚶苗来自福建，其质极细如碎米。经营是业有潮阳城南之内海，汕头港内珠池肚，澄海之大井、大场、天港，饶平之海山、洴洲及惠来等区皆有之。"该时期的《闽中海错疏》中记载了四明（今浙江宁波一带）有在水田中养殖的泥蚶以及天然生长的野蚶，人们已能对两者进行准确的区分。

明清时期海水养殖发展规模与之前相比取得了突飞猛进的成就，其中不乏海水养殖水平的提高带来的积极作用。另外，明清时期将海水养殖业作为弥补因"海禁"造成的渔场面积过小和渔业生产资源不足的重要手段而加以发展。

我国海水养殖虽然历史悠久，但长期以来受科学技术发展水平的限制，一直处于"看天吃饭、看海收渔、天种人收"的萌芽状态，水产养殖业没有得到应有的发展。相对于海洋捕捞而言，养殖品种少，产量低，1949 年全国海水养殖产量为 1×10^4 t 左右。海水养殖业的真正发展是从 20 世纪 50 年代开始的，经历了 50 年代海带育苗和人工养殖技术的成功、60 年代紫菜育苗技术的突破、70 年代贻贝育苗技术的突破、80 年代对虾工厂化育苗和扇贝养殖技术的成功、90 年代海水鱼网箱养殖的兴起等养殖业浪潮后，才得到了长足的发展，产量从 1950 年的约 1×10^4 t，增产至 1954 年的 9×10^4 t 左右。根据《中国渔业统计年鉴》，从 1955 年开始，中国海水养殖产量持续增加，从 1955 年的 10.69×10^4 t，增加到 2021 年的 $2\,211.14 \times 10^4$ t，增产了 $2\,200.45 \times 10^4$ t，海洋水产品总产量的占比从 1955 年的 6.45% 上升到 2021 年的 65.28%。其中，2006 年，全国海水养殖产量为 $1\,445.64 \times 10^4$ t，海洋捕捞产量为 $1\,442.04 \times 10^4$ t，海水养殖产量超过了海洋捕捞产量（图 5-1）。在养殖面积方面，基本呈上升趋势，但在 1998 年之前相对较小，在 1×10^4 km² 以下，之后上升较快。面积变化从 1995 年的 1421.18 km² 增加到 2021 年的 20 255.12 km²，扩大了 18 833.94 km²（图 5-2）。

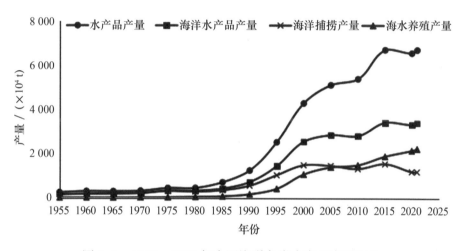

图 5-1 1955—2021 年全国海洋各类水产品产量对比

数据来源：《中国渔业统计年鉴》

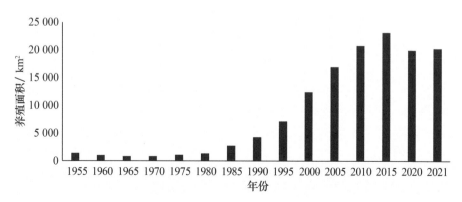

图 5-2 1955—2021 年全国海水养殖面积对比

数据来源：《中国渔业统计年鉴》

中华人民共和国成立后，根据我国海水养殖业的发展特点，大致分为4个阶段：起步中的徘徊阶段、稳步中的增长阶段、发展中的快速阶段、成熟中的高质阶段。

（一）起步中的徘徊阶段（1950—1964年）

1949年之前我国已经经历了100多年的半封建半殖民地社会，所以中华人民共和国成立前的中国海水养殖业几乎是停滞状态。中华人民共和国成立后百废待兴，也包括海水养殖。从1950年开始，中国对海带的夏苗培育、陶罐施肥、南移养殖等一系列技术问题的攻克，到1958年，中国海带养殖技术基本成熟，此后，海带从北到南逐渐遍布全国沿海，从而掀起中国的第一次海水养殖浪潮。海带养殖业的兴起也标志着中国现代海水养殖业的诞生。但是，1954—1964年全国海水养殖产量在整体较低中处于波动状态（图5-3），每年养殖产量基本在 10×10^4 t 以下徘徊，只有1955年、1957年、1959年、1960年4年的养殖产量超过 10×10^4 t，其中最高的是1957年，产量为 12.21×10^4 t。究其原因，主要是由于这一时期的养殖技术不够成熟。

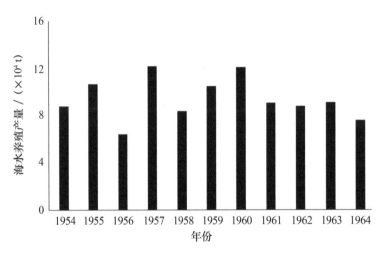

图 5-3　1954—1964 年中国海水养殖产量对比

数据来源：《中国渔业统计年鉴》

（二）稳步中的增长阶段（1965—1976年）

紫菜养殖自1959年起在人工采苗、育苗和养殖方面相继获得重大进展，20世纪 60 年代，紫菜室内全人工育苗试验成功并推广应用于生产，70 年代将北方的条斑紫菜南移江苏沿海成功后，中国的紫菜栽培规模进一步扩大，使我国一跃成为世界紫菜生产大国。

20 世纪 70 年代中期，中国科学院海洋研究所实验室内的全人工贻贝育苗的成功，以及自然海区贻贝半人工采苗获得成功后，中国的贻贝养殖迅速发展并形成了规模化。

虽然紫菜和贻贝养殖规模化了，但是在 1965—1976 年的 12 年中，海水养殖增长缓慢，仅呈小幅度的增长。1965 年，全国海水养殖产量为 10.43×10^4 t，1976 年为 29.73×10^4 t，年均增产仅 1.61×10^4 t（图 5-4）。

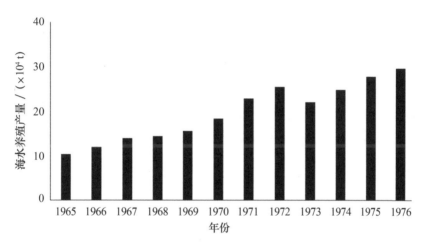

图 5-4　1965—1976 年中国海水养殖产量对比

数据来源：《中国渔业统计年鉴》

（三）发展中的快速阶段（1977—1990 年）

1976 年后，我国国民经济发展逐步步入正轨，以及农村家庭联产承包责任制的推广，都对海水养殖生产方式产生了重要影响。随着改革的不断深化，海水养殖业逐渐走上了蓬勃发展的阶段。从 1977 年起，山东、福建部分沿海县市开始对沿海滩涂、水面进行承包，这一做法很快在全国沿海地区得到推广。

同时，海水养殖技术在 20 世纪 70 年代末期出现了重大飞跃。70 年代后期，对虾工厂化育苗和养殖等系列技术取得突破，使对虾养殖成为 80 年代海水养殖的一个亮点。1978 年全国对虾产量仅为 0.12×10^4 t，到 1991 年达到了 21.96×10^4 t，增长了 182 倍。继贻贝养殖规模化之后，80 年代初，随着扇贝人工育苗、半人工采苗技术和筏式养殖技术的成熟，扇贝养殖也逐渐形成规模。80 年代初期网箱养鱼也开始出现。

从 20 世纪 70 年代末起，我国开始进行渔业结构调整，对水产养殖业的政策支持不断强化。1979 年确定了合理利用资源，大力发展养殖业，着重提高渔业质量的发展方针；1985 年国务院《关于放宽政策，加速发展水产业的指示》中明确了发展渔业生产的正确的指导思想、发展方针和基本思路，确定了"以养为主，养殖、捕捞、加工并举，因地制宜、各有侧重"的方针；1986 年《中华人民共和国渔业法》首次以法律形式明确了养殖水域使用权、承包经营权等权利。因此，资源的开发利用、渔业结构的调整、水产品价格的放开、海水养殖的鱼虾贝藻技术全面发展，以及良好的制度环境，为海水养殖业的快速发展提供了有力的保障。

在 1977—1990 年的 14 年中，海洋养殖技术全面进步，海水养殖产量快速增长，从 1977 年的 42.35×10^4 t 增加到 1990 年的 162.03×10^4 t，增产了 119.68×10^4 t，年均增产 8.55×10^4 t，属于发展中的快速阶段（图 5-5）。

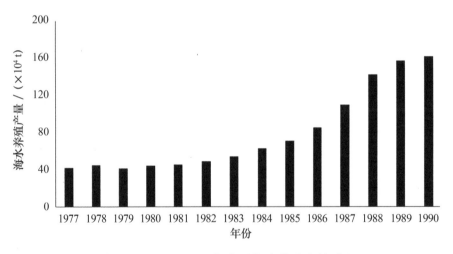

图 5-5　1977—1990 年中国海水养殖产量对比

数据来源：《中国渔业统计年鉴》

（四）成熟中的高质阶段（1991 年至今）

海水藻类、贝类、甲壳类、鱼类育苗和养殖技术先后成熟，海水养殖的 4 次浪潮之后,以海参和鲍鱼养殖为代表的海珍品养殖开始兴起,深水网箱、工厂化养殖等集约化养殖方式开始在全国推广。但是随着海水养殖规模的扩大,海水养殖造成的病害和环境问题开始显现,以对虾养殖的病害问题最为突出,藻类、贝类和鱼类的病害问题也日益严重。

1993年农业部确定的20世纪90年代发展海水养殖的指导思想指出,要以改革开放促开发,以开拓市场促生产,以挖掘内涵提高效益促投入,以科技进步促发展,科学合理地综合开发浅海滩涂资源,不断开拓新的生产领域,因地制宜地以养殖为主,养殖、增殖并举,努力改善品种结构,注重生态效益和社会效益的协调统一,建立相互促进的经济、生态良性循环。提出要根据市场需要优先发展高产量、高质量、高效益的品种以及加强基础设施建设,强化服务体系,重点发展苗种、饲料和病害防治体系。说明我国海水养殖政策出现了较大变化,已经开始从主要强调产量和规模增长向注重发展质量和效益方向转变。但是产量增长仍然是政策的主要目标,因此这一阶段主要是在高质量养殖的前提下高速发展海水养殖,积极推进绿色、低碳的海水养殖业的发展,为充分发挥渔业的碳汇功能作出贡献。

我国海水养殖产量经过4个阶段的发展,从1949年的1×10^4 t左右,到2008年的$1\,340.32 \times 10^4$ t,再到2021年的$2\,211.14 \times 10^4$ t,成为世界海水养殖业发达国家。我国海水养殖业的大发展主要得益于浅海贝类和藻类养殖的兴起,在2000年,我国的海水养殖产量中贝类产量为860.71×10^4 t,约占总产量的81.10%,藻类为126.16×10^4 t,约占11.32%,两者占了我国海水养殖总产量的92.42%,而鱼类产量为42.70×10^4 t,只占总产量的4.02%;甲壳类为34.32×10^4 t,只占总产量的3.23%。到了2021年,贝类产量为$1\,526.07 \times 10^4$ t,约占总产量的69.02%,藻类为271.46×10^4 t,约占总产量的12.28%。此时的鱼类和甲壳类也有所增产,鱼类产量为184.38×10^4 t,约占总产量的8.34%,甲壳类为185.49×10^4 t,约占总产量的8.39%(图5-6)。因此,我国海水养殖在品种上还有很大的发展空间。

(五)中国海水养殖发展趋势

自改革开放以来,中国海水养殖业取得了很大的进步,有些技术已经达到世界领先水平,对国民经济作出了重要贡献。但是,目前的海水养殖大部分集中在水深

20 m 以浅的区域，出现了养殖密度过大、养殖海域富营养化、养殖设施挤占港湾航海通道等现象，势必导致养殖容量趋于饱和、养殖病害频发以及养殖水产品质量堪忧等一系列问题。为解决海水养殖引出的一系列问题，政府及养殖户需要积极应对并加以预防，以生态保护为核心、多品种养殖为导向发展可持续的水产养殖业。

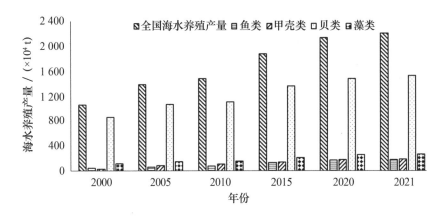

图 5-6　2000—2021 年全国不同种类海水养殖产量对比

数据来源：《中国渔业统计年鉴》

1. 生态养殖

海洋生态环境是养殖业发展的根本，只有良好的海洋环境才能保障海水养殖业可持续快速发展，因此需要积极探索养殖与环境和谐共存的绿色养殖道路，提高水产品产量和质量。如投放人工鱼礁等方法促进水体环境修复、研发先进的养殖技术控制养殖二次污染问题、建设海洋牧场促进海洋自我修复等措施和方法来实施生态养殖，达到环境和经济的协同发展。

同时，积极推进深远海养殖。2013 年，国务院《关于促进海洋渔业持续健康发展的若干意见》提出控制近海养殖密度以及积极拓展海洋离岸养殖和集约化养殖的建议，2019 年《关于加快推进水产养殖业绿色发展的若干意见》明确未来我国将积极支持发展深远海绿色养殖，我国的深远海养殖逐渐引起重视。深远海意味着水深更深、水流交换条件更好，能够增强养殖海域生态系统对养殖排放物的扩散和同化能力，从而提升养殖水产品的质量。推动海水养殖从近海向深远海拓展是当前缓解近海养殖压力、改善近海生态环境、优化海水养殖空间布局和促进海水养殖业转型升级的必然选择。作为"深蓝渔业"的重要组成部分，发展深远海养殖对于保障国家食品安全、实现海洋渔业经济可持续发展、推进"蓝碳计划"和建设海洋生态文明具有重要的战略意义。

2. 多品种养殖

随着人民生活水平的不断提升，对海水养殖产品数量需求增加的同时，产品的质量和品种多样化也越来越受到人们的重视，这就要求海水养殖业在未来生产活动中要积极引进新的产品和养殖技术，不断提高产品质量和种类来满足市场的需求。

四、中国海水养殖的四次浪潮

中国海水养殖产业从零开始，历经了 4 次标志性的养殖浪潮：海水藻类养殖浪潮、海水贝类养殖浪潮、海水虾类养殖浪潮、海水鱼类养殖浪潮，逐步成为渔业大国，实现了"养殖高于捕捞""海水超过淡水"的两大历史性产业突破，对优化人们的食品结构、改善生活质量发挥了不可替代的作用。

（一）海水藻类养殖浪潮

1. 海带

海带（图 5-7），属于亚寒带藻类，是北太平洋特有的地方种类。自然分布于朝鲜北部沿海、日本北海道及俄罗斯鞑靼海峡西部沿海，以日本北海道的东岸分布为最多。

图 5-7 海带

图片来源：赵素芬，2012

海带是我国人民普遍喜爱的食品，但在 20 世纪 50 年代以前，我国并没有进行海带的人工养殖。根据资料记载，远在 1 500 多年前我国就从朝鲜进口过海带，后来多从日本进口。1927—1945 年，虽然在大连市和烟台市有了一些海带养殖的试验工作，但养殖方法比较落后，年产量约为 60 t（干品）。

20 世纪 50 年代初，中国藻类学工作者在对海带的生物学和生态学研究的基础上，将海带的人工采苗、分苗和筏式栽培结合起来，进行了海带的筏式栽培，开创了中国人工栽培海藻的历史。50 年代末，我国开发了海带夏苗培育技术，并在青岛建立了世界上第一个海带自然光低温育苗室，将海带生产周期缩短为 1 年，海带的栽培区域也因此扩大到了南方沿海。60 年代，开始了海带育种研究，成功培育了一批优良品种。经过坚持不懈的努力，70 年代，中国海带的最高年产量约 25×10^4 t（干品）。到 80 年代，中国的海带产品可以进入国际市场。90 年代，年产量约 60×10^4 t（干品），名列我国海水养殖业之冠。图 5-8 显示的是 2000—2021 年全国海带养殖产量，养殖产量逐年上升，2021 年比 2000 年增产了 91.20×10^4 t，增加了 109.83%。

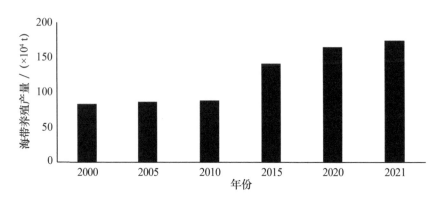

图 5-8　2000—2021 年全国海带养殖产量对比
数据来源：《中国渔业统计年鉴》

2. 紫菜

紫菜（图 5-9）是海中互生藻类的统称。早在 1 400 多年前，北魏《齐民要术》中就已提到 "吴都海边诸山，悉生紫菜"，以及紫菜的食用方法等。唐代孟诜《食疗本草》则有紫菜 "生南海中，正青色，附石，取而干之则紫色" 的记载。至北宋年间紫菜已成为进贡的珍贵食品。明代李时珍在《本草纲目》一书中不但描述了紫菜的形态和采集方法，还指出了常食紫菜的益处。但是，长期以来紫菜苗只能依赖天然生长，来源有限，所以在紫菜生活史没有研究清楚之前，产量很低，质量也相对较差。

图 5-9　条斑紫菜

图片来源：赵素芬，2012

　　1949 年，英国学者首先发现了紫菜一生中很重要的果孢子生长时期是在贝壳中度过的，这为研究紫菜天然苗的来源开辟了道路。中国在 20 世纪 50 年代开始了紫菜贝壳丝状体的人工培养技术研究，进行了海区采苗和较大规模的栽培生产，创造了我国人工苗种栽培紫菜的历史。60 年代，紫菜室内全人工育苗试验成功并推广应用于生产。70 年代，中国科学家将北方的条斑紫菜南移至江苏沿海，使中国紫菜栽培的规模得到扩大。80 年代以来，加强了新技术、新品种的研发和引进工作，紫菜体细胞采苗的关键技术达到了世界先进水平，养殖规模进一步扩大。紫菜的产量由 1979 年的 6.63 t 增加到 1995 年的 3.02×10^4 t。图 5-10 显示的是 2000—2021 年全国紫菜养殖产量的变化情况，养殖产量逐年上升，2021 年比 2000 年增产了 15.10×10^4 t，增加了 313.28%。

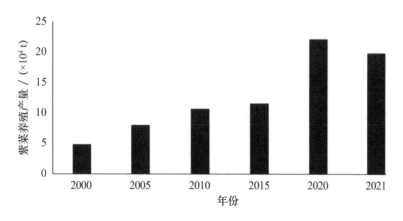

图 5-10　2000—2021 年全国紫菜养殖产量对比

数据来源：《中国渔业统计年鉴》

（二）海水贝类养殖浪潮

1. 贻贝

贻贝俗称淡菜，又名海红，是一种双壳类软体动物，壳黑褐色（图 5-11）。

我国贻贝的养殖历史较短，过去仅限于自然采捞，1959 年开始试养，1973 年后由于自然苗种的增长才迅速发展起来。20 世纪 70 年代中期，经过科学家坚持不懈的努力，贻贝在实验室内的全人工育苗和自然海区半人工采苗均获得成功，从此贻贝养殖迅速发展并形成规模化。1974 年，全国贻贝养殖产量仅为 1.51×10^4 t，1978 年产量为 9.62×10^4 t，增产了 8.11×10^4 t。

但是由于当时贻贝的供销渠道不畅，加工工作跟不上，产品滞销，价格下降。1979 年贻贝养殖面积为 15.80 km²，比 1978 年的 26.53 km² 缩小了 40.44%，总产量从 1978 年的 9.62×10^4 t 下降到了 1979 年的 6.59×10^4 t，减产了 31.50%；与 1979 年相比，1980 年养殖面积缩小了 18.99%，产量下降了 2.88%。后来经过努力，大力推广贻贝和海带间养来降低成本，贻贝作为对虾饲料的需求量增大，放宽政策后流通渐活以及加工品种增多，贻贝供销趋紧，行情看好，促使养殖面积的回升。1981 年养殖面积为 15.93 m²，比 1980 年扩大了 24.45%，养殖产量 9.55×10^4 t，增加 49.22%；与 1981 年相比，1982 年养殖面积扩大了 16.16%，增产了 12.25%。图 5-12 是 2000—2021 年全国贻贝养殖产量对比情况，养殖产量相对较稳定，在 75×10^4 t 左右。

图 5-11　条纹隔贻贝

图片来源：《普陀县》编辑部，1994

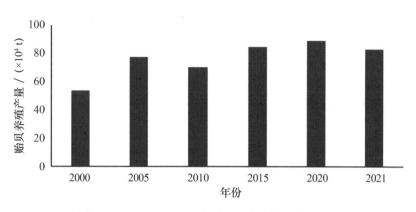

图 5-12　2000—2021 年全国贻贝养殖产量对比

数据来源：《中国渔业统计年鉴》

2. 扇贝

扇贝是扇贝属的双壳类软体动物的代称，有 400 余种（图 5-13），壳、肉、珍珠层具有极高的利用价值。为滤食性动物，对食物的大小有选择能力，但对食物种类无选择能力。大小合适的食物随纤毛的摆动都能送入口中，不合适的颗粒由足的腹沟排出体外。

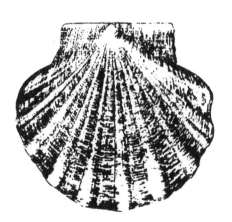

图 5-13　嵌条扇贝

图片来源：《普陀县》编辑部，1994

1982 年，科学家系统地研究解决了在中国海域养殖美国海湾扇贝的一些生物学与生态学问题，推动了中国北方海域海湾扇贝养殖产业的崛起，扇贝人工育苗、半人工采苗技术和筏式养殖技术的成熟，使扇贝的养殖逐渐形成规模。

1982 年全国扇贝产量为 0.12×10^4 t，到 1990 年就达到 14.70×10^4 t，1997 年达到 100.15×10^4 t。但是之后由于病害不断，产量一直维持在 100×10^4 t 以下（1998 年为 62.94×10^4 t，1999 年为 71.23×10^4 t，2000 年为 91.96×10^4 t，2001 年为 96.03×10^4 t，2002 年为 93.86×10^4 t，2003 年为 89.80×10^4 t，2004 年为 91.04×10^4 t），直到 2005 年才恢复到原先的水平，产量为 103.59×10^4 t。通过对 2000—2021 年全国扇贝的养殖产量分析（图 5-14），2000—2021 年，扇贝的养殖产量基本呈上升趋势，2021 年比 2000 年增产 91.03×10^4 t，增加了 98.99%。

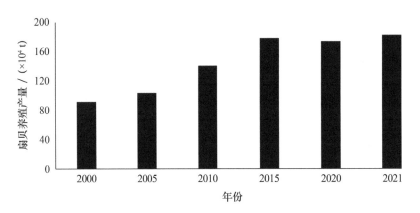

图 5-14　2000—2021 年全国扇贝养殖产量对比

数据来源：《中国渔业统计年鉴》

（三）海水虾类养殖浪潮

海水虾类养殖浪潮以对虾的养殖为主。对虾是世界上最受欢迎的海产品之一（图 5-15）。尤其是黄渤海生产的中国对虾，以其个体大、味道鲜美、营养丰富而久负盛名。

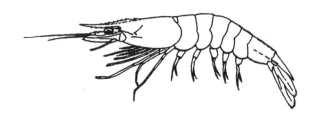

图 5-15　中国对虾

图片来源：《普陀县》编辑部，1994

中国对虾养殖有很长的历史。早期的养殖主要是"港养"，靠天然苗种进行鱼虾混养，一般不投饵、不施肥、不清池，完全是粗放式养殖，产量很低，每亩5 kg 左右。1958 年，开始进行人工养殖对虾的试验研究；1959 年，对虾人工孵化获得成功，揭开了对虾人工育苗的序幕。20 世纪 60 年代初，对虾仅局限在山东、河北等沿海省市小规模养殖。20 世纪 70 年代，对虾人工育苗和养殖有了新的进展，并且中国对虾南移成功，为大面积养殖创造了条件，对虾养殖进入了快速发展阶段。20 世纪 70 年代末至 80 年代初，经过广大水产科技工作者的协作攻关，对虾工厂化全人工育苗技术获得成功后，解决了养殖所需的苗种问题，从根本上改变了我国长期主要依靠捕捞天然虾苗养殖的局面，成功推动了我国对虾养殖产业的蓬勃发展，使对虾养殖成为 80 年代海水养殖的亮点。但是在 1993 年，对虾养殖受全国性的对虾杆状病毒的影响，产量从 1992 年的 20.69×10^4 t 锐减到 8.78×10^4 t。直到 2000 年，对虾的产量才开始恢复并超过 20 世纪 90 年代初水平，2000 年的对虾养殖产量为 21.80×10^4。图 5-16 是 2000—2021 年全国对虾养殖产量的变化情况，图中显示，2021 年的产量比 2000 年增产 123.74×10^4 t，增加了 567.61%。

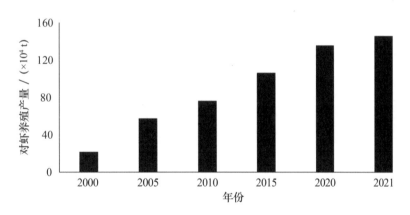

图 5-16　2000—2021 年全国对虾养殖产量对比

数据来源：《中国渔业统计年鉴》

（四）海水鱼类养殖浪潮

我国海水鱼类养殖起步较晚，虽然古代早有鲻鱼、梭鱼、鲈鱼、鲚鱼等鱼类在海水或咸淡水里养殖的记载，但都是小范围的养殖，没有形成规模化养殖，这种状态延续了数百年之久。

直到 1958 年，"海鱼孵化运动的兴起"拉开了海水鱼类人工育苗的序幕。20 世纪 50 年代末至 60 年代中期，中国科学院海洋研究所、水产部海洋水产研究所等单位先后试验了梭鱼、牙鲆、真鲷、黑鲷、海马、斑鰶、黑鲦等鱼类的人工繁育，取得了一系列的成果。但产量仍不高，1976 年全国产量仍不足 1 000 t，不足当年海水养殖总产量的 1%，被边缘化的趋势十分明显。

20 世纪 80 年代初，一种新型的集约化海水鱼类养殖方式——海水网箱养鱼在广东出现。80 年代中期以后，全国海水网箱养鱼发展呈现加速趋势，迅速形成了多个以半封闭式优良港湾为核心的养殖基地。养殖品种从 80 年代的真鲷、黑鲷、石斑鱼等增加到黄姑鱼、花鲈、鲳鰺等 20 余个品种。1992 年全国海水网箱总数约 10×10^4 个，是 1986 年的 25 倍，网箱养鱼产量约 3×10^4 t，成为我国主要的海水鱼类养殖方式，我国海水养殖第四次浪潮也悄然兴起。

1994 年全国海水网箱数量约 16×10^4 个，1997 年达到 30×10^4 个。2000 年超过 100×10^4 个。2002 年全国养殖海水鱼类产量 56.01×10^4 t，较 1992 年增长约 10 倍，年均增长 25% 左右。2002 年产量约占全球养殖海水鱼类总产量的 20%，居世界首位。鱼类养殖快速发展推动了我国海水养殖的第四次浪潮。

我国海水养殖经历了以海带为代表的藻类养殖、以贻贝和扇贝为代表的贝类养殖、以对虾为代表的甲壳类养殖，以及以网箱养鱼为代表的鱼类养殖 4 次养殖浪潮。这 4 次养殖浪潮丰富了产品品类，优化了产品结构，大大推动了产业规模的扩大，实现了大幅度提升我国海水养殖产量的根本目的，对海水养殖业的发展影响深远。

第二节　舟山海水养殖

据 1992 年版《舟山市志》统计，舟山境内各岛屿周围有 10 m 等深线以浅的浅海水域 2.52×10^4 km²。浅海水域主要受大陆沿岸径流影响，透明度一般在 0.2 ~ 2.5 m，外侧水域透明度较高。月平均水温在 8 月最高，为 25 ~ 27.5℃；1 月最低，为

7~9℃。浅海水质肥沃，营养盐含量丰富。因此，舟山海域充足的可供养殖的海域面积、适宜的海域气候条件、肥沃的水质适宜开展多样性品种的养殖。

一、舟山海水养殖发展史

舟山海水养殖业的发展要比海洋捕捞业晚得多，但政府和渔民为发展海水养殖业，进行了不断的探索以及坚持不懈的努力。尤其是从 20 世纪 90 年代后期开始，随着人们思想观念的不断更新、指导方针的不断科学化、扶持性政策与措施的逐步到位，养殖业发展的步伐不断加快，规模不断扩大，效益不断提高。

（一）萌芽和初步形成期

据郑若曾的《筹海图编》里记载："曾尝亲至海上而知之，向来定海、奉象一带，贫民以海为生，荡小舟至陈钱、下巴山取壳肉、紫菜者，不啻万计。"嘉靖年间，郑若曾曾随水师亲历陈钱、下巴（嵊山、壁下山诸岛），看到浙东大陆沿海的渔民驾驶船舶到舟山北部的嵊山、壁下山一带，采集贻贝与紫菜等贝类、藻类等海产品的规模之盛大，贝类、藻类自然海产之丰富。但当时乃至以后相当长的一段历史时期内，舟山群岛及其海岸的贝类和藻类均是自然繁殖，来这里开采作业的渔民是有意识地以"采大留小、留作苗种，循环繁殖，以续来年"的方式，顺应天然，以人力与自然合作养护海洋贝类和藻类资源，以保障自己与子孙后代持续采捕生产。可见当时虽然还没有人工养殖，但也有了顺应天然繁殖的积极意识。

清康熙年间，《定海县志》记载了普陀境内盛产蚶蛤，"六横地近镇海，人尽浮居，顺母涂广产蚶蛤，皆镇海昆亭民聚族为业，世擅其利"，这个虽是外地居民养殖的，但也显示了当时普陀顺母涂和六横岛养殖蚶蛤已初具规模。乾隆十五年（1750 年），顺母涂开始放养蟶蛏，标志着舟山本地居民真正开始有了贝类养殖业，并逐渐扩大到了朱家尖、六横等地。顺母涂、六横、朱家尖（糯米潭）、登步等地方成为中华人民共和国成立初期浙江省的主要养蛏场。

1933—1935 年夏汛，江苏省立水产学院的水产专家先后 3 次在嵊山海面进行墨鱼人工孵化试验。试验时，先从嵊山的后头湾海面采捕墨鱼种，然后到箱子岙湾西嘴头一带，将雌雄成体置入笼内，在海上进行交配产卵，然后实行人工孵化。经过连续 3 次试验，墨鱼人工孵化繁殖终于获得成功。

1935 年 5 月中旬至 6 月下旬，浙江省立水产试验场的水产专家在嵊山后头湾与箱子岙湾之间的横洛嘴海域，也进行过墨鱼笼内自然繁殖试验。同时，1935 年 6 月，对嵊山及其周围岛屿、礁石上的海藻类，也进行生长繁殖试验。但因当时各种条件的限制，这些试验都没有获得实质性的成果。

由于各种条件的原因，舟山这一时期的养殖虽然有成功的举措，但都没有获得实质性的成果，这一时期是舟山养殖业的萌芽和初步形成时期。

（二）试养和初步发展期

中华人民共和国成立初期，由于长期以来渔业生产方式和渔民思想意识受"辛辛苦苦养一年，不如驾船出海捕一网"意识的影响，致使水产养殖业不景气。后来，舟山渔民在党和政府的引导与扶持下，吸取前人的经验，不怕曲折，克服困难，逐步走上了重视养殖、发展养殖的和谐渔业之路。全市的海水养殖，从 1952 年仅有单一的蛏蜓养殖，扩大到海带、紫菜、贻贝、对虾等多品种养殖。但在"重捕轻养"思想影响下，发展较慢，而且最早出现的绝大部分仅是试养，而非生产性养殖，所以养殖面积较小。

1956 年 8 月，舟山专署水产局专家在嵊泗县大盘岛进行撒石灰水养殖紫菜试验，经过数月的努力，终于获得成功。之后在嵊泗县外缘岛屿及岱山县岛也开始推广。紧接着 1969 年秋在虾峙大岙渔业大队和衢山太平渔业大队进行筏式养殖试验，获得成功。随后紫菜养殖逐步推广到整个舟山市。

1956 年 11 月，舟山专署水产局协同其他水产科研单位将北方养殖的海带南移至嵊泗县枸杞岛老鹰窝清水海域试养，获得了成功。1957 年，技术人员又在普陀县沈家门港、马峙及虾峙门港等混浊浅水海区试养，也取得了较好的成效。海带的"北苗南移"成功后，在舟山水产养殖场率先进行示范养殖，继而在全市进行推广养殖。1959 年，海带人工育苗的成功，为舟山的海水养殖业打开了新的局面。此后一直到 20 世纪 70 年代后期，海带养殖一直是舟山海水养殖的主要品种，占据主要地位。

1958 年 3 月，嵊泗的枸杞乡石浦渔业大队的渔民把在海礁上生长过密而不易长大的小贻贝，移植到风浪较小的礁石上试养，获得了成功。1959 年秋汛，在

1958 年礁石移植增殖野生贻贝的基础上，将野生贻贝苗种放入竹篮，挂到海中养殖专用的毛竹与绳索构成的筏上进行试养，也获得了成功。1973 年秋汛，嵊泗县水产局组织科技人员，在枸杞乡和嵊山镇两地渔民的配合下，用从本地海礁上采集到的野生厚壳贻贝苗种，进行贻贝筏式养殖，也获得了成功。1974 年 10 月，首次从辽宁大连引进人工培育的紫贻贝苗，分别在枸杞山、嵊山、花鸟山、绿华山等海域放养，1975 年普遍获得了丰收。这些都是借助已有的苗种进行的贻贝养殖，而从 1978 年开始则是进行贻贝育苗的试验了，1978 年舟山科技工作者进行贻贝的人工育苗试验，并开始进入生产性试验阶段，为扩大贻贝养殖规模创造了基础条件。

1959 年 4 月，舟山渔民开始进行海洋梭子蟹自然蟹苗人工增养殖，并利用采捕海洋自然亲蟹进行培育促其产卵，然后进行海塘养殖，均获得了成功。

1970 年，浙江省海洋水产研究所从山东日照引进中国对虾苗，在"北苗南移"试养成活并生长迅速的基础上，1974 年 6 月分别在岱山县岱东、普陀区桃花后沙头、定海区小沙和毛峙等渔业队放养中国对虾。随后在 1988 年开始试养日本对虾，2000 年试养南美白对虾，均获得成功。

1979 年用网箱暂养石斑鱼获得成功，1986 年用网箱试养黑鲷幼鱼成功。

至此，虽然试养成功了很多品种，但一部分的养殖仅是理论上的养殖试验，并非真正的生产性养殖。已经发展起来的养殖品种，也因围涂造田、成本增加以及流通环节和管理上存在问题，有的急剧下降，有的时起时伏，究其原因主要有以下 4 点。

（1）思想上重视不够。有些渔民认为"养一年不如捕一网"，把养殖业生产放在无足轻重的地位。

（2）部分品种价格偏低。1979 年后，海水鱼类的价格不断上升，而海带的价格却不断下降；相反，养殖海带的毛竹篾丝等生产材料价格上升，使得养殖户的生产成本不断上升，挫伤了群众对养殖海带的积极性，导致养殖面积的大幅度下降。

（3）围涂造田和海洋污染。盲目围涂造田以及海洋污染等，使大片盛产泥螺、蛏蛏的涂面无法被利用，产量锐减。

（4）政策落实不到位。滩涂养殖政策没有落实好，责任制没有很好建立和完善，捕养之间的经济关系没有处理好。

（三）调整养殖结构高质量发展期

21世纪以来，舟山全市上下对加快发展海水养殖进一步达成了共识，各级政府对海水养殖业的政策扶持力度进一步加大，全市海水养殖业发展势头迅猛。2000年，全市海水养殖面积68 km²，产量5.19×10⁴ t，养殖品种也全面开花，围塘养殖主要品种除对虾外，以混养贝类和梭子蟹等为主。浅海养殖以贻贝为主，还有网箱养殖大黄鱼、鲈鱼、美国红鱼、黑鲷等海水鱼类。滩涂养殖的主要品种为泥螺、蛏蜓、毛蚶、彩虹明樱蛤等贝类。

至2003年，舟山市建成了大黄鱼产业带、梭子蟹产业带、对虾产业带和贻贝示范园区"三带一区"养殖群，形成了特色养殖业。

2005年，全市海水养殖面积94 km²，比2000年扩大了38.24%，总产量11.54×10⁴ t，比2000年增产了122.35%。围塘养殖的主要品种也扩大到了对虾（南美白对虾、中国对虾、日本对虾、斑节对虾等）、梭子蟹、青蟹，混养的贝类有文蛤、青蛤、扇贝、杂色蛤、泥蚶、毛蚶等。浅海养殖中网箱养鱼发展也较快，改变了20世纪90年代以前舟山浅海养殖几乎均是贝类和藻类产品的状况。此时，舟山市大黄鱼、梭子蟹、对虾、贻贝四大优势产品的养殖地位显现出来，同时养殖模式也从传统粗放型养殖向集约型设施养殖模式转变，舟山市海水养殖面积和养殖产量均呈上升趋势，在"十一五""十二五"和"十三五"养殖政策的支持下，注重养殖品质，全面推进海水养殖的绿色健康发展，不断加强养殖环境保护和养殖品种保护，提升养殖质量和经济效益。图5-17显示的是2011—2021年舟山市海水养殖产

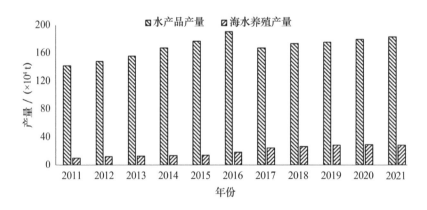

图5-17　2011—2021年舟山市海水养殖产量和水产品产量对比

数据来源：舟山市统计局

量和水产品产量对比，结果表明，舟山市海水养殖总产量呈逐年上升趋势，从 2011 年的 9.86×10^4 t 增加到 2021 年的 28.55×10^4 t，增产 18.69×10^4 t，增加了 189.55%。海水养殖产量在水产品产量中的占比也在逐年上升，从 6.95% 增加到 16.31%。图 5-18 显示的是 2011—2021 年舟山市海水养殖面积的变化情况，结果表明，舟山市海水养殖的总面积呈下降趋势，但是结合海水养殖产量分析，2011—2021 年舟山市单位海水养殖产量呈明显上升趋势，单位产量从 2011 年的 0.14×10^4 t 上升到 2021 年的 0.73×10^4 t，增加了 421.43%。这一时期，舟山市政府和养殖户更加重视养殖质量，关注单产数量，为全面推进发展舟山市绿色健康养殖献计献策。图 5-19 显示的是 2011—2021 年舟山市鱼类、甲壳类、贝类、藻类等不同品种

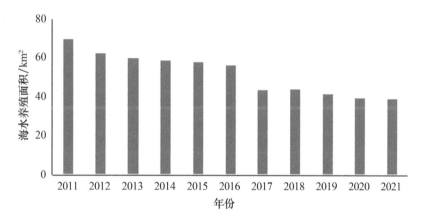

图 5-18 2011—2021 年舟山市海水养殖面积对比

数据来源：舟山市统计局

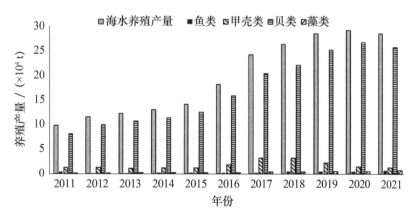

图 5-19 2011—2021 年舟山市不同品种海水养殖产量对比

数据来源：舟山市统计局

的海水养殖产量变化情况，结果表明，在主要的 4 类养殖品种中，贝类的地位仍然十分突出，在舟山市海水养殖产量中的占比为 81.74% ~ 91.38%，占了绝大部分的产量；其次是甲壳类，占比为 4.62% ~ 13.29%；鱼类和藻类的占比非常小，两者的产量在舟山市海水养殖产量中的占比为 2.67% ~ 5.58%。

"十二五"和"十三五"期间，舟山市海水养殖年产值在渔业年产值中的占比为 8.76% ~ 13.08%，平均为 10.37%，其中，最高的是 2018 年，占比为 13.08%（图 5-20）。

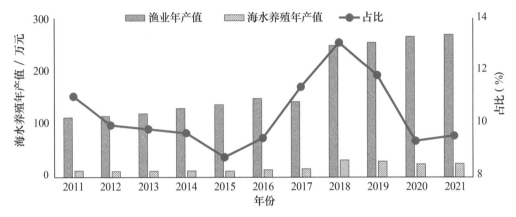

图 5-20 2011—2021 年舟山市海水养殖年产值及在渔业年产值中的占比

数据来源：舟山市统计局（渔业总产值中不包含服务业产值）

舟山市政府和养殖户继续重视海水养殖的生态健康发展，促使"十四五"期间的舟山海水养殖业高质量发展，以提升优质水产品生产能力和保供水平为目标，拓展渔业空间，优化生产布局，聚焦种业强芯，推进养殖机械化、数字化，探索创新养殖模式，打造特色养殖品牌，拓展渔旅融合新模式，稳步促进水产养殖高质量发展，为渔民增收、渔业增效提供有力支撑。

发掘与保护重要海洋生物种质，构建海洋生物新种质创制、养殖新品种改良等技术体系。重点攻克大黄鱼、贻贝等主养种类的新品种开发与遗传选育，培育高产、抗逆、品质优良的特色海水养殖新品种，形成品牌优势和拳头产品，构建服务地方、引领全省、辐射全国的种业新格局。

探索创新养殖模式，促进高标准围塘生态化改造，鼓励养殖企业进行机械化升级，支持养殖企业进行数字渔场和未来渔场建设，支持各种模式的深远海养殖，支持企业在舟山市投资并建设养殖大围栏、桁架类大型养殖装备、大型养殖工船等重大工程。

加大水产品品牌培育。为鼓励企业创建自有品牌，提升"舟山大黄鱼""嵊泗贻贝""舟山梭子蟹"等舟山养殖海鲜品牌的知名度，培育出属于舟山的养殖海鲜品牌，制定奖励政策，给予对品牌宣传有卓越贡献的养殖企业荣誉及资金奖励。

二、舟山海水特色养殖

在养殖渔民和水产科技人员的共同努力下，舟山市海水养殖显现出一派兴旺的景象，产量不断增加，特色品种不断发展，养殖方式渐趋合理，养殖技术不断提高，养殖效益也不断提升。

（一）特色养殖品种

经过发展，舟山市海水养殖的特色品种逐渐形成，实施"九五"计划以来，特色品种养殖发展迅猛。目前，舟山的特色养殖品种主要有舟山梭子蟹、大黄鱼、对虾和贻贝。

表 5-1 显示的是 2011—2021 年大黄鱼、梭子蟹、对虾、贻贝四大优势品种的养殖产量，以及在海水养殖产量中的占比。结果显示，四大优势品种的产量在 2011—2021 年呈持续增长趋势，2021 年比 2011 年增产 16.54×10^4 t，增加了264.64%；在海水养殖产量中的占比也是越来越大，从 2011 年的 63.39% 增加到2021 年的 79.82%，这说明舟山市有一半以上的海水养殖产量是来自大黄鱼、梭子蟹、对虾、贻贝四大优势品种，因此做好这四大优势品种的养殖工作非常重要。表5-2 显示的是 2011—2021 年舟山市大黄鱼、梭子蟹、对虾、贻贝的养殖产量情况，结果显示，养殖产量最高的是贻贝，其中，大黄鱼和贻贝的产量每年呈上升趋势，而梭子蟹在 2017 年以后呈产量下降趋势，对虾则是在 2018 年以后呈产量下降趋势。大黄鱼 2021 年比 2011 年增产了 1 714.86%，贻贝增产了 319.23%，对虾增产了 171.97%，而梭子蟹减产了 63.91%。

表 5-1　2011—2021 年舟山市四大优势品种的养殖产量

年份	海水养殖产量 /（$\times 10^4$ t）	优势品种产量 /（$\times 10^4$ t）	占比（%）
2011	9.86	6.25	63.39
2012	11.59	8.56	73.86

年份	海水养殖产量 / (×10⁴ t)	优势品种产量 / (×10⁴ t)	占比（%）
2013	12.25	8.96	73.14
2014	13.02	9.62	73.89
2015	14.17	10.96	77.35
2016	18.13	14.02	77.33
2017	24.23	18.46	76.19
2018	26.28	19.52	74.28
2019	28.50	21.34	74.88
2020	29.22	22.94	78.51
2021	28.55	22.79	79.82

数据来源：舟山市统计局。

表 5-2 2011—2021 年舟山市大黄鱼、梭子蟹、对虾和贻贝的养殖产量

年份	大黄鱼 /t	梭子蟹 /t	对虾 /t	贻贝 /t
2011	249	8 438	3 632	50 201
2012	391	8 355	4 552	72 324
2013	400	6 572	4 437	78 193
2014	515	6 872	4 569	84 214
2015	623	6 448	4 907	97 629
2016	725	8 989	6 730	123 738
2017	1 110	17 833	14 309	151 367
2018	1 195	13 040	17 782	163 183
2019	1 696	8 089	13 901	189 702
2020	2 669	3 772	9 956	212 964
2021	4 519	3 045	9 878	210 458

数据来源：舟山市统计局。

1. 大黄鱼养殖

李时珍的《本草纲目》中记载大黄鱼："其肉气味甘，平，无毒。合莼菜做羹，开胃益气。"尤其是被国内外消费者统称为"舟山大黄鱼"的岱衢族大黄鱼，更被认为是各类黄鱼中的佳品。

2009 年，舟山大黄鱼随同舟山带鱼、舟山三疣梭子蟹一起成功注册了地理标志证明商标，成为全国首批海鲜类地理标志证明商标。商标的注册成功对提升舟山

海水产品的区域性竞争力，促进舟山市渔民增收及渔业发展具有十分重要的意义。

舟山大黄鱼养殖方式主要有池塘养殖和网箱养殖两种，其中，深水网箱养殖的大黄鱼活动空间大，肉质比池塘养殖和普通网箱养殖的大黄鱼更接近野生大黄鱼。因此，舟山深水网箱养殖的大黄鱼深受人们的喜爱，也促使大黄鱼的养殖规模不断扩大，产量不断上升。1997年养殖面积0.03 km²、产量2 t；1999年养殖面积1.33 km²、产量280 t。进入21世纪后，养殖产量仍持续上升，2003年养殖产量688 t，到了2021年产量为4 519 t，比1997年增长约2 258倍，增产规模突飞猛进。

随着科学技术水平的不断提高，在大黄鱼的人工育苗方面，也有了较大的进步，1999—2000年大黄鱼实现全人工育苗养殖。

2. 梭子蟹养殖

梭了蟹肉多，脂膏肥满，味鲜美，营养丰富。舟山渔场是梭了蟹的重要产地，养殖苗种来源充足，养殖环境适宜，饵料丰富，产品畅销，是舟山从事海水养殖的渔民获得较高经济效益的首选品种。梭子蟹的养殖方式主要有围塘养殖、沙池暂养和浅海笼养3种。

"九五"以来舟山梭子蟹的养殖产量呈跳跃式发展趋势。1995年舟山梭子蟹养殖产量约为196 t，2006年养殖产量约为10 058 t，2015年养殖产量约为6 448 t，到2021年，养殖产量约为3 045 t，产量明显高于其他省份。

在梭子蟹的人工育苗方面，舟山也处于领先地位。1993年春夏汛，舟山市水产研究所组织科研人员进行梭子蟹人工孵化育苗试验，率先获得成功，作为技术储备。1995年，在梭子蟹人工孵化育苗成功的基础上，梭子蟹全人工养殖获得了成功。2000年4月下旬，又进行了模拟海洋生态自然育苗试验，到6月下旬，已成活30余万只指甲盖大小的稚蟹，投入深水海域进行自然生态笼养。2001年舟山市共培育梭子蟹苗640万只，2003年582万只，2005年为3 693万只，为舟山梭子蟹的养殖创造了良好的条件。

3. 对虾养殖

对虾高蛋白低脂肪，深受人们的喜爱。舟山对虾养殖一般采用塘养方式，是海水围塘养殖的主要品种。舟山市一开始的养殖品种主要是中国对虾和日本对虾，后来逐渐以南美白对虾为主要品种。

自 1970 年以来，对虾养殖一直处于优势地位，但是受 1993 年全国性对虾杆状病毒的影响，对虾养殖出现了一个波动期。后来随着技术水平的提高，产量有所回升。2005 年全市对虾养殖产量约为 4 741 t，2015 年养殖产量约为 4 907 t。到了 2021 年养殖产量达到了 9 878 t，增产速度非常快。

在人工育苗方面，1979 年，中国对虾的全人工育苗在舟山市定海毛峙试验成功后，1980 年达到生产性阶段。而后随着对虾养殖逐年升温和育苗技术的提高，中国对虾育苗规模迅速扩大。2000 年，舟山各类对虾育苗 4.79 亿尾，2003 年 6.8 亿尾，2005 年 3.17 亿尾。

4. 贻贝养殖

贻贝是大众化的海产品，可蒸食和煮食，营养价值很高，并有一定的药用价值，素有"海中鸡蛋"之称。

舟山贻贝养殖主要采用浅海延绳式养殖，简易实用，但抗风浪能力相对较弱，因此适宜养殖在风浪较小的海湾。养殖的主要品种是紫贻贝和厚壳贻贝。养殖用苗大部分为购自辽宁的自然苗种，少部分来自嵊泗海域的自然附苗。

舟山贻贝养殖区域以嵊泗为主，嵊泗县贻贝养殖开始于 1973 年，当年从大连装运紫贻贝苗种 1 500 kg 进行试养并获得成功，后来通过科研人员的多年努力，在贻贝北苗南运、人工育苗、自然海区采苗、深加工等方面取得了不断进步，产量不断上升。2001 年，嵊泗县枸杞乡被浙江省海洋与渔业局命名为"贻贝之乡"；2003 年，嵊泗县被评

中国嵊泗贻贝文化节

为省级万亩贻贝产业化示范园区。2007 年，"嵊泗贻贝"成功注册为全国首个海洋产品地理标志集体商标，之后获"嵊泗贻贝"地理标志产品保护、农产品地理标志登记证书，入选中欧地理标志首批保护清单，入选全国第一批地理标志运用促进重点联系指导名录。

随着科学技术的进步，舟山市的贻贝养殖产量不断地增加。1997 年养殖产量约为 6 529 t，1999 年养殖产量为 1.38×10^4 t，2003 年养殖产量为 4.10×10^4 t，到 2021 年养殖产量达到了 21.05×10^4 t。

为解决贻贝养殖发展所需要的苗种就地培育问题，由浙江省海洋水产研究所和嵊泗县水产局的科研人员组成的贻贝人工育苗试验组进行人工育苗试验。1976—1977 年，用经过本地渔民自然海湾养殖驯化的紫贻贝种贝，在嵊泗县枸杞岛进行了

小规模、非生产性贻贝育苗试验，获得了成功。

1978年，浙江省科学技术委员会、浙江省水产厅下达了紫贻贝工厂化人工育苗的科研任务，并下拨专项科研试验经费10万元，筹建规模为100 m³水体的枸杞岛贻贝人工育苗试验场，并组织了专门试验班子。在国家水产总局黄海水产研究所和中国科学院海洋研究所专家的指导下，具体由浙江省海洋研究所及嵊泗县水产局技术人员负责，展开了紫贻贝秋季工厂化人工育苗试验。在科研人员和试验场工作人员的共同努力下，在紫贻贝亲贝的选择、采卵、受精孵化、幼虫培育和稚贝下海保苗等一系列技术研究中，取得了重大进展。试验的成功，为以后的生产性工厂化人工育苗积累了比较完整的技术资料，并掌握了比较科学的技术措施。1982—1983年，该项技术进入了生产性育苗试验，并获得成功，从此舟山贻贝养殖规模越来越大。

（二）海水养殖水域

不同水域适合不同的养殖品种和养殖方式，当然，随着科学技术的发展，一定范围水域内的养殖品种也在不断地突破。舟山市不同的水域养殖分别为滩涂养殖、浅海养殖和深海养殖。

1. 滩涂养殖

舟山的滩涂养殖历史比较悠久，明代嘉靖年间就已经有简单的滩涂养殖。滩涂养殖相对于其他的养殖方式比较粗放，养殖品种也比较单一。20世纪80年代之前，滩涂养殖的主要品种是蛏蜻、蚶类和紫菜。自1991年普陀朱家尖引进泥螺养殖后，普陀六横、岱山县岱西和定海烟墩等地相继开始泥螺养殖，并在全市推广。这是因为泥螺养殖病敌害相对较其他贝类少，因此经济效益相对较高，90年代后发展较快（表5-3）。1993年全市泥螺养殖面积2.09 km²，产量约91 t。到2003年养殖面积为9.18 km²，产量约为2 331 t。2004年前后，舟山滩涂养殖特别是泥螺和彩虹明樱蛤养殖改进养殖方式，采用比较先进的开沟式养殖、高涂蓄水养殖，改善涂质条件、培植底栖藻类，单产和经济效益明显提高，滩涂养殖开始走出粗放式模式。进入21世纪，滩涂养殖越来越精细，养殖品种的质量越来越好。

表 5-3　1990—2001 年舟山市滩涂养殖面积和产量

年份	蛏子养殖		泥螺养殖		紫菜养殖	
	养殖面积 /km²	养殖产量 / t	养殖面积 /km²	养殖产量 / t	养殖面积 /km²	养殖产量 / t
1990	0.39	250.00	0.00	0.00	0.24	53.00
1991	0.40	1 106.00	0.00	0.00	0.25	38.00
1992	1.43	2 189.00	0.27	15.00	0.32	52.00
1993	2.27	1 123.00	2.09	91.00	0.28	48.00
1994	3.26	3 258.00	3.61	139.00	0.13	40.00
1995	2.98	2 151.00	6.23	271.00	0.13	32.00
1996	1.86	2 251.00	7.79	422.00	0.19	42.00
1997	2.50	2 682.00	9.67	395.00	0.16	35.00
1998	3.79	1 375.00	7.55	450.00	0.33	67.00
1999	5.26	5 268.00	10.63	808.00	0.49	54.00
2000	6.72	8 448.00	10.33	665.00	0.12	34.00
2001	9.17	11 560.00	10.47	1 060.00	0.30	49.00

数据来源：《舟山市地方志》编纂委员会。

2. 浅海养殖

　　舟山的浅海养殖起源于贝藻类的养殖，后因养殖品种的不同而采用不同的养殖方式，主要有网箱养殖、筏式养殖、底播式养殖与港湾增殖等。1989 年前，浅海养殖品种以海带、贻贝等为主。1994 年舟山的浅海网箱养鱼也开始了，养殖的主要品种有鲈鱼、黑鲷，以及暂养出口石斑鱼。1994 年全市网箱 107 只，产鱼约 6 t。1996 年舟山引进大黄鱼（福建苗）试养，到 1998 年养殖产量约为 110 t（包括塘养）。20 世纪 90 年代后期以来，先后引进的网箱养殖鱼类除大黄鱼、鲈鱼、黑鲷外，还有鮸状黄姑鱼、真鲷、美国红鱼、黑鮸等，图 5-21 显示的是 1993—2001 年舟山市浅海养殖产量变化情况。

3. 深海养殖

　　舟山深海养殖一般用深水网箱养殖。2000 年，普陀区水产局引进挪威产深水网箱 4 只，进行深水网箱养殖试验，主要品种有美国红鱼、鲈鱼、大黄鱼、鮸状黄姑鱼等。在相关扶持政策和经济补贴的刺激下，深水网箱逐年递增，到 2005 年全市深水网箱 480 只，养殖产量约 2 459 t。后来，随着科学技术的发展，深水网箱的养殖产量越来越高。舟山滩涂养殖面积相对较小，浅海污染严重，因此发展深海抗风浪网箱对舟山水产养殖意义重大，嵊泗、岱山、普陀、定海的海区都有敷设深海网箱，规格也由原来的 3 m×3 m 的普通方形网箱发展到网深 15 m，周长 88 m 的圆形深水网箱，养殖容量倍增，品种多样化。深海养殖的发展，有利于海洋生态环境的保护和渔业的绿色健康发展，对恢复渔业资源、带动渔区经济社会发展和渔民致富等具有重要的意义。

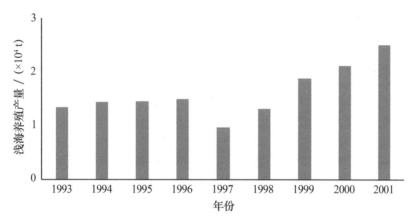

图 5-21　1993—2001 年舟山市浅海养殖产量变化

数据来源：舟山市地方志编纂委员会，2016

如果把浅海养殖和深海养殖全部纳入海上养殖，那么舟山的海水养殖按水域来划分，一般分为滩涂养殖、海上养殖和其他三大类。图 5-22 显示的是 2011—2021 年舟山市不同水域的养殖产量变化情况，海上养殖产量在稳步增长，从 2011 年的 5.44×10^4 t 增长到 2021 年的 22.57×10^4 t，增加了 314.89%。在整个养殖类型中，

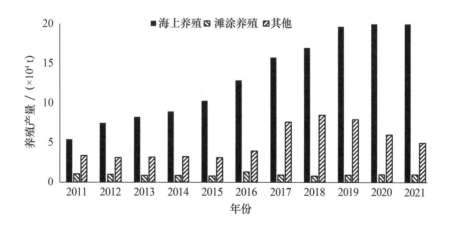

图 5-22　2011—2021 年舟山市不同水域的养殖产量对比

数据来源：浙江省渔业经济统计资料

海上养殖占据主导地位，在整个海水养殖产量中占比为 55.17%～79.05%，而滩涂养殖在整个海水养殖产量中的占比为 3.08%～10.55%。

第三节　舟山增养殖设施

20 世纪 80 年代以来，因捕捞强度过大，海洋环境变化，主要经济鱼种出现严重衰退现象，甚至枯竭，这一现象已引起国内外的广泛关注。联合国粮食及农业组织于 1995 年通过的《负责任渔业行为守则》中专门提及要增强渔场生态修复工程，人工鱼礁和网箱养殖是增强渔场生态修复工程的重要举措。

一、人工鱼礁

中国对类似人工鱼礁的认识可以追溯到晋代以前，后来到 18 世纪的清朝中叶，一些渔民开始在海中投放石头、旧船等人工构造物，吸引鱼类后捕捞，形成了传统的"杂挠"和"打红鱼梗"作业，这些都是原始态的"人工鱼礁"，都是为了诱集鱼类聚集，从而达到高效捕捞的目的。

日本从 1952 年开始把人工鱼礁作为沿岸渔业振兴政策纳入国家事业，进入 20 世纪 70 年代以后，开始了大规模的沿岸整治工程。中国真正开展人工鱼礁建设实践活动是在 1979 年，在广西北部湾的防城港市白龙珍珠湾海域，投放了全国首个人工鱼礁。后来全国沿海陆续开展了人工鱼礁建设和研究，人工鱼礁的投入建设使海域的生态环境得到了改善，鱼类和贝类资源明显增多。

（一）人工鱼礁的概念

人工鱼礁是放置于水域环境中，用于修复和优化水域生态环境，构造水生生物良好栖息场所的人工设施（图 5-23）。在近海水产资源严重衰退的情况下，选择特定海域，通过投放人工鱼礁、增殖放流等措施，可以修复海洋生物栖息地和渔场，改善海洋生态环境，为鱼类提供繁殖、生长、索饵和庇护的场所，有利于实现渔业资源的健康发展。

图 5-23　TR 鲍参人工鱼礁

图片来源：宋伟华　摄

若在禁渔区内投放人工鱼礁，能有效防止拖网、围网等渔船对鱼类的毁灭性捕捞，起到禁渔及保护渔业资源的目的，在一定程度上发挥了渔业管理的功能。若在一些特定的海域投放人工鱼礁也可以发展休闲垂钓和观光旅游业，为海洋生态旅游增添新的特色。

（二）人工鱼礁的分类

1. 按人工鱼礁作用划分

按人工鱼礁作用划分，分为增殖型鱼礁、渔获型鱼礁和游钓型鱼礁。增殖型鱼礁一般投放于浅海水域，主要用于放养海参、鲍鱼、扇贝、龙虾等海珍品，起到增殖作用。渔获型鱼礁一般建设于鱼类的洄游通道，主要用于诱集鱼类形成渔场，达到提高渔获效率的目的。游钓型鱼礁一般设置于滨海城市旅游区的沿岸水城，为休闲游钓活动提供场所。

2. 按人工鱼礁所处水层划分

按人工鱼礁所处水层划分，分为底礁和浮礁。底礁一般敷设在海底，主要是增殖底层资源。浮礁一般敷设在水层中上层，主要是增殖中上层资源。

另外，按外部轮廓形状划分，可分为矩形礁、梯形礁、柱形礁、球形礁、锥形礁等；按建礁材料划分，可分为混凝土礁、石材礁、钢材礁、玻璃钢礁、木质礁、贝壳礁、旧船改造礁等；按主要生物对象划分，可分为海珍品礁、藻礁、牡蛎礁、珊瑚礁等；按单体鱼礁规格大小划分，可分为小型鱼礁、中型鱼礁、大型鱼礁等；按鱼礁建设规模划分，可分为单体鱼礁、单位鱼礁、鱼礁群、鱼礁带；按主要生态功能划分，可分为集鱼礁、养护礁、滞留礁、产卵礁等；按主要建设目的划分，可分为休闲型鱼礁、渔获型鱼礁、增殖型鱼礁、资源保护型鱼礁等。

（三）人工鱼礁的诱鱼机理

投放人工鱼礁的海域能增殖鱼类资源，主要有 3 个方面的原因。首先是人工鱼礁的流场效应。开放的水域环境中投入人工鱼礁后，水域原有的平稳流态会受到干扰而产生变化，使得鱼礁周围水体的压力场重新分布，形成流速有快、有慢、滞流等不同流态，不同的流态形成了涌升流、加速流和滞缓流等多样流的区域。由于水的交换充分，不但造成具有理想营养盐运转的环境，而且具有供鱼类能够选择的不同水流条件，这对于喜欢多样流的鱼类来说，是一个理想的栖息地。这里尤其要强调的是流态对鱼礁所起的作用中，最主要的是鱼礁后部的涡流会导致泥沙和大量漂浮物如海藻等的滞留，从而引来鱼群。其次是人工鱼礁的生物效应。人工鱼礁投放后，像藻类、腔肠等无脊椎动物会附着在鱼礁上，而这些又是礁区栖息鱼类和其他大型生物的主要饵料来源，从而形成鱼类极佳的摄食场所，吸引洄游性鱼类聚集、滞留。最后是人工鱼礁的遮蔽效应。人工鱼礁一般结构复杂，空洞多，鱼类藏在这些空洞里面，往往能够躲避风浪和敌害。

（四）舟山人工鱼礁建设

根据渔业形势，在加快渔业结构调整方面，除了发展远洋渔业、水产养殖业和水产品加工业外，在我国专属经济区海域，如何管好近海渔场，走耕海牧渔、发展生态渔业的道路，是关系到海洋渔业可持续发展的大问题。

2002 年 1 月，中国人民政治协商会议第八届浙江省委员会第五次会议的提案建议，在舟山海域建设人工鱼礁示范区。该提案指出，舟山海域是全国著名的渔场，水质肥沃，饵料生物丰富，不仅是多种经济鱼类的洄游通道、产卵场和索饵场，还是多种名贵定居性鱼类的栖息场所，为人工鱼礁的建设提供了广阔的前景。

1985 年，浙江省海洋水产研究所和舟山市水产局已对舟山渔场的人工鱼礁建设进行选址调查，认为朱家尖东侧海域的里洋鞍、上盘山，桃花岛东边的乌柱山，葫芦岛外侧的花瓶山，水深在 20 m 左右，均属非主航道海域，底质为泥沙质，都适合人工鱼礁建设。因此，建议在上述 4 处建设人工鱼礁示范区。鱼礁建设除采用水泥构件外，还可用废旧轮胎、报废渔船。

2003 年 1 月 9 日，在舟山市普陀区朱家尖建设了浙江省第一个休闲型人工鱼礁。至 2004 年年底，舟山市利用报废渔船在朱家尖外侧海域建设的人工鱼礁已形成 $17.1 \times 10^4 \, m^3 \cdot$ 空的礁体。

2004 年，嵊泗县开始开展人工鱼礁建设，第一个人工鱼礁区位于马鞍列岛西部、东绿华岛东南侧的海域。

2010 年以后，舟山市又先后在嵊泗马鞍列岛、普陀白沙和中街山列岛等海域，投放了多种类型的钢筋混凝土礁体。2017 年仅嵊泗马鞍列岛海域就投放 1 275 个人工鱼礁，其中单层十字鱼礁 375 个，双层十字鱼礁 550 个，人工藻礁 350 个，形成藻礁带 2 500 m，共计 $4.88 \times 10^4 \, m^3 \cdot$ 空，足见舟山市人工鱼礁建设的规模，这为保护海洋渔业资源、促进海洋渔业资源的可持续发展提供必要的保障。

据统计，2003—2018 年，舟山市共投入资金 1.25 亿元，先后在普陀中街山列岛和嵊泗马鞍列岛等海域投放各类人工鱼礁 $47.52 \times 10^4 \, m^3 \cdot$ 空，为海洋恋礁性鱼类建造了一个又一个海底"新家"。

人工鱼礁建成后，极大地改善了海洋环境，为鱼类等海洋生物提供繁殖、生长发育、索饵等生息场所，达到保护、增殖和提高渔获量的目的。同时可以发展海钓等休闲渔业，带动舟山的滨海旅游。

二、网箱

网箱养鱼最早起源于柬埔寨等东南亚国家，后来在世界各地得以推广发展。我国于 1973 年引进网箱养殖技术后，首先在淡水养殖上得到推广，之后扩大到海水养殖。

20 世纪 80 年代初，我国的海水鱼类网箱养殖基本上处于起步和技术积累阶段。随着多种海水养殖鱼类人工繁殖、苗种培育以及养成技术的日益成熟，网箱养殖快速发展，但主要在南方各省市，形式上也是以近岸的小型网箱和开放水域的网箱为主，是育苗、暂养、开发休闲渔业和成鱼养殖的设施。随着科学技术的发展，网箱养殖逐渐由近海向外海发展，深水抗风浪网箱的研发和使用是养殖设施进步的一个重要体现（图 5-24）。

图 5-24　圆柱形抗风浪网箱
图片来源：宋伟华　摄

（一）网箱养殖的概念

网箱养殖是在天然水域中利用竹木、塑料、不锈钢等材料搭成一定的结构，以合成纤维或金属网片为网衣，共同装配成具有一定形状的箱体，设置在水域中，将鱼类等生物养在箱体里，借助箱内外不断地水交换和饵料进入，或利用高压水流投放饲料，维持箱内适合鱼类等生物生长环境的一种现代养殖方法。

（二）网箱养殖的特点

网箱养殖具有集约化、高密度、高效益等特点，是我国渔业新兴产业的主力军。网箱养殖的特点主要包括以下几点。

（1）不占土地，可以最大限度地利用水体；

（2）在一个水体内可进行几种养殖类型的养殖，而管理和渔产品仍然是分开的；

（3）高密度养殖，产量高；

（4）溶解氧高、天然水域的饵料利用高，生长快；

（5）管理简便，操作机动、灵活；

（6）鱼病治理简便；

（7）捕捞收获方便；

（8）投资相对较少，收效快，经济效益和社会效益高。

（三）养殖网箱的分类

网箱的类型多种多样，按不同的方式划分，可以分为不同的种类。

按网箱的形状划分，可以分为方形网箱、圆形网箱、多角网箱和飞碟形网箱等。

按组合形式划分，可以分为单个网箱和组合式网箱等。

按固定形式划分，可以分为浮动式网箱、固定式网箱、可翻转网箱及沉降式网箱等。

（四）舟山深水网箱建设史

与传统的小型网箱相比，深水网箱养殖具有抗风浪能力强、劳动集约化程度高、养殖空间大、病害及环境污染少等优点。大型深水网箱养殖在国外已有几十年的历史，而在中国是在 20 世纪 90 年代后期才逐渐发展起来的。

舟山滩涂养殖面积小，浅海污染严重，因此发展深水抗风浪网箱对舟山来讲意义重大。1999 年舟山市开展了深水抗风浪网箱的研究，成为中国最早开始该项目的地区。此后，深水网箱养殖在舟山本地及全国沿海地区得到迅速推广，成为中国渔业结构调整和渔民转产转业的重要方式之一。至 2004 年，舟山的嵊泗、岱山、普陀、定海的海区都有敷设深海网箱，建成了朱家尖、长峙、册子、秀山和绿华等深水网箱养殖基地，共计深水网箱 260 余只，养殖品种也由过去单一的大黄鱼到黄姑鱼、鲈鱼等，品种多样化。

2019 年，舟山市首座大型试验型浮潜式深海智能网箱"嵊海 1 号"在嵊泗海域投入试验，重点试验不同海况、不同海域和不同鱼种的养殖模式。该网箱由舟山嵊蓝海洋科技有限公司研制，具备国内一流水准，设计三层超高分子网衣全钢结构，装配定位、水深、水流、监控等多项智能设备，具备智能半潜、全潜功能，具有较强抗风能力和较高智能化水平。养殖容积 $1 \times 10^4 \, \mathrm{m}^3$，设计养殖大黄鱼 10 万尾，使用年限 20 年。

深海网箱的发展，有利于海洋生态环境的保护，有利于推进渔业绿色健康发展。加快深水网箱等养殖设施的建设与发展，是加快渔业经济结构战略调整，加速渔业经济增长，促进渔民增收、渔农村增色，实现渔业可持续发展的重要战略举措。

思考题　　　主题讨论

第六章 远洋渔业

【教学目标】了解远洋渔业的概念、分类及特点，理解发展远洋渔业的背景和意义，掌握舟山远洋渔业的地位，以及保护远洋渔业资源的措施和方法。

【章前导言】发展远洋渔业，可有效减缓沿岸、近海渔业资源的压力，促进近海渔业资源的可持续发展和利用。国家倡导规范、有序地发展远洋渔业，延长和完善产业链，同时加强国际间的渔业合作，为世界渔业发展贡献"中国智慧"和"中国方案"。

远洋鱿钓

第一节 远洋渔业概述

一、远洋渔业概念

远洋渔业是海洋水产业的组成部分。通常，远洋渔业是指远离本国渔港或渔业基地，在别国沿岸海域或他国 200 n mile 专属经济区以外从事捕捞活动的水产生产事业，是由机械化、自动化程度较高，助渔和导航仪器设备先进、完善，续航能力较长的大型加工母船(具有冷冻、冷藏、水产品加工、综合利用等设备)和若干捕捞子船、加油船、运输船组成的捕捞船队。其发展取决于本国的经济实力、工业化程度和海洋科学技术水平，以及国内外市场、消费水平等因素。发展远洋渔业，开发远洋水产资源，有利于减轻与缓和沿岸、近海捕捞强度，合理布局渔业生产力；促进工业、仪器、海洋科学的发展；提高水产品总产量，增加外汇收入，密切与沿岸国家的经济联系等。

20世纪初，随着科学技术的进步及社会经济的发展，人类远洋捕捞能力的不断提升，包括后勤补给、渔获物质量保鲜与加工能力和运输等渔业配套设施的完善，远洋渔业得到了很大发展，并且成为世界海洋捕捞业的重要组成部分。

中国的远洋渔业是指中华人民共和国公民、法人和其他组织到公海及其他国家管辖海域从事海水捕捞以及与之配套的加工、补给和产品运输等水产生产事业，不包括在我国黄海、东海和南海从事的渔业活动。这一定义包括以下几个方面含义。

（1）行为主体，是中华人民共和国公民、法人和其他组织。

（2）行为内容，是渔业活动，包括海洋捕捞以及与之配套的加工、补给和水产品运输活动。这里的"配套"是指捕捞的辅助活动，包括渔获物加工、运输、渔需物资补给等，商业性运输、补给等虽然有时为渔业服务，但不作为渔业活动。

（3）行为地点，是公海和其他国家管辖海域，不包括我国黄海、东海和南海。

二、远洋渔业分类

远洋渔业涉及作业水域、捕捞工具、捕捞对象等，因此，根据分类方式的不同，远洋渔业可以划分为不同类型。

（一）按作业水域划分

按照作业水域的不同进行划分，可以将远洋渔业分为过洋性渔业、大洋性渔业等类型。

1. 过洋性渔业

过洋性渔业，是指在别国 12～200 n mile 的海域从事渔业活动。中国过洋性渔业的作业海域主要包括几内亚、几内亚比绍、摩洛哥、毛里塔尼亚、莫桑比克等非洲国家，印度尼西亚、缅甸、马来西亚、朝鲜等亚洲国家，阿根廷、乌拉圭等南美洲国家，以及太平洋岛国等 40 个国家的专属经济区。双边合作方式多样化，从最初的单一购买许可证入渔，发展到现在与当地企业合资合作捕捞、投资陆上冷库、加工厂、渔港等基础设施的全方位合作。

发展过洋性远洋渔业，应积极争取他国专属经济区的捕捞配额，发展先进、高效渔船装备，提高生产效率，通过政策引导，鼓励更多的沿海渔民组织起来，走出去，在大型捕捞企业的带动下，发展渔业生产。

2. 大洋性渔业

大洋性渔业，是指在各国 200 n mile 专属经济区以外，即世界公海海域从事的渔业活动。中国的大洋性远洋渔业的捕捞种类一般是大洋性洄游鱼类，如金枪鱼、鱿鱼等；作业类型包括金枪鱼围网、金枪鱼延绳钓、鱿鱼钓、秋刀鱼舷提网、大型拖网、中上层围网和南极磷虾拖网等；作业海域覆盖太平洋、印度洋、大西洋公海和南极海域。

周游海洋世界的金枪鱼

大洋性远洋渔业作为中国远洋渔业发展的重点，应积极展开渔业合作，加速建立全球化渔业信息服务平台，通过引导与扶持，发展现代化大型渔船装备，鼓励组织大型船队，建立国际化企业，增强公海渔业资源捕捞竞争力、国际竞争力和国际话语权。

（二）按捕捞工具划分

按照使用捕捞工具的不同来划分，远洋渔业主要分为远洋钓渔业、远洋拖网渔业、远洋围网渔业、远洋刺网渔业等类型。

（1）远洋钓渔业。远洋钓渔业是指利用钓具在远洋从事捕捞活动的水产生产事业，主要包括金枪鱼延绳钓和远洋鱿钓等。

（2）远洋拖网渔业。远洋拖网渔业是指利用拖网渔具在远洋从事捕捞活动的水产生产事业，主要包括竹荚鱼拖网渔业、鳕鱼拖网渔业、虾拖网渔业及头足类拖网渔业等。

（3）远洋围网渔业。远洋围网渔业是指利用围网在远洋从事捕捞活动的水产生产事业，主要包括金枪鱼围网渔业等。

（4）远洋刺网渔业。远洋刺网渔业是指利用刺网在远洋从事捕捞活动的水产生产事业，主要捕捞鲱鱼和鲅鱼等。

（三）按捕捞对象划分

按照捕捞对象的不同来划分，目前主要分为远洋金枪鱼渔业、远洋磷虾渔业、远洋鱿鱼渔业、远洋鳕鱼渔业、远洋秋刀鱼渔业等几种主要类型，当然也包括其他一些如竹荚鱼等鱼类的远洋渔业。随着科学技术的发展、远洋探捕技术水平的提高，相信将来会有更多的远洋资源被开发和利用。

三、远洋渔业特点

与近海渔业相比，远洋渔业的作业海域、作业环境、作业渔具以及作业渔船等都有其特殊性，因此，远洋渔业具有一些比较明显的特征。

（一）依赖性

远洋渔业具有对资源非常强的依赖性。远洋渔业主要是指远离基地的远洋捕捞业，以大洋中的海洋生物资源（主要是鱼虾类）为捕捞对象，其产量取决于大洋中的生物资源状况。此外，目前渔业资源与气候变化、海洋环境关系密切，具有明显的年间差异和季节性差异，导致远洋渔业生产风险较大。

远洋渔业是一个庞大的工程体系，通常由机械化、自动化程度较高的，助渔和导航仪器设备先进、完善的，续航能力较长的大型加工母船和若干捕捞子船、加油船、运输船组成的捕捞船队进行，同时远洋渔业涉及出海前补给、海上作业配套、作业后及回程配套等辅助活动，因此对资金、技术也有较大的依赖性。

（二）"双高"性

"双高"性，即高成本、高风险。远洋渔业由于其生产作业远离本国基地和渔港，作业环境复杂困难、生产作业时间长、对生产设备要求高、对从业人员综合素质要求高，使得远洋渔业的成本投入高于一般行业。远洋渔业生产作业需进入他国管辖海域或公海，生产作业自然环境和国际政治环境复杂，同时，远洋渔产品的营销常常受国际政治、经济环境的影响，所以使得远洋渔业存在高风险，包括产量风险、市场风险、涉外事务风险、人员安全风险等。

（三）国际性

远洋渔业是一个国际化程度较高的产业，涉及国际合作，属于典型的国际性产业。开展远洋渔业要在通过双边或多边国际谈判协商后才能进行，这通常需要多国间的合作。发展远洋渔业，有利于拓展国际空间，获取更多的资源，获得更多的权益。

第二节　中国远洋渔业

一、开拓远洋渔业的背景和意义

（一）开拓远洋渔业的历史背景

中国远洋渔业起步较晚，这是因为 20 世纪 50 年代，中国很多方面的技术还比较落后，尤其是在渔船方面。当时的海洋渔船绝大部分是风帆渔船，虽然后来实现了渔船机械化，但多数为小型的机帆两用渔船，少数为小功率机动渔轮，都缺乏远洋的续航能力。直到 20 世纪 70 年代，中国才有了较大功率的渔轮，一批重点海洋渔业企业和基地也形成了一定的规模，国家海洋渔业的综合生产能力才初步具备发展远洋渔业的基础。总之，20 世纪 70 年代以前，中国的工业基础、国家经济实力以及海洋渔业本身的状况等决定了我国远洋渔业起步较晚。

中国是渔业大国，然而，中国远洋渔业的发展却比渔业较发达国家晚了近 30 年，这种强烈的反差在很长时期内对海洋渔业的持续发展造成了一定的后果，其负面影响主要表现在以下几个方面。

（1）加剧了中国沿海传统渔业资源的急剧衰退。20 世纪 70 年代，中国沿海海洋渔业资源已经出现衰退迹象，但令人惋惜的是海洋捕捞力量仍在无节制地增长，使得海洋渔业资源的再生能力不能够承受捕捞能力的增长。虽然从 20 世纪

80 年代中期起，远洋渔业缓慢起步，捕捞力量逐步向外转移，但是仍然不能从根本上扭转中国沿海海洋渔业的被动局面。

从 20 世纪 90 年代起，中国沿海的底层渔业资源日益衰退，国家虽然已经采取了一系列的措施和手段来保护渔业资源，如提出了伏季休渔制度、海洋捕捞"零增长"和"负增长"等政策与措施，并且从 1985 年以来我国远洋渔业也已逐步形成一定规模，但资源的恢复和捕捞行业危机的扭转仍需要相当长的时间。

（2）延缓了中国渔业现代化的进程。远洋渔业是一种资金、技术密集型的、具有国际竞争的开发性产业，需要相关产业的配套和支持。远洋渔业的发展能带动渔船、渔业机械、助渔导航通信设备、水产品加工与冷冻、渔具材料等相关工业和科技的进步，形成互促互融的良性机制，能加速海洋渔业的整体发展和科技水平的提高。但是中国内向型的捕捞格局造成了封闭的状态，使中国海洋渔业的发展在相当长的时间内因缺乏竞争激发的内在动力，大大延缓了从传统渔业向现代化渔业转化的进程。

（3）限制了渔业综合效益的发挥。中国海洋捕捞的内向型格局造成对国际渔业经济、技术信息的闭塞，限制了渔业综合效益的发挥，使中国海洋渔业缺乏世界海洋渔业的先进技术和设备、管理经验和信息。

（二）开拓远洋渔业的意义

改革开放为中国发展远洋渔业带来了契机。1979 年，全国水产工作会议情况报告（国发〔1979〕119 号文）指出，要加强资源调查，建造一批适合外海作业的船只，并着手发展远洋渔业。1980 年以后，农牧渔业部多次组织力量调查研究国内外海洋渔业的发展形势，认为中国海洋渔业的出路在于保护、增殖近海渔业资源，发展外海和远洋渔业。1983 年 5 月，在全国海洋渔业工作会议上，对发展远洋渔业问题作出了进一步研究，报告中明确提出，发展外海和远洋渔业是开创海洋渔业新局面的一个重要步骤，应采取积极有效措施，力争近期内取得重大进展，远洋渔业拟采取国际合作、渔贸结合、技术服务、劳务输出等多种形式逐步展开。在起步阶段，建议国家采取鼓励和政府扶持的政策，同时通过中国驻外使馆，与驻在国探讨开展渔业合作的意向。有关渔业企业根据"自力更生、先易后难、由小到大、先点后面、逐步发展"的原则，经过立项考察和有关准备工作，终于于 1985

年 3 月，中国第一支远洋渔业船队开赴西非进入中东大西洋，拉开了发展远洋渔业的序幕，由此开始了中国参与国际海洋渔业的历程。

1982 年，联合国第三次海洋法会议通过了《联合国海洋法公约》，揭示了海洋新时代的到来，围绕海洋生物资源开发的竞争变得日趋激烈。因此，发展远洋渔业是服务国家外交、维护海洋权益、获取公共资源、促进海洋经济发展、实现海洋强国梦想的重要手段。

1. 发展远洋渔业是保障粮食安全和优质动物蛋白供给的重要手段

约占地球面积 71% 的海洋蕴藏着丰富的、可再生的海洋渔业资源，是人类生存和发展的物质宝库。1995 年，在日本京都发表的《京都宣言》中特别强调了发展渔业对保障世界粮食安全的重要作用。据测算，捕捞 100×10^4 t 的远洋渔业产量，若以养殖同样数量水产品所需饲料为标准折算，则相当于 400×10^4 t 的粮食；如以蛋白质含量折算，则相当于 125×10^4 t 的猪肉。因此，远洋渔业为国民提供了重要的食物，从海外运回水产品相当于增加了土地资源、水资源，意味着扩大了对自然资源的拥有量，加之国内近海海洋渔业资源的衰退，因此对远洋渔业资源的开发和利用将为粮食安全和优质动物蛋白供给提供重要的保障作用。

2. 发展远洋渔业是世界各国维护公海海洋权益的重要手段

1994 年 11 月 16 日《联合国海洋法公约》生效后，海洋渔业资源的可持续开发和利用引起了世界各国的高度关注，特别是开发大洋性渔业资源。拥有一定的公海资源份额已成为一个国家维护海洋权益的重要组成部分，同时，对大洋性渔业资源管理拥有一定的话语权和参与权已成为一个国家综合实力的体现。

在新的世界海洋资源管理体制下，各沿海国家都把可持续开发海洋、发展海洋经济和海洋产业定为基本国策。世界各国一方面加强本国海洋渔业资源的养护和管理；另一方面积极研发新技术、配备新装备，利用高新技术加大对大洋、极地等公海渔业资源的开发和利用。因此，"渔权即海权"，发展远洋渔业，参与对公海渔业资源的开发、管理和养护，有利于维护各国应有的海洋权益。

3. 发展远洋渔业是有效带动相关产业发展和提高就业人口数量的途径

远洋渔业的发展不仅能带动渔船、渔机制造业、物流业、加工业、通信业等产业的发展，也能推进相关产业的技术进步。远洋渔业与相关第二、第三产业的融合将有效提升渔业本身的产业层次，推动区域经济发展，同时创造出更多的就业机会。因此，发展远洋渔业不仅可以带动海上渔获物加工、渔获物运输、后勤补给等相关产业发展，也可以带动船舶、船用设备和网具的制造及水产品加工等相关产业的发展。相关产业发展的同时带动了就业人口数量的增长。

4. 发展远洋渔业是履行国际义务、树立负责任大国形象的重要途径

海洋渔业资源是地球生命系统的重要组成部分，联合国粮食及农业组织通过相关决议，要求成员国强制执行相关措施，以防止误捕或混捕海龟、鲨鱼、海鸟和其他海洋哺乳动物等，并要求成员国通过船舶监控等手段加强对公海渔业资源的养护和管理，体现负责任国家形象。我国已成为区域性国际渔业组织的成员，科学家参与了区域间渔业资源的国际管理，同时我国派出了一批国际渔业科学观察员登船，开展了国际渔业资源调查和生态捕捞技术研究，有效履行了我国在远洋渔业的国际义务和责任，在国际社会中树立了负责任渔业大国的良好形象，显著增强了我国在渔业国际事务中的影响力。

5. 发展远洋渔业促进了国际贸易的发展

国际贸易在海洋渔业中发挥着重要作用，能创造就业机会、供应食物、促进创收、推动经济增长与发展，以及保障粮食与营养安全。水产品是世界食品贸易中最大宗商品之一，其中约78%参与国际贸易竞争，对很多国家和沿海地区而言，水产品出口是经济命脉。近几十年来，在水产品产量增长和需求增加的推动下，水产品贸易量已大幅度增长，因此说远洋渔业的发展促进了国际贸易的发展。

二、远洋渔业发展史

中国远洋渔业的起步比俄罗斯、日本、韩国晚了大约30年，直到党的十一届三中全会以后才开始启动。1985年3月10日，由中国水产联合总公司所属的烟台、舟山、湛江3个海洋渔业公司和福建省闽菲渔业公司组建了我国第一支远洋渔业船队，包括12艘国产的600匹马力、300总吨位的拖网生产渔轮和1艘1 800匹马力、2 500总吨位的"海丰"号冷冻加工运输船组成，共232名船员，从

福州市马尾港出发，经台湾海峡和南海，穿越马六甲海峡，横渡印度洋，越过红海、苏伊士运河、地中海，再穿过直布罗陀海峡，沿着大西洋南下，历时 50 d 航行超过 10 000 n mile 后，于 4 月 29 日凌晨到达了大西洋的加那利群岛的拉斯帕尔马斯港。然后沿西非海岸南行，分别按渔业协定，一批 9 艘渔船进入塞内加尔的达喀尔港；另一批继续南下，抵达几内亚比绍共和国的首都比绍。从此开始在塞内加尔、几内亚比绍、塞拉利昂等协议合作国家，从事过洋性的远洋渔业生产，揭开了我国远洋渔业发展的序幕。

从中国的马尾港到几内亚比绍共和国的比绍港，船队在途中历经了千辛万苦，刚出马尾港闽江口时，就碰到了 7~8 级大风的挑战，在整个南海航行时，风一直在 6 级以上，阵风 7~8 级，中到大浪，过苏伊士运河后再次遇到 7~8 级大风。面对恶劣天气，船队领导精心指挥，全体船员团结协作，战胜了种种困难，经受住了严峻的考验，按计划到达目的地。这支船队的组建，得到了有关部门的大力支持，从考察洽谈、项目确立到完成渔船维修、改装、检验和人员选拔、培训等准备工作，整整经过了 20 个月，足见国家对开发远洋渔业的重视。

船队所到的西非海域是世界重要渔场之一，渔业资源丰富，海域气候好，风浪小。当时，苏联、日本、法国、西班牙、葡萄牙、韩国等 10 多个国家和地区都有渔船在此生产。但是据资料显示，我们的渔船刚投产时，渔获不佳，产量偏低，当年的 5—12 月都明显亏损，直接影响渔民的生产情绪。此时，随队的渔业专家发现原先在国内东海、黄海生产的双船底拖网捕捞底层鱼类的作业方式，难以适应西非外海的中东大西洋的自然条件和以虾类为主的渔业捕捞作业。同时在海上观察到了韩国渔船采用的单船支架式拖网捕虾作业方式能获得比较好的捕捞效果，由此专家们联想到了在国内浙江沿海的虾拖网作业，提出了单船双支架拖网作业的建议，获得当时西非渔业办事处领导的同意和支持。经过 3 个月的网渔具设计、加工和试捕，取得了成功，渔获量明显增加，使渔船队扭亏为盈，为创建西非中东大西洋的过洋性远洋渔业打下了扎实的基础，也为我国远洋渔业的开拓与发展开了个好头。

到 1986 年年底，尽管远洋渔业起步只有 1 年多，全国已有大连、上海、烟台、舟山、福建、湛江 6 个海洋渔业公司的 33 艘大小不一的渔轮，采取多种形式在世界三大洋的 7 个国家专属经济区捕鱼，在此过程中虽然遇到很多困难，但多数做到了盈亏持平，外汇平衡。至 1987 年，全国已有 61 艘渔轮和辅助船在美国、伊朗、毛里求斯、加蓬、冈比亚等国家的海域，从事渔业生产和经营活动。

20世纪80年代末90年代初，远洋金枪鱼延绳钓渔业、远洋鱿钓渔业等项目获得迅速发展，取得了显著的经济效益和社会效益。同时，以上海水产大学（今上海海洋大学）为首的专家还参与各类渔业管理组织，为维护国家合理的权益、树立中国负责任渔业国家的形象作出了贡献。

到1997年年底，全国沿海12个省市和中国水产（集团）总公司共派出渔船约1 400艘，同30多个国家和地区建立了渔业合作关系，有独资、合资、合作企业60多家，年捕捞量约为 100×10^4 t，约占中国海洋捕捞产量的6.5%。

在远洋捕捞水域方面，从1985年开始，中国远洋渔业主要是在非洲几个国家的近海开展过洋性渔业，直到2000年，中国过洋性渔业的渔船数量和产量占我国整个远洋渔业的86%和73%，公海大洋性渔业仅占14%和27%，由此可见，大洋性远洋渔业开发力度不够。2000年后，中国政府主管部门积极调整远洋渔业结构，加快了大洋性渔业的开发。

经过过洋性远洋渔业和大洋性远洋渔业共同开发，到2008年年底，中国从事远洋渔业的企业有近90家，其中包括中国水产总公司、中水集团远洋股份有限公司、中国舟山海洋渔业公司等，共拥有远洋渔船1 457艘，分别在30多个国家的专属经济区（经批准）和大西洋、印度洋、太平洋等公海作业。仅2008年，我国远洋捕捞总产量为 108.33×10^4 t。

2009年2月1日，国家颁布《中共中央　国务院关于2009年促进农业稳定发展农民持续增收的若干意见》，其中明确要"扶持和壮大远洋渔业"，这为我国发展远洋渔业事业进一步指明了发展方向。

到2010年年底，我国远洋渔船规模达到了1 546艘，渔船总功率 91.53×10^4 kW，远洋捕捞总产量达到 111.64×10^4 t。大洋性远洋渔业在远洋渔业中的比重持续增加，南极海洋生物资源开发也取得了历史性的突破，国际渔业资源开发能力进一步增强，国际渔业地位显著提高。目前，中国已经跻身世界主要远洋渔业国家之列，成为世界远洋渔业大国。

到2014年年底，全国远洋渔船2 460多艘，总功率 202.56×10^4 kW，远洋捕捞总产量达到 202.73×10^4 t。作业的海域由最初的几个西非国家的近海发展到40个国家的专属经济区和太平洋、大西洋、印度洋公海及南极海域。在海外建立了100多个代表处、合资企业和后勤补给基地，外派船员5万人。我国已经成为世界渔业舞台上具有重要影响力的远洋渔业国家，其中，公海鱿钓船队规模和鱿鱼产量居世界第一位，金枪鱼延绳钓船数和金枪鱼产量居世界前列，专业秋刀鱼渔船和生产能力跨入世界先进行列。

其中，过洋性远洋渔船近 1 200 艘，产量约 65×10^4 t，作业海域包括 40 个国家的专属经济区；大洋性远洋渔船近 1 300 艘，产量约 138×10^4 t。作业类型涵盖金枪鱼围网、金枪鱼延绳钓、鱿鱼钓、秋刀鱼舷提网、大型拖网、中上层围网和南极磷虾拖网等。作业海域覆盖太平洋、印度洋、大西洋公海和南极海域。

到 2019 年年底，我国从事远洋渔业的生产企业有 178 家，在三大洋公海及 40 个国家和地区海域作业；批准作业的远洋作业渔船 2 700 余艘，其中，鱿钓船 550 多艘，金枪鱼作业船（延绳钓、围网）500 多艘，拖网渔船 1 300 多艘，其他作业渔船 300 多艘；总功率 220×10^4 kW，总产量超过 200×10^4 t，总产值 200 亿元。过洋性渔业与大洋性渔业的比重约为 3∶7。船队总体规模和远洋渔业产量均居世界前列。

到 2021 年年底，远洋渔业产量 224.65×10^4 t，比 2020 年减少 70 098 t；远洋渔业总产值 225.57 亿元，比 2020 年减少 13.62 亿元；远洋渔船共 2 559 艘，总功率 297.13×10^4 kW，与 2020 年相比，远洋渔船数量减少 146 艘，总功率增加 92 174 kW，表 6-1 为 2011—2021 年中国远洋渔业总产量、总产值和远洋渔船船数。

表 6-1　2011—2021 年中国远洋渔业总产量、总产值和远洋渔船船数

年份	总产量 / $\times 10^4$ t	总产值 / 亿元	总船数 / 艘
2011	114.78	125.78	1628.00
2012	122.34	132.09	1830.00
2013	135.20	143.12	2159.00
2014	202.73	184.86	2460.00
2015	219.20	206.5	2512.00
2016	198.75	195.54	2571.00
2017	208.62	235.78	2491.00
2018	225.75	262.73	2654.00
2019	217.02	243.54	2701.00
2020	231.66	239.19	2705.00
2021	224.65	225.57	2559.00

数据来源：《中国渔业统计年鉴》。

三、远洋渔业发展特点

随着中国国民生活水平和健康需求的提高，相对于近海和海水养殖产品消费，消费者更偏好远洋深海产品，因此远洋渔业得到蓬勃发展。国内远洋渔业企业积极开拓国际市场，运回大量优质海渔产品，不仅为丰富国内市场、稳定水产品价格作出了重要贡献，而且为减轻我国近海捕捞强度、保护渔业资源起到了积极作用。尽管如此，当前中国远洋渔业同样面临着一定的挑战，面对内部竞争和外部约束，远洋渔业的发展还需不断努力。2022年2月，农业农村部印发关于《促进"十四五"远洋渔业高质量发展的意见》，其中明确提出"十四五"期间，远洋渔业要在把握稳中求进的总基调基础上，到2025年，远洋渔业总产量稳定在 230×10^4 t 左右，严格控制远洋渔船规模，进一步提升装备机械化、信息化、智能化水平；稳定支持政策，强化规范管理，控制产业规模，促进转型升级，提高发展质量和效益，加强多边、双边渔业合作交流；区域与产业布局进一步优化，显著提升远洋渔业企业整体素质和生产效益。

（一）装备水平明显提升

2012年，国家实施海洋渔船更新改造项目以来，中国远洋渔船更新建造速度明显加快，船龄老化问题明显改善，中大型渔船所占比重明显增加，远洋渔船整体装备水平显著提高。从船龄来看，船龄小于10年的渔船占到50%以上，船龄20年以上的老旧渔船所占比例不足30%。从船长来看，船长大于24 m 的大中型渔船占97%以上，船长小于24 m 的小船不足3%。渔船和船用设备设施的设计、制造能力明显提升，一批自主设计、研发、建造的金枪鱼围网船、金枪鱼延绳钓船、鱿钓船、秋刀鱼舷提网船、中上层围网渔船和双甲板过洋性拖网渔船及船用设备设施投入生产，极大地提高了远洋渔业船队的装备水平和生产能力。

（二）产业链建设初见成效

到2014年年底，中国远洋渔业企业已经在境外投资成立了约40家合资企业，投资总额约5亿美元。投资建设了30多个海外渔业基地，涵盖渔港、码头、冷库、加工厂等陆上设施。国内重点沿海地区建立了远洋渔业生产、冷藏、加工和集散基地，建立了鱿鱼、金枪鱼专业交易市场，举办了一系列远洋渔业产品推介会，远洋渔业产业体系建设取得了重要进展。

（三）管理制度日趋完善

远洋渔业专业性、涉外性强，从业风险大。为适应国际规则、实施有效监管，农业管理部门专门制定了《远洋渔业管理规定》，建立了准入审批、年度审查、行业自律三大基本管理制度和以生产情况报告、标准化捕捞日志、渔船船位监测、派遣国家观察员、签发合法捕捞证明等为主要内容的监管体系，对重点远洋渔业项目实施分类指导和管理，为促进远洋渔业持续健康发展提供了有力的制度保障。同时，国家在财政、税收等方面对远洋渔业实施了一系列扶持政策，为优化中国远洋渔业产业结构、提高装备水平、增强国际竞争能力等发挥了重要作用。

（四）科技支撑有保障

中国远洋渔业自 1985 年 3 月 10 日走出国门那天起，大批水产科研人员就随船开展科学调查，在茫茫大海上寻找中心渔场，积极参与研发渔船、渔具、加工以及科研调查设备设施，积极参与国际渔业谈判，全方面提供科技支撑，为远洋渔业发展作出了重要贡献。特别是 2001 年国家设立远洋渔业资源调查与探捕项目以后，政企研紧密结合，加大了远洋渔业探捕调查力度，发现并开发了一批重要渔场和重要鱼类品种，为远洋渔业持续发展提供了有力保障。同时，培养锻炼了一大批具有丰富理论知识和实践经验的远洋渔业科研人员。

四、远洋渔业高质量发展措施

中国远洋渔业起步较晚，是在 200 n mile 专属经济区制度建立后、沿海国家普遍强化渔业管理、海洋传统经济鱼类资源大多已充分开发或过度捕捞的情况下才开始启动的。早先远洋渔业发达国家在发展初期享有的资源丰富、自由捕捞、无偿利用的状况已经成为历史。在这样的环境下，中国发展远洋渔业坚持从本国国情出发，走自己的创业之路。

（一）提升远洋渔业从业人员的素质

依托教育资源，开设远洋渔业管理和捕捞技术培训课程，培育有知识、懂技术、精专业、会管理的远洋渔业人才队伍，提升远洋渔业管理和技术人员的综合素质。同时，不断加强远洋职务船员及普通船员的法律知识、安全技能、法规制度等相关内容的教育学习，提升远洋渔业一线生产人员的综合素质。

（二）提高科技支撑水平

加大对远洋渔业的科技投入，建立远洋渔业科研队伍和远洋科技支撑体系。扶持创建以科研院所为依托，骨干企业为主体，产学研结合的远洋产业技术联盟和远洋渔业工程研究中心。支持开展公海和我国重点入渔海域渔业资源分布及蕴藏量调查、渔具渔法、装备和适用技术研究，提高远洋渔业产业科技支撑水平。

（三）推进远洋渔业海外基地建设

立足远洋渔业发展需要，合理规划布局海外远洋渔业基地，完善海外远洋渔业基地的服务功能，建设集渔船补给、渔获卸装冷储、船员休整培训、渔船检修维护等功能于一体的综合性保障基地，为远洋渔船生产提供优质保障，降低远洋渔业生产风险和成本。

（四）推动远洋渔业产业升级

中国远洋渔业坚持创新、协调、绿色、开放、共享的新发展理念，促进创新链、生产链、销售链三链融合，推动远洋渔业产业升级，同时保障远洋渔业高质量可持续发展。

（五）加强新渔场的资源探捕和开发力度

积极争取国家的支持，运用渔业试验船或辅导民间渔船勘探和开发公海渔业新资源、开拓新渔场。结合产业特点，发挥科研单位的技术力量和优势，推动产业研究发展与经营管理分析，为远洋渔业的长远发展做好准备。

（六）继续实施公海自主休渔

践行"海洋命运共同体"的理念，科学养护和可持续开发公海渔业资源，实施公海自主休渔措施，以达到海洋生态平衡、海洋渔业资源可持续发展。

2020年，农业农村部印发《关于加强公海鱿鱼资源养护促进我国远洋渔业可持续发展的通知》（农渔发〔2020〕16号），这是中国第一个旨在加强国际鱿鱼资源养护的文件，也是首次针对尚无国际组织管理的部分公海区域或鱼种采取自主休渔等的创新举措，对促进国际鱿鱼资源长期可持续利用、践行"海洋命运共同体"理念、积极参与国际海洋治理具有重要的里程碑意义。

自2020年以来，中国连续在西南大西洋、东太平洋等公海重点渔场，实行自主休渔措施。在各地渔业主管部门、行业协会、科研院所和远洋渔业企业的共同努力下，自主休渔措施得到全面有效的落实。据相关科研机构监测分析，在西南大西洋和东太平洋的公海休渔海域，休渔后鱿鱼胴体长及生长发育情况均有明显增长或改善，单船产量较休渔前也有一定程度的提高，说明资源状况正在好转，休渔成效初步显现，取得了良好的生态效益、经济效益和社会效益。

公海休渔制度的实施从2020年开始后，从保护公海渔业资源、促使公海渔业资源可持续利用的角度出发，做了一定程度的加强。

1. 2020年公海自主休渔

自主休渔期间，包括鱿鱼钓、拖网渔船等在西南大西洋公海相应区域作业的所有中国籍远洋渔船停止在休渔海域捕捞作业，以养护公海鱿鱼资源。

自主休渔的时间和海域具体为：每年7月1日至9月30日，32°—44°S、48°—60°W的西南大西洋公海海域；每年9月1日至11月30日，5°N—5°S、110°—95°W的东太平洋公海海域。

2. 2021 年公海自主休渔

自主休渔期间，所有中国籍鱿鱼捕捞渔船停止在休渔海域捕捞作业，以养护公海鱿鱼资源。

自主休渔的时间和海域具体为：7 月 1 日至 9 月 30 日，32°—44°S、48°—60°W，有关国家专属经济区外的西南大西洋公海海域；9 月 1 日至 11 月 30 日，在 5°N—5°S、110°—95°W 的东太平洋公海海域。

3. 2022 年公海自主休渔

自主休渔期间，我国所有鱿鱼钓、拖网、灯光围网（敷网和罩网）等远洋渔船（不含金枪鱼延绳钓、金枪鱼围网渔船）停止在休渔海域捕捞作业。同时，2022 年，首次在印度洋北部公海海域试行自主休渔，加上之前已经实施自主休渔的大西洋公海部分海域、东太平洋公海部分海域，自此，我国远洋渔业作业海域中，所有目前尚无国际区域性渔业组织管理的公海海域（或鱼种）均已纳入自主休渔范围。

自主休渔的时间和海域具体为：7 月 1 日至 9 月 30 日，32°—44°S、48°—60°W 的西南大西洋公海海域；9 月 1 日至 11 月 30 日，5°N—5°S、95°—110°W 的东太平洋公海海域；7 月 1 日至 9 月 30 日，0°—22°N、55°W—70°E 的印度洋北部公海海域（不含南印度洋渔业协定管辖海域）（试行）。

4. 2023 年公海自主休渔

自主休渔期间，我国所有鱿鱼钓、拖网、围网、敷网、罩网等远洋渔船（不含金枪鱼延绳钓、金枪鱼围网渔船）停止在休渔海域捕捞作业。

自主休渔的时间和海域具体为：7 月 1 日至 9 月 30 日，32°—44°S、48°—60°W 的西南大西洋公海海域；9 月 1 日至 11 月 30 日，5°N—5°S、95°—110°W 的东太平洋公海海域；7 月 1 日至 9 月 30 日，0°—22°N、55°—70°E 的北印度洋公海海域（不含南印度洋渔业协定管辖海域）。

第三节 舟山远洋渔业

一、舟山远洋渔业发展史

（一）舟山远洋渔业的开拓

1. 开拓的远洋捕捞

舟山远洋渔业是中国远洋渔业的开拓者之一。1985 年 3 月 10 日从福建马尾港出发奔赴西非渔场作业的中国第一支 13 艘渔轮的远洋渔业船队中，有 4 艘渔轮来自舟山海洋渔业公司，232 名船员中有 46 名来自舟山，自此开创了舟山的远洋渔业。

1985 年 2 月 27 日 10 时 30 分，随着一阵高昂洪亮的鸣笛声，舟山海洋渔业公司的 4 艘 8101 型 "舟渔 629" 号、"舟渔 630" 号、"舟渔 633" 号和 "舟渔 635" 号渔轮，组成了舟山海洋渔业史上第一支远洋捕捞船队，由当时舟山海洋渔业公司的王希楷任队长、施浙海任副队长，在一片欢送的鼓乐和鞭炮声中，迎着霏霏春雨，4 艘渔轮缓缓驶离舟山海洋渔业公司码头，启航驶向福州马尾港，与国内另外 3 个渔业公司的 8 艘渔轮和 1 艘冷藏加工运输船会合，开赴西非塞内加尔共和国渔场，与塞内加尔共和国共同组成渔业合作企业，联袂开发西非的海洋渔业资源。

船队经历重重困难，终于于 1985 年 5 月 10 日上午 9 时，顺利进入西非塞内加尔共和国达喀尔港，受到了中国驻塞内加尔共和国大使馆和塞内加尔共和国合作企业代表的热烈欢迎。接着，由中国水产联合总公司出面，舟山海洋渔业公司与塞内加尔共和国相关企业合作建立 "中非渔业有限公司"，于 5 月 13 日正式开业，并在达喀尔港设立了办公场所，投入正常运营。王希楷率领船队出海进行了几天试航后就投入捕捞作业。

在舟山海洋渔业公司的 4 艘渔轮上，按合作协议，每艘渔轮都需安排 10 名塞内加尔船员，与船上舟山渔民共同进行捕捞作业。但由于两国船员语言不通，民族文化与风俗习惯不同，有时会引起一些小误会，发生小摩擦。再加上塞内加尔船员大多是新渔民，捕捞作业技术生疏，影响捕捞生产效率。同时，虽然施浙海在

1984 年 3 月在塞内加尔沿海渔场进行过实地考察，但毕竟考察时间短暂，不仅对水产资源分布基本情况掌握不够详尽、透彻，而且由于考察时接触的作业渔场范围比较狭小，对渔场所在海域底质情况不明；加之舟山拖网作业网具与西非海域底质情况存在不相适应的状况，所以在进行捕捞作业时，不仅作业产量较低，还时常出现海底硬石钩网、海底淤泥陷网、网具破损严重等现象，导致生产作业中断，出现了几个月的亏本现象。

面对重重困难，在队长王希楷和副队长施浙海的带领下，队员们不气馁，同时细致耐心地做好对塞内加尔船员的技术辅导与传授，加强与他们沟通交流，尊重他们的风俗习惯，增进友谊，融洽感情。慢慢地，舟山船员学会了与捕捞、生活有关的简单的塞内加尔日常用语，塞内加尔船员也学会了一些舟山渔民的语言，从此双方间的相互信任感与友情建立起来并逐步发展，促进了大家作业技术的共同提高。另外，施浙海等几位船长和职务船员经过 4~5 个月的实践与探索，进一步摸清了当地渔场海域底质、地貌和水产资源分布状况，对网具装置作了适度调整，以适应当地渔场海域底质、地貌和鱼类资源分布及其洄游规律。经过坚持不懈的努力终于获得成功，4 艘渔轮的捕捞产量都成倍增长。仅 1986 年，舟山海洋渔业公司派遣的 4 艘渔轮共捕鱼超过 6 000 t，当时创产值 8 亿西非法郎（约 235 万美元）。施浙海所在的"舟渔 633"号渔轮捕鱼超过 3 500 t，占捕捞船队总产量的 58.33%。作为舟山海洋渔业公司赴西非远洋渔业船队副队长、带头船船长的施浙海，不仅协助队长王希楷加强经营管理，使全队获得了高产丰收，还被誉为"达喀尔冠军"，受到塞内加尔共和国总统的表彰。

1990 年 5 月 11 日，由上海水产大学负责将舟山海洋渔业公司的"舟渔 651"号和"舟渔 652"号 2 艘 8154 型拖网渔轮（图 6-1）改装成光诱鱿钓渔船，并在上海水产大学的"浦苓"号（图 6-2）渔船的带领下，赴日本海进行生产性试捕，并列入农业部日本海太平洋褶柔鱼渔场、钓捕技术及其装备的研究科研项目。可喜的是，舟山海洋渔业公司 2 艘改装的光诱鱿钓渔船，不仅当年探捕收回了渔船改装成本，还获得了一定的利润，这为当时国内亏损的海洋渔业公司打了一针"强心剂"。1991—1992 年，先后有上海、宁波、烟台 3 家海洋渔业公司主动要求参与探辅，这不仅帮助了有关企业摆脱长期亏损局面，还开拓了远洋渔业的新途径，在捕捞学科建设上也取得了新的进展。

图 6-1　"舟渔 651"号和"舟渔 652"号渔船

图片来源：中国鱿鱼馆，王飞　摄

图 6-2　"浦苓"号渔船模型

图片来源：中国鱿鱼馆，王飞　摄

国有远洋渔业公司开启了远洋捕捞，舟山的群众渔业也不甘落后，纷纷效仿。1995 年 5 月岱山县衢山镇的方央南和 1995 年 7 月普陀区虾峙镇的李科平，分别带领渔民兄弟远赴北太平洋从事鱿鱼捕捞作业，拉开了舟山群众性远洋渔业的序幕。他们的最终成功，也带动了舟山群众性远洋渔业的发展。

2. 开拓的远洋公司

舟山的渔业公司中，发展远洋渔业最早的是舟山海洋渔业公司。该公司率先在北太平洋发展鱿鱼钓作业，取得成功，为全市乃至全国发展鱿鱼钓作业作出了贡献。1991 年年底，舟山市委、市政府作出决定，由舟山海洋渔业公司、舟山第二海洋渔业公司、沈家门渔业公司、桃花渔业公司、螺门渔业公司、浙江省农行投资公司、舟山市信托投资公司共同出资组建了舟山远洋渔业股份有限公司。远洋渔业股份有限公司先在广州造了 2 艘 8154 尾滑道渔轮，租给中水总公司到非洲捕捞，后又买进几艘"二手"远洋渔轮投入北太平洋鱿鱼钓生产，取得了成功。国家、省、市政府及有关部门对远洋渔业实行优惠政策，鼓励社会各界投资参与远洋渔业经营，吸纳各方财力，增强远洋渔业发展经济基础，壮大远洋渔业实力，积极推动远洋渔业的发展。舟山海洋渔业公司、市远洋公司、舟山兴业公司、普渔集团充分发挥了骨干、龙头作用，沈家门渔业公司、桃花渔业公司、黄石渔业公司积极参与，壮大了远洋渔业队伍，一批股份合作单位通过购置船只，狠抓技术改革，挂靠"龙头"企业，走向远洋。通过几年的努力，全市先后开发了北太平洋、南太平洋、日本海、鄂霍次克海、印度尼西亚、西非、缅甸、新西兰、南美等远洋渔场。1996 年全市远洋渔业产量达 10.24×10^4 t，占渔业总产量 10% 左右，远洋渔船达到 249 艘，走在全国、全省的前列。

3. 开拓的远洋渔场

远洋捕捞渔场分为过洋性作业渔场和大洋性作业渔场两种。过洋性作业渔场中，20 世纪 80 年代中期至今，舟山渔民逐步开拓远洋捕捞作业的海域渔场主要有西非的塞内加尔、几内亚比绍、塞拉利昂等国沿海渔场，以捕捞花鲷、赤鳂等鱼类为主；印度尼西亚、缅甸等国沿海渔场，以捕捞带鱼、马鲛鱼等为主。大洋性作业渔场中，有南太平洋马绍尔群岛、斐济等岛国附近公海渔场，以钓捕金枪鱼为主；阿根廷附近公海的西南大西洋、秘鲁附近公海的东南太平洋，北太平洋、日本海公海渔场，均以钓捕鱿鱼为主。随着科学技术的进步，新的渔场、新的捕捞品种正在不断地被开发。

（二）舟山远洋渔业的不同发展阶段

自从 1985 年开始向远洋出发，经过 30 多年的发展，舟山的远洋渔业不断壮大，其发展历程大致可以分为 4 个阶段，即摸索前进阶段、快速发展阶段、稳步发展阶段、跨越发展阶段。

1. 摸索前进阶段（1985—1990 年）

20 世纪 80 年代，由于近海过度捕捞及海洋环境污染，东海渔场渔业资源衰退严重。舟山渔民开始摸索进军国际大洋的道路，1985 年 2 月，举起了远洋渔业的大旗，迈出了挺进远洋渔场的第一步。

一开始由于作业环境恶劣、经验缺乏、技术落后等，捕捞生产屡屡受挫，1985 年首批赴远洋捕捞的舟山渔民积极适应远洋环境，调整生产作业方式，不断摸索，终于在第二年获得成功，舟山远洋渔业首战告捷。这一成功鼓舞和影响了一大批舟山渔民，舟山地方远洋渔业项目和民营性远洋渔业项目相继启动。但由于技术的落后等各种原因，取得的成果也是喜忧参半。1988 年，舟山多艘远洋渔轮组建船队前往新西兰和瓦努阿图海域尝试金枪鱼延绳钓作业，开始比较顺利，可惜最终由于渔场变动等被迫停业返港。1989 年，舟山 4 艘渔轮与宁波、福建渔船组队远赴澳大利亚进行拖网作业，最终由于后勤补给、市场销售等问题，效益不佳，被迫中断撤回。1990 年 5 月，舟山海洋渔业公司两艘改装后的拖网渔轮（"舟渔 651" 号和 "舟渔 652" 号）与上海水产大学科研船 "浦苓" 号一起组成我国鱿鱼探捕船队，开赴日本海进行光诱试钓鱿鱼探捕作业，大获成功，揭开舟山市乃至全国远洋鱿鱼钓产业的发展序幕。

这一阶段，舟山远洋渔业处于摸索前进阶段，虽然没有现成的经验可以借鉴，也没有成功模式可以套用，但舟山远洋渔业与中国水产联合总公司合作，采用船只出租或者人员劳务输出的方式，以中国水产联合总公司为依托，积极参加西非几内亚比绍、塞拉利昂等捕捞合作项目，探索路子，积累经验，培养人才，为下一步舟山远洋渔业自主经营奠定了基础。

2. 快速发展阶段（1991—2000 年）

鱿鱼钓作业的相继成功，拉开了舟山远洋渔业快速发展的序幕。舟山市远洋渔业总公司、普陀远洋渔业有限公司、岱山远洋渔业总公司等一大批地方国有集体企业相继组建，舟山远洋渔业作业区域从过洋性渔业向大洋性渔业探索尝试，作业方式从拖网作业向延绳钓作业转变。

1991 年，舟山海洋渔业公司鱿鱼钓探捕船开赴日本海作业并获成功。1994 年，舟山远洋渔业总公司将金枪鱼钓船改装成鱿鱼钓船，并成功开发北太平洋公海鱿鱼钓项目。1995 年，在北太平洋群众鱿钓最早探索者方央南和李科平的带领下，鱿钓渔业快速发展起来。到 2000 年，虾峙鱿鱼钓产量占到普陀区的 60%，被浙江省海洋与渔业局命名为 "鱿鱼之乡"。

以方央南和李科平为代表的群众远洋鱿鱼钓渔业蓬勃兴起，激起了渔民奔赴远洋捕捞的热情，形成了舟山特色群众性远洋渔业规模，打开了舟山远洋渔业的产业格局。

3. 稳步发展阶段（2001—2010 年）

2001 年，过洋性远洋渔业受到外国苛刻入渔条件的限制，发展空间开始压缩，不少渔船被迫撤回，随后几年内远洋渔业受到沉重打击，但困难和机遇共存。

《关于进一步规范远洋渔业管理的通知》等政策相继出台，2004 年，北太平洋鱿鱼钓渔业全面纳入远洋渔业管理，舟山组织百名船长和负责人进行培训。2006 年，为扶持、鼓励远洋渔业进一步发展，国家第一次对远洋渔业用油给予专项补贴，浙江省远洋渔业专项资金也从 2008 年年底开始恢复。

2001 年，舟山市首家民营远洋渔业企业——舟山市新吉利远洋渔业有限公司成立；2003 年，舟山市首家民营远洋金枪鱼渔业企业——舟山盈海远洋渔业公司成立，并获得农业部远洋渔业企业资格；2003 年，舟山华鹰远洋渔业有限公司成立，并获得农业部远洋渔业企业资格。一大批民营远洋渔业企业相继成立，渔民和民营远洋企业逐渐从国有企业手中接过了舟山远洋渔业的大旗。

2003 年，舟山市远洋渔业协会、普陀区远洋渔业行业协会成立。2004 年，在上海水产大学专家的指导下，"浙岱渔 807"号、"新世纪 18"号赴印度洋实施印度洋鸢乌贼捕捞作业，获得丰收。2007 年 3 月，舟山市首艘由我国自主建造的大洋性超低温金枪鱼钓船——"舟远渔 202"号开赴西太平洋生产作业。2007 年 7 月，舟山市 14 家农业部远洋渔业资格企业先后建立了渔业安全生产、渔业用工管理制度和涉外安全预警机制。由此可见，舟山的远洋渔业逐渐走上规模化发展的道路，并且不断拓展。

4. 跨越发展阶段（2011 年至今）

舟山远洋渔业从 2011 年开始进入了跨越发展阶段。捕捞产量不断增加，捕捞渔场不断开拓，远洋配套设施不断升级。

早在 2010 年，舟山便开始布局建设国家远洋渔业基地，提出形成产供销一体且内外贸贯通的远洋渔业产业体系，完善运输、补给、仓储以及市场流通等后勤服务，尤其是建造一个深水、大吨位的远洋水产品码头和相配套的现代化冷藏库，改善配套设施条件，完善远洋水产品集、疏、运体系。2011 年，中国首个水产品现货电子交易平台——舟山群岛新区水产品交易中心开始试运行，从此线上线下贸易打通。2012 年，西码头两座万吨级远洋专用码头先后投入使用，日卸货量达到 1 400 t。

2015 年，舟山主动出击，与国家发展相结合，推动地方经济取得长足发展，为渔业发展的转型升级和再次崛起注入了一支"强心剂"，使得远洋渔业在行业不景气背景下取得了新的发展。2016 年，为达到渔业发展与当地经济发展同谋划同部署，浙江省出台了《浙江省渔业转型升级"十三五"规划》，重点突出了谋划远洋渔业长远发展的方针，以及在发展过程中如何确保渔业处于良好的发展态势。2017 年，农业部出台了《"十三五"全国远洋渔业发展规划》，这是历史上第一次从国家层面上规划了远洋渔业发展路线，提升了远洋渔业发展的地位。

自 2015 年农业部批复舟山建设首个国家远洋渔业基地以来，舟山紧紧围绕三产融合、规范管理、开放合作，远洋综合能力进一步提升，海洋经济发展水平更上一层楼。至 2018 年 10 月，全市共有远洋渔业资格企业 35 家，为全国地级市之最；远洋渔船达到 598 艘，占全国的 22.53%；年捕捞量 49.13×10^4 t，约占全国的 21.76%，其中鱿鱼产量 36.48×10^4 t，占全国的 63.52% 以上，是名副其实的"远洋鱿钓渔业第一市"。

舟山作为全国远洋渔业的发源地，固本谋远促发展，不断做大做强，捕捞作业门类齐全，配套体系完善。远洋渔业不仅在生产区域上不断拓展，渔船足迹遍布三大洋公海和多个国家的专属经济区，而且打造了一支全国规模最大，以舟山为母港、贯穿全球主要公海渔场的冷藏运输船队，每年把优质纯天然高营养的鱿鱼、金枪鱼和秋刀鱼等远洋自捕水产品源源不断地回运舟山，成为全国最大的远洋自捕鱼输入口岸、全国最大的金枪鱼加工基地、鱿鱼主要加工出口地区。2022 年口岸远洋自捕水产品进关卸货量创历史新高，达到 67×10^4 t，位居全国第一，远洋自捕水产品成为全市水产品精深加工和贸易出口的主要利用对象，占比达到 60%。特别是 2015 年获批建设首个国家远洋渔业基地以来，舟山市不断放大港口优势，扩大远洋水产品捕捞、回运、加工规模，推动远洋渔业产业链、供应链体系、内外贸易综合实力、重要开放平台、企业主体提能升级，着力打造远洋渔业产业聚集区、现代渔业示范区和渔业对外开放的重要门户，从粗放型外扩发展向内延式提升，推动产业链条向后端延伸，形成一二三产业协同发展大产业的良性格局，成为新时期全国远洋渔业集群集聚发展的引领地和重要示范窗口。

二、舟山远洋渔业设施

从 1985 年起，舟山渔民发挥自己的聪明才智，舟山政府提供切实可行的帮扶措施，舟山逐步开拓远洋渔场，发展远洋渔业，建设远洋渔业相关设施，为舟山远洋渔业的进一步发展奠定基础。

（一）舟山国家远洋渔业基地

2015 年，舟山获批首个国家级远洋渔业基地建设规划（图 6-3），自此舟山远洋渔业的发展迈入了崭新的时代。舟山国家远洋渔业基地位于舟山本岛北部，面积约 5.98 km²。基地拥有国家级中心渔港——西码头渔港，深水岸线 7.6 km，拥有 2 座万吨级和 1 座 5 000 吨级渔业专用码头，1 个 2.7 万吨级舟山最大单体冷藏库。基地重点发展远洋捕捞、水产品精深加工、冷链物流、渔船修造及相关配套产业，功能定位为"一港一城一区一中心"，即打造国内一流、有国际影响力的远洋渔业现代化专业母港、国际水产城、远洋水产品加工冷链物流区和远洋渔船修造中心。

图 6-3　舟山国家远洋渔业基地

图片来源：舟山市海洋与渔业局等，2019

作为全国首个国家级远洋渔业基地，舟山国家远洋渔业基地聚力发展，实干为先，成为全国远洋渔业先行示范基地和展示现代渔业重要窗口的标志性亮点。基地以"全链式产业、全方位市场、全国性品牌、综合型平台、专业化运营"为发展路线，高起点编制了《国家远洋渔业基地产业发展规划》《基地控制性规划》《特色小镇创建规划》《定海远洋渔业小镇总体规划》《国际远洋水产品贸易中心研究报告》等，以前瞻性思维谋篇布局。

2019 年，我国首个"中国远洋鱿鱼指数"在舟山正式发布，舟山国家远洋渔业基地"承接"进行常态化发布，这一重任不仅有利于提升舟山鱿鱼品牌的知名度，真正形成"世界鱿钓看中国，中国鱿钓看舟山"的市场影响力、辐射力和核心竞争力，而且有利于平抑鱿鱼价格市场波动，掌握交易价格的参与权，乃至主导权。

舟山国家远洋渔业基地从无到有、从小到大、从弱到强，日益形成了"远洋捕捞、冷链物流、精深加工、水产交易、金融服务、科研创新"全产业链发展平台，为舟山远洋渔业的发展提供了平台支撑、技术支撑、信息支撑。

（二）中国鱿鱼馆

2021 年 4 月 30 日，中国鱿鱼馆在舟山西码头国家远洋渔业基地开馆运行（图 6-4）。中国鱿鱼馆集远洋渔业产业介绍、科普、观光旅游于一体，是舟山远洋渔业一二三产业融合创新发展的又一个生动实践和大胆探索，得到行业内外高度肯定，它的建成落地，进一步有力提升了舟山"远洋鱿钓渔业第一市"的品牌地位。

作为目前全球首个鱿鱼主题展馆，中国鱿鱼馆进一步彰显了中国全球远洋鱿鱼钓强国地位。它又是迄今为止国内海洋渔业领域第一个大型体验型科普展示馆，为舟山广大市民和来到舟山的国内外人士提供感受高科技信息魅力、汲取远洋渔业科学知识的新通道。它不仅是铭记我国远洋鱿钓行业艰辛发展历程，反映行业伟大成果、巨大成就的崭新平台，而且是中国远洋渔业新时期绿色科学发展的一个对外展示宣传窗口。

图 6-4　中国鱿鱼馆

图片来源：中国鱿鱼馆，臧迎亮　摄

（三）中国远洋渔船修造中心

2022 年 9 月 8 日，中国远洋渔业协会授予舟山市平太荣远洋渔业集团下属的浙江荣畅海工实业集团有限公司（荣畅船厂）"中国远洋渔船修造中心"的牌子（图 6-5）。

图 6-5　中国远洋渔船修造中心

图片来源：舟山海洋与渔业局等，2019

"中国远洋渔船修造中心"的授牌，极大地激励了舟山市远洋渔船修造企业朝着更高更优方向发展，聚焦主体升级、工艺升级、产值升级，强化绿色修船技术和智能化、数字化造船工艺，从"舟船外造"到"舟船舟造"，全力迈向"高端造船、精品修船"。

三、舟山远洋渔业规模

自 1985 年 3 月，首批 46 名远洋渔业捕捞船员和技术人员，驾驶舟山海洋渔业公司 4 艘渔轮奔赴西非渔场首创舟山远洋捕捞以来，舟山远洋渔业在困境中越走越顺，走出了一条群众远洋渔业为主导、民营企业蓬勃发展的路子。到 21 世纪，舟山市的远洋渔业更是不断突破。2021 年年底，舟山市远洋渔业的总产量为 67.51×10^4 t，在全国远洋渔业产量的占比更是达到了 30.05%，占浙江省远洋渔业产量的 76.95%，由此说明舟山的远洋渔业在浙江省乃至全国远洋渔业中都起到举足轻重的作用。

（一）舟山远洋捕捞总产量

1985—1990 年是舟山市远洋渔业起步探索阶段，因此，渔场、产量、产值均处于发展阶段。随着科学技术的进步、捕捞结构的调整，从 1991 年到 2021 年，舟山市远洋捕捞产量变化见表 6–2 和图 6–6，其中，2011 年为 21.06×10^4 t，到 2021 年为 67.51×10^4 t，增加了 220.56%。加之近海渔业资源的衰退，舟山市的远洋捕捞产量在水产品总产量中的占比也几乎每年都在增加，从 1992 年的占比 3.54%，到 2011 年的占比 14.84%，再到 2021 年的 36.93%。图 6–6 阐述了舟山市远洋捕捞产量与舟山市国内海洋捕捞产量的比较，结果显示，2011—2021 年，舟山市国内海洋捕捞产量呈下降趋势，而远洋捕捞产量呈上升趋势，且远洋捕捞产量的占比越来越大。2011 年舟山市国内海洋捕捞产量为 110.16×10^4 t，远洋捕捞产量为 21.06×10^4 t，而到 2021 年，舟山市国内海洋捕捞产量为 86.61×10^4 t，远洋捕捞产量为 67.51×10^4 t，在水产品中的占比越来越接近，这也显现了远洋渔业作用越来越重要。

远洋捕捞的份额持续增加，也说明了近海渔业资源的衰退严重，渔民更大程度地向远洋发展。当然，为了远洋渔业资源的可持续发展，应该保护资源，自觉履行公海休渔政策。

表 6-2　1991—2010 年舟山市远洋捕捞产量与水产品总产量对比

年份	远洋捕捞产量 / ($\times 10^4$ t)	水产品总产量 / ($\times 10^4$ t)	远洋捕捞产量占比 (%)	年份	远洋捕捞产量 / ($\times 10^4$ t)	水产品总产量 / ($\times 10^4$ t)	远洋捕捞产量占比 (%)
1991	0.42	56.46	0.74	2001	12.15	129.39	9.39
1992	2.12	59.92	3.54	2002	13.30	124.61	10.67
1993	2.66	60.74	4.37	2003	16.79	124.49	13.49
1994	5.52	83.00	6.65	2004	19.99	130.42	15.33
1995	9.00	98.00	9.18	2005	15.52	124.08	12.51
1996	10.24	105.18	9.74	2006	15.06	125.26	12.02
1997	12.26	117.49	10.43	2007	16.26	123.83	13.13
1998	13.06	132.54	9.86	2008	16.86	125.52	13.43
1999	14.88	132.88	11.19	2009	10.42	123.78	8.42
2000	13.36	134.92	9.91	2010	12.18	131.12	9.29

数据来源：舟山市统计局。

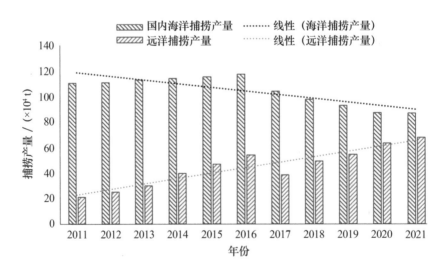

图 6-6　2011—2021 年舟山市远洋捕捞产量与舟山市国内海洋捕捞产量对比

数据来源：舟山市统计局

舟山远洋渔业在浙江省的远洋渔业中占据主要地位，根据 2011—2021 年的捕捞产量数据分析，舟山市的远洋捕捞产量在浙江省远洋捕捞产量中的占比为

70%～80%，其中，2017—2018 年甚至超过了 80%；2015 年农业部批复在舟山建设第一个国家级远洋渔业基地，2017 年中国远洋渔业协会授予舟山"中国远洋鱿鱼交易中心"称号，足以体现舟山市远洋渔业在浙江省乃至全国的重要地位。

（二）舟山过洋性和大洋性远洋捕捞产量

1985 年 2 月 17 日出发的舟山 4 艘渔轮在西非从事的是过洋性远洋渔业生产，在 20 世纪 90 年代中期，舟山市过洋性远洋渔业曾一度辉煌。2010 年之前，舟山市从事过洋性远洋渔业的远洋船只曾有 70 余艘，主要奔赴的国家有印度尼西亚、缅甸、马达加斯加等国。但受入渔国等相关政策变化的影响，过洋性远洋渔业的几个项目相继中止，使得舟山市过洋性远洋渔业不景气，从而开始集中精力向大洋性远洋渔业发展，所以 2011 年、2012 年超过 20 t 的远洋捕捞产量几乎都来自大洋性远洋捕捞（图 6-7）。

舟山市过洋性远洋渔业经过 10 余年的沉寂，在大洋性渔业稳定发展的基础上，大力支持发展过洋性远洋渔业，特别是过洋性远洋渔业融入当地经济社会发展，备受支持，因此，从 2014 年开始，舟山市积极谋求过洋性远洋渔业的新突破。

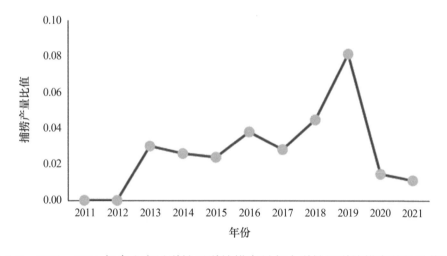

图 6-7　2011—2021 年舟山市过洋性远洋捕捞产量与大洋性远洋捕捞产量的比值变化

数据来源：浙江省渔业经济统计资料

虽然各级政府以及渔民本身通过各种技术、方法和措施加快了过洋性渔场的开发和捕捞，但如图 6-7 显示，过洋性远洋捕捞产量还是远远低于大洋性远洋捕捞产量。随着 2020 年开始的公海自主休渔措施的实施，为缓解近海渔业资源的压力，更应加快过洋性远洋渔业资源的开发和利用。

（三）舟山两区两县远洋捕捞产量

2011—2021 年，在舟山市的两区两县中，普陀区的远洋捕捞产量一直远远高于其他 3 个区县。2011—2021 年，普陀区的远洋捕捞产量在舟山市远洋捕捞总产量中的占比均高于 73%，其中，占比最低的是 2018 年，为 73.36%；占比最高的是 2013 年，为 83.68%。其次是定海区，在舟山市远洋捕捞总产量中，占比在 16%～26%，其中，占比最低的是 2013 年，为 16.10%；占比最高的是 2018 年，为 25.75%。而岱山县和嵊泗县在 2011—2021 年，有几个年份没有远洋捕捞产量，或者产量很低，所以舟山市远洋捕捞总产量基本上来自普陀区和定海区。

（四）舟山主要远洋捕捞品种产量

舟山从 1985 年开始远洋渔业以来，足迹遍布各大洋，捕捞品种也非常多，有金枪鱼、鱿鱼、秋刀鱼等，以金枪鱼和鱿鱼为主。2011—2021 年舟山市远洋主要捕捞品种产量显示（图 6-8），金枪鱼和鱿鱼的产量合计占舟山市远洋捕捞总产量的 80% 以上，其中，占比最低的是 2018 年，为 87.76%；占比最高的是 2011 年，为 98.97%，远洋产量几乎全部来自金枪鱼和鱿鱼。舟山从 1990 年 5 月 11 日赴日本海光诱试捕鱿鱼并获成功以来，鱿鱼产量一直处于领先位置，占主要捕捞品种合计的 82% 以上，其中，占比最高的是 2011 年，为 97.46%；占比最低的是 2019 年，为 82.33%。从资源合理利用的角度考虑，应该加强远洋其他捕捞品种的开发，使远洋渔业资源可持续发展。

同时，远洋自捕鱼回运交易不断上升，2021 年是 2011 年的 3 倍多。运回量的持续增长有效拉动了海上运输、口岸卸货、冷库仓储、水产品加工贸易、修造船、渔需物资供应等一大批下游二、三产业关联产业的发展，为舟山经济繁荣注入了良好的动力。

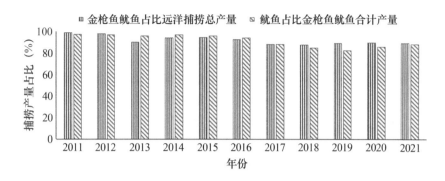

图 6-8　金枪鱼和鱿鱼远洋捕捞产量占比对比

数据来源：浙江省渔业经济统计资料

（五）舟山远洋产值

随着近海渔业资源的衰退，舟山市远洋捕捞产量在舟山市总水产品产量中的占比越来越大，从 2011 年的 14.84% 增加到 2021 年的 36.93%，因此，舟山市远洋渔业的产值占比也逐步增大。

舟山市两区两县中，2011—2021 年，普陀区的远洋渔业产值在舟山市中的占比均高于 66%，占一半以上，其中，占比最低的是 2017 年，为 66.39%；占比最高的是 2013 年，为 84.47%。其次是定海区，在舟山市远洋渔业总产值中，占比在 15%～33%，其中，占比最低的是 2013 年，为 15.21%；占比最高的是 2017 年，为 32.16%。统计分析数据显示，2013 年定海区产值占比最低的时候正好是普陀区的占比最大，两区之和为 99.68%，而 2017 年普陀区占比最低时正好是定海区占比最高，两区之和为 98.55%。

（六）舟山远洋渔船

由于过度捕捞和陆域污染，近海渔业资源严重衰退，远洋捕捞是近海资源可持续发展的一个重要途径，因此，开发和利用远洋资源是海洋渔业发展的趋势。为发展远洋渔业，首先需发展远洋渔船。舟山从 1985 年开始远洋捕捞以来，一直致力于远洋渔业，远洋渔船的数量和功率在浙江省乃至全国都是处于领先地位的。

舟山市远洋渔船数量在浙江省内的占比不断加大，2011—2021 年，占比最高的是 2021 年，为 86.41%；占比最低的是 2016 年，为 73.53%。舟山市远洋渔船功率在浙江省远洋渔船功率中的占比在 67%～88%，其中，占比最高的是 2019 年，为 87.18%；占比最低的是 2014 年，为 67.67%。

随着远洋渔业的发展，舟山远洋渔船的数量和规格也呈增长趋势。早在 1985 年，跟随中国水产总公司去远洋作业的只有 4 艘 8101 型渔轮"舟渔 629"号、"舟渔 630"号、"舟渔 633"号和"舟渔 635"号；1990 年增加了由上海水产大学负责改装成光诱鱿钓渔船的"舟渔 651"号和"舟渔 652"号 2 艘 8154 型拖网渔轮。随后，随着方央南、李科平等群众性远洋渔业的开始，远洋渔船数量和规格逐渐增加，2002 年有 245 艘，总功率为 13.45×10^4 kW，到 2012 年增加到 383 艘，总功率为 24.71×10^4 kW。随着国家"双控"政策的实施，2020 年远洋渔船 676 艘，总功率 75.72×10^4 kW，2021 年 636 艘，总功率 69.82×10^4 kW。

四、舟山远洋渔业发展对策

远洋渔业是当今渔业发展的重要产业，其发展既包括产业的发展、远洋渔业资源的利用，也关系到整个国家外交事务。对舟山而言，发展远洋渔业不但是舟山传统渔业转型升级的关键一招，也是舟山实现现代化创新型海洋强市的强大内生动力。因此，舟山需要以集聚促发展、以规范促提升、以合作促共赢，完善远洋渔业装备设施、健全远洋渔业经营管理制度、促进延伸远洋渔业产业链、加强互联网应用数字赋能，着力建设全国一流远洋渔业强市。

（一）构建远洋渔业综合配套服务，提升服务质量

远洋渔业综合配套服务的定位，直接关系到产业的发展与壮大。构建并完善舟山远洋渔业的配套服务，包括工程新技术的研发和支撑、远洋企业和政府管理的规范与到位、"互联网 +"数字技术的赋能和应用、远洋渔业产业风险的防控和处理、"一港一城一区一中心"的规划和使用；鼓励渔港、渔船、装备、渔需物资、产品储运、精深加工配套产业体系的建设，支持远洋产品运回国内、加快市场开发力度、培育知名品牌；加强对远洋渔业企业管理人员、项目执行人员、船东、船长、

船员等各层次从业人员的教育与培训工作，在远洋法律、法规、规章、行业准则、涉外纪律、生产技能和操作规程、安全制度等方面，规范其从业行为，提高其涉外、安全认知意识和水平。为舟山远洋渔业提供更加完善和优越的服务，以加速远洋渔业的快速发展和壮大，使舟山远洋渔业在全省乃至全国处于领先地位。

（二）完善及延伸远洋渔业产业链，提升产品附加值

远洋渔业的全产业链涵盖远洋渔业技术研发、远洋捕捞、远洋水产品物流、远洋水产品加工、远洋水产品销售等多个环节，最终实现安全、高效、健康的远洋渔业产品供应的完整产业链系统。远洋渔业全产业链系统是以消费者为导向，以远洋捕捞企业为产业链核心，以产品和服务打包销售的企业为远洋产品的输出口，通过这些营销企业去靠近消费者，了解消费者，满足并挖掘消费者的消费需求，然后将这种消费需求传达到产业链的各个环节直至前端的远洋捕捞环节乃至最前端的设备制造、基地建设、科技研发等环节，使得整个远洋渔业生产的产业链上游和下游形成一个利益共同体，从而更好地满足不同消费者各式各样的需求。

同时，应加大远洋渔业产业链的延伸，特别是加强精深加工产业的发展。精深加工是在粗加工基础上对水产品进行进一步的更深入的加工，这可以极大地提升水产品的附加值，有效延长渔业产业链，提升远洋渔业产业的发展后劲。深加工需要技术的支撑，应着眼于提升装备水平，改善加工工艺，提升机械化、智能化、科学化的加工能力和水平，促进渔获渔船系统集成。

第四节　舟山远洋鱿钓

舟山远洋渔业经过了 30 多年的探索、发展和创新，在渔场开发、资源探捕、技术创新上积累了丰富的经验，包括鱿鱼、金枪鱼、秋刀鱼等不同的捕捞品种和围网、拖网、钓等不同的作业方式。根据图 6-8 分析，舟山市的远洋捕捞产量绝大部分来源于鱿鱼产量，2011—2021 年，鱿鱼产量在舟山市远洋渔业总产量中的占比

为 73.36% ~ 96.46%，在远洋主要捕捞品种总产量中的占比为 87.76% ~ 98.97%，因此本节内容主要阐述舟山市远洋鱿钓业的发展情况。

一、舟山远洋鱿钓发展史

鱿鱼富含蛋白质和人体所需的氨基酸，营养价值较高。1989 年以前，要吃鱿鱼，就得去南半球的秘鲁、阿根廷外海的捕捞点，用独特的鱿钓技术，把捕捞的鱿鱼运回来才可以，所以美味的鱿鱼很难端上普通人的餐桌，但 1989 年这种局面被打破了。1989 年 7 月 25 日，在上海水产大学王尧耕等一批远洋鱿钓专家的带领下，中国首次派遣"浦苓"号在日本海开展太平洋褶柔鱼渔场的探索和光诱鱿钓技术试验，并取得成功，实现了中国远洋鱿钓业"零"的突破，王尧耕专家也被誉为"中国鱿钓之父"。

在"浦苓"号首航日本海进行鱿鱼资源调查开发的基础上，1990 年 5 月 11 日舟山渔业公司与上海水产大学合作，派遣改装后的"舟渔 651"号和"舟渔 652"号 2 艘 8154 型拖网渔轮与"浦苓"号赴日本海光诱钓鱿鱼试捕，并获得成功，揭开舟山市乃至我国远洋鱿鱼钓产业发展的序幕。随后的 1995 年，以岱山县衢山镇方央南和普陀区虾峙镇李科平为首的北太平洋鱿钓成功，开启了舟山市的群众远洋渔业，但发展并不是一帆风顺，而是在波折中不断前进。总体发展而言，舟山市远洋鱿钓生产经历了 4 个发展阶段。

（1）1990—1992 年，起步摸索阶段。1990 年，舟山渔业公司赴日本海光诱钓鱿鱼试捕的成功，是舟山远洋鱿鱼生产的开始。1991 年，舟山渔业公司鱿鱼钓探捕船继续开赴日本海作业，又获成功。舟山渔业公司当时主要领导亲自下海组织项目实施，正是经历这一阶段的艰难探索，让舟山远洋鱿钓开启了商业化捕捞。

（2）1993—2000 年，发展扩大阶段。由于日本海鱿鱼渔场处在日本、俄罗斯、韩国、朝鲜等沿海国 200 n mile 专属经济区内，区域狭小，因此开发西北太平洋新的鱿鱼资源，拓展新的作业渔场被提上工作日程。在农业部立项下，1993 年，舟山远洋渔业公司对北太平洋渔场鱿鱼资源利用、渔船设备及渔获销售等情况作了全面认真的分析，决定抽调渔轮改装赴北太平洋渔场试钓，并迅速扩大生产规模，舟山、烟台、上海、宁波和大连等地其他国有公司也纷纷加入，为全国鱿钓作业发展闯出了一条新路。

国有公司和民营企业齐投入，共发展，发展势头迅猛。1996年，全国北太平洋作业渔船一跃达到369艘，产量为8.3×10^4 t，经济效益和社会效益显著，特别是舟山占全国鱿钓船近一半，从1991年3艘船试钓，不到5年的时间就把原各国有渔业公司100多艘600 HP的拖网渔轮改装为光诱钓船。1995年，在李科平、方央南等第一批舟山群众远洋渔业人的带动下，普陀虾峙岛、岱山岛等渔民也纷纷从国内近海渔业转身投入北太平洋鱿钓生产。群众鱿钓的加入，增强了舟山市远洋鱿钓的力量，使舟山市拥有了一支基础扎实、捕捞技术可行的远洋鱿钓队伍，且具备了开发利用世界各海域从大陆架陆坡至外洋海域鱿鱼资源的能力。但是从20世纪90年代后期开始，因国际渔业形势的变化和国内政策措施的调整，北太平洋鱿钓渔业受到严峻挑战。到2003年，舟山市北太平洋鱿钓船比2002年减少了81艘。

为实现鱿钓专业渔船的全年性作业（公海休渔制度实施之前），积极寻找远洋鱿钓的新作业渔场，开发了阿根廷鱿钓渔场、秘鲁鱿钓渔场、新西兰鱿钓渔场等渔场，但舟山地方渔业仅限于阿根廷鱿钓渔场和秘鲁鱿钓渔场，在新西兰渔场无生产史。1996年，舟山第二海洋渔业公司（现浙江兴业公司）首创舟山乃至全国地方渔业赴西南大西洋鱿钓作业。同年11月，公司又组织了3艘原在北太平洋生产的鱿钓渔船赴阿根廷渔场作业，至1997年5月撤离渔场，实际生产时间超过100 d，月平均实际作业25 d，捕阿根廷滑柔鱼5 400 t，最高单船日产超过100 t，总产值3 300多万元，单船平均净利润200多万元。1998—1999年，该公司的3艘鱿钓船购买福克兰入渔许可证后，单船均产2 070 t，船均利润300万元。2000年，普陀渔民集资1亿多元，从国外购入千吨级旧渔轮10余艘，改装后启航投入西南大西洋鱿钓生产。由此可见，舟山远洋鱿钓的规模逐渐扩大。

（3）2001—2009年，调整稳定阶段。2000年前后，由于西南大西洋鱿钓渔船经济效益可观，舟山地方个体渔船增强了赴西南大西洋渔场作业的信心。但好景不长，2004年西南大西洋渔场资源状况出现异常变化，鱿鱼产量锐减，平均单船产量仅40 t，亏损严重。

可贵的是，舟山远洋鱿钓人发挥敢想、敢拼的精神，及时调整方向，实行生产自救。舟山部分渔船转场智利和秘鲁外侧的东南太平洋公海作业生产，并积极进行新渔场的探索。在经历了北太平洋的各种"受限"，西南大西洋资源不稳状况后，东南太平洋渔场后来者居上，成为我国专业鱿钓渔船的主渔场，也使得远洋鱿钓稳步发展。

（4）2010—2021年，跨越发展阶段。随着国内脱酸加工技术水平的大幅度提升，秘鲁鱿鱼含酸量大的瓶颈制约被打破，作为加工原料，开发鱿鱼丝、鱿鱼圈、鱿鱼胴体等冷冻产品越来越多，为中国远洋鱿钓新一轮发展奠定了坚实的基础。同时，2009年，舟山渔民紧紧抓住全球经济危机、原材料价格处于低谷的有利时机，以及在省、市财政地方造船补贴扶持政策的推动下，社会民间资本纷纷投入，新建一批经济型远洋鱿鱼钓船远赴东南太平洋作业生产。特别是2012年国家发展和改革委员会出台了30%造船资金的补助政策后，造大船、提装备，舟山远洋鱿钓步入快速发展壮大阶段。随着远洋鱿钓捕捞生产规模的扩大，远洋鱿鱼产量不断增加，海上运输、码头装卸、仓储冷链、市场加工、船员队伍等配套保障问题日渐凸显。因此，2015年，农业部批复在舟山建设第一个国家级远洋渔业基地，同时在《"十三五"全国远洋渔业发展规划》中明确以舟山国家远洋渔业基地为平台推进建立中国远洋鱿鱼交易中心，建立健全配套完善的鱿鱼产业体系，并于2017年1月，中国远洋渔业协会授予舟山"中国远洋鱿鱼交易中心"称号。从此，舟山远洋渔业协会以及企业、船东摸索进行鱿鱼合作抱团销售新机制，创新实施鱿鱼竞价销售新模式，建立鱿鱼价格指数，积极谋求增强鱿鱼销售行业市场定价话语权，促使舟山的鱿钓渔业跨越式发展。

二、舟山远洋鱿钓规模

2012年5月19日，首届中国鱿鱼产业大会在舟山临城新区举行，中国远洋渔业协会在会上正式授予舟山"中国鱿钓渔业第一市"的荣誉称号。2018年，在中国远洋鱿钓企业数量中，舟山约占40%；在中国远洋鱿钓渔船数量中，舟山约占60%；在中国远洋鱿钓总产量中，舟山约占70%。至2021年，在中国远洋鱿钓总产量中，舟山约占83%。

凝心聚力，成就30载，在国家、省、市各级领导的重视和关心下，舟山市一代又一代的远洋鱿钓人秉承"敢为人先"的拼搏精神，谱写了一篇篇激荡人心的创业华章，形成以群众民营远洋鱿钓为主体的鲜明产业特色，成为全国最大的远洋鱿鱼捕捞基地、远洋自捕鱼输入口岸和主要加工地区，使舟山"远洋鱿钓渔业第一市"名副其实，为舟山乃至全国远洋鱿钓的高质量发展贡献力量。

1. 作业区域不断拓展

作业渔场从最初的日本海不断扩展到西北太平洋、东南太平洋、西南大西洋和印度洋，并先后成功开发了智利、赤道西经和厄瓜多尔外侧公海作业渔场。

2. 鱿鱼产品国内市场不断拓展

舟山市政府相关部门携手中国远洋渔业协会，积极开展远洋鱿鱼国内市场推介拓展工作，销售网络遍布全国，鱿鱼价格稳步回升。

3. 产业链体系不断完善

舟山远洋鱿钓的不断发展，有效拉动了海上运输、冷藏物流、水产加工、市场贸易和船舶修造、劳务合作等众多上下游远洋渔业配套产业，使"小"鱿鱼带动了大产业，"小"切口撬开了大场景，形成了"全球鱿钓看中国，中国鱿钓看舟山"的喜人局面。

思考题　　主题讨论

第七章　休闲渔业和渔文化

【教学目标】了解休闲渔业的概念、分类及特点，理解舟山发展休闲渔业和渔文化的意义，掌握舟山高质量发展休闲渔业和发扬渔文化的措施。

【章前导言】休闲渔业是一种现代渔业方式，结合渔文化，拉长渔业产业链，较好地实现了第一产业、第二产业、第三产业的合理融合，为渔业经济的发展开辟了新的领域。同时我们应积极探索中国休闲渔业的现代化之路，以充分体现中国智慧、中国特色、中国气派，传承与发扬海洋渔文化，激发文化自信和家国情怀。

休闲渔业

第一节　休闲渔业概述

一、休闲渔业概念

由于渔业传统和社会经济发展阶段的差异，不同国家或地区对于休闲渔业概念的界定也不同。如欧盟委员会对于休闲渔业的定义是"非商业捕捞目的的渔业活动"；美国和澳大利亚的学者认为休闲渔业是"以游乐为目的的捕鱼活动"或"以娱乐而非以食物或其他产品的生产为主要目的的渔业活动"；联合国粮食及农业组织的定义是："任何以休闲而非获得利润、提供食物或进行科学研究为主要动机的渔业"；我国台湾著名学者江荣吉教授（1992）将休闲渔业定义为："一种利用渔业生产的场地、渔村空间、渔村设备、渔业产品、渔具、渔业经营活动、渔业自然环境、自然生态及渔村人文资源等，经过合理的规划和设计，充分发挥其休闲和旅游功能的一种休闲产业。"还有一些其他的定义，这里不一一罗列，虽然这些定义侧重点不同，但大体意思相近。

综上所述，休闲渔业主要是通过对各类相关资源（包括人力、环境、渔业）的优化配置和利用，把渔业和观光、旅游、教学有机结合起来，实现第一产业、第二产业、第三产业的互融互用，从而创造出更大的经济效益和社会效益。休闲渔业有狭义和广义之分，狭义的休闲渔业，是指利用海洋或淡水渔业资源以及渔村资源，提供垂钓、休闲娱乐和观光旅游服务的商业经营行为。广义的休闲渔业，是指利用海洋或淡水渔业资源以及渔村资源，提供沿岸渔村地区人们全方位服务的商业经营行为。

二、休闲渔业分类

休闲渔业种类繁多，按照不同的分类方式有不同的休闲方式，主要包括活动区域和活动类型。

（一）按活动区域划分

按活动区域划分，休闲渔业可以分为海洋休闲渔业和淡水（内陆）休闲渔业。

（1）海洋休闲渔业。海洋休闲渔业，是指休闲渔业经营者或单位借助各类海洋渔业资源开展的以休闲为目的的活动及服务的总称，主要包括海洋休闲垂钓、海洋旅游、海洋水族馆及展示、渔业文化节庆、渔家乐等。本书主要探讨的是海洋休闲渔业。

（2）淡水（内陆）休闲渔业。淡水（内陆）休闲渔业，是指休闲渔业经营者或单位借助各类淡水渔业资源开展的以休闲为目的的活动及服务的总称，主要包括淡水休闲垂钓服务、淡水旅游、淡水水族馆及展示、渔业文化节庆、渔家乐等。

（二）按活动类型划分

按活动类型划分，休闲渔业可以分为生产经营型、休闲垂钓型、渔区生产体验型、水族展示型。

（1）生产经营型。生产经营型主要是利用一定规模的海水或淡水养殖池塘、海水网箱或渔排等放养各种海水或淡水鱼类，以渔业生产为主，配备一定的垂钓配套设施，开展以垂钓为主、集娱乐和餐饮于一体的休闲渔业。

（2）休闲垂钓型。休闲垂钓型主要是利用专业的、设施较完备的垂钓场，开展以垂钓为主，集游乐和餐饮于一体的休闲渔业。

（3）渔区生产体验型。渔区生产体验型主要是利用渔区的渔船、渔具等设备，结合渔民的渔业生产技能，借助渔港、渔业设施和渔村条件，以"渔家乐"或"农家乐"的形式，游客直接参与张网、流网、拖网、笼捕、海钓等形式的近海传统捕捞作业，拉渔网、品尝海鲜、住渔家，亲身体验渔民生活，领略渔乡、渔村风俗民情的休闲渔业。

（4）水族展示型。水族展示型主要是利用鱼体观察视窗、水下观光通道、立体透明展示台等各种形式，以展示海洋鱼类为主，集科普教育、观赏娱乐于一体的现代化展览馆。

从不同类型休闲渔业的本质而言，不管是哪种类型的休闲渔业，都具有以下5个特征。

（1）涉水性。休闲渔业的开展，基本上是与海洋或者江河、湖泊、水库、池塘等水域分不开的，都是以这些水域作为活动空间而进行的一种活动。

（2）涉渔性。休闲渔业活动的开展，是以渔业作为主体，然后升级向旅游休闲业等方向延伸的一种新型经济形态，或者以"渔"为媒介，联合体育、娱乐、观光、观赏、餐饮等的一种综合性活动。

（3）商业性。从渔业转产转业的角度分析，休闲渔业是商业渔业的开发行为，其从业者应是水产经营组织或渔民。从业者提供娱乐、运动的"舞台"，消费者在"舞台"上垂钓、采集、运动、娱乐，并为此付费，构成市场化的经营行为。

（4）体验性。休闲渔业生产者向消费者同时提供了两类产品，包括有形的水产品和无形的体验。消费者的购买并不在于该有形产品本身而是在于参与活动的体验。甚至有形的产品可能仅是媒介，但因为体验了身在其中的实体感受，满足了体验的需求，才是真正的消费的休闲渔业。

（5）功能复合性。休闲渔业是水产经济活动与文娱活动的有机融合，是一种新型的水产经济文化产业，而且其更侧重和强调文化产出对经济产出的支持作用。休闲渔业是一种复合型系统经济，着眼于生产、生态、生活的和谐结合，实现经济效益、生态效益、社会效益的统一，以及经济价值、生态价值、生活价值的综合价值目标的追求，体现出深刻的经济—社会、经济—文化、社会—文化的新时代的内涵。

三、休闲渔业发展史

随着社会经济的发展和人民生活水平的提高，人们为释放生活和工作的压力，追求人生乐趣，休闲需求与日俱增，传统的旅游项目已经不能满足旅游市场发展的需求。21世纪，人们更注重精神境界的获得，休闲将成为人类生活的一个非常重要的组成部分。休闲渔业可以从娱乐、运动、餐饮、观光、怡情和求知等方面满足人们对身心休闲的需求。同时，休闲渔业作为一种新型渔业发展方式和新型休闲旅游方式，把旅游、观光、观赏等休闲活动与现代渔业方式有机结合起来，以其独特魅力吸引大量游客，实现第一产业、第二产业、第三产业的结合，开辟新的旅游市场。

（一）国际休闲渔业的兴起与发展

19世纪初，在美国的东部大西洋沿岸地区出现了以垂钓俱乐部为主的、区别于商业渔业行为的垂钓组织，以会员和家庭的形式在湖泊、河流或近海海域开展娱乐垂钓活动，这是休闲渔业起始的时间。

20世纪60年代，以游钓业为主的休闲渔业诞生于拉丁美洲的加勒比海地区。20世纪70—80年代，在一些社会经济和渔业发达的国家和地区，如美国、加拿大、日本、欧洲以及中国台湾地区，以游钓业为主的休闲渔业开始盛行。从那时起，"休闲渔业"这个词并不仅代表的是休闲垂钓或休闲游钓，而是一个大范围的词汇，是将渔业与休闲、娱乐、健身逐渐结合起来，并进一步与旅游、观光、餐饮行业有机融合。各个产业边界融合的过程，使得渔业的产业内容更为丰富，渔业的发展空间被拓展，渔民增收和渔村繁荣的途径更为宽阔。目前，休闲渔业已成为一项重要的产业。为促进全球休闲渔业的发展，1996年，欧洲内陆渔业咨询委员会（EIFAC）大会在柏林召开，后来这次会议被命名为第一次世界休闲渔业会议。

（二）中国休闲渔业的发展史

我国水域辽阔、鱼类资源丰富、气候适宜，为发展休闲渔业提供了较好的资源条件。休闲渔业从无到有、从小到大大致可以划分为3个阶段：萌芽起步期、快速发展期和提升规范期。

1. 萌芽起步期

中国休闲渔业的萌芽起步期是指 20 世纪 90 年代至 2004 年，这一阶段，中国大陆当代产业形态的休闲渔业，正处于渔业结构的调整阶段。

事实上，中国也是一个具有休闲渔业传统的国家，钓鱼、赏鱼等休闲渔业的行为在历史上均有所体现。很多考古证明，原始先民已经学会利用动物骨骼制作鱼钩、把贝壳穿成一圈当成项链佩戴，等等。从古至今，休闲垂钓都是人们休闲娱乐的一种方式，商周时期的姜太公钓鱼就是一个例子，只是没有真正成为商业化的渔业项目。我国最早出现休闲渔业是在 20 世纪 80 年代的台湾省，20 世纪 90 年代初在广东、福建、浙江率先发展起来。因巨大的发展潜力和良好的发展前景，休闲渔业越来越受到社会的关注和高度重视。1995 年，党的十四届五中全会通过的《中共中央关于制定国民经济和社会发展"九五"计划和 2010 年远景目标的建议》中提出将娱乐性渔业发展纳入产业结构调整范畴，首次对发展休闲渔业予以政策性鼓励。农业部也将鼓励休闲娱乐型渔业发展作为产业结构的调整方向。2001 年，农业部发布的《全国农业和农村经济发展第十个五年计划（2001—2005 年）》提出，有条件的地方，积极发展技术、资金密集型的工厂化养殖，发展休闲渔业。鼓励发展与渔业增长相适应的第三产业，拓展渔业空间，延伸产业链条。这是在农业部发布的文件中首次正式提出"休闲渔业"的概念，标志着产业形态的休闲渔业正式进入"名正言顺"的发展新阶段。

2003 年，国务院发布《全国海洋经济发展规划纲要》提出，"要把渔业资源增殖与休闲渔业结合起来，积极发展不同类型的休闲渔业。""鼓励发展与渔业增长相适应的第三产业，拓展渔业空间，延伸产业链条，大力推进渔业产业化进程。"标志着积极发展不同类型的休闲渔业已正式纳入国家建设方针，当年就在《中国渔业统计年鉴》中新增了休闲渔业这一项的指标体系。2003 年，全国休闲渔业产值为 54.11 亿元，占渔业经济总产值的 0.94%，占渔业第三产业产值的 4.53%。2004 年，全国渔业工作会议提出，各地休闲渔业呈现出良好的发展态势，各地要因势利导，积极引导群众从事渔区观光旅游、垂钓、餐饮业的开发和经营，发展以"渔"文化为特色的综合经济，标志着中国的休闲渔业真正步入了发展轨道。

2. 快速发展期

2005—2015 年，这一阶段是中国休闲渔业的快速发展阶段。2006 年，农业部发布的《全国农业和农村经济发展第十一个五年计划（2006—2010年）》中首次确认休闲渔业作为一种新产业，明确引导和推动有条件的地区发展都市休闲渔业。2011年，农业部发布的《全国渔业发展第十二个五年规划（2011—2015年）》中首次把休闲渔业列入渔业发展规划，成为我国现代渔业五大产业之一，产业地位发生了明显的变化。2012年，农业部启动休闲渔业示范基地创建活动，对各地休闲渔业的发展起到了极大的促进带动作用；同年12月印发的《农业部关于促进休闲渔业持续健康发展的意见》中首次对休闲渔业进行了专项部署。2013年，《国务院关于促进海洋渔业持续健康发展的若干意见》（国发〔2013〕11号）提出，统筹规划，合理布局，以渔港建设带动渔区小城镇和渔村发展。支持发展海水养殖、海水产品加工和休闲渔业。这些政策的出台，极大地促进了休闲渔业的发展。2003年全国休闲渔业总产值54.11亿元，到2015年，全国休闲渔业总产值已经达到489.27亿元，增值了804.21%，足见我国休闲渔业发展之迅速。

3. 提升规范期

自"十三五"时期以来，我国经济社会及农业农村发展形势都在发生重大变化，渔业发展也到了转型升级的新阶段。转方式、调结构，供给侧结构性改革和一二三产业融合发展，成为当前阶段渔业发展的关键。休闲渔业作为满足广大人民群众日益增长的文化休闲需求、顺应渔业发展方向、培育新的消费热点和经济增长点的新型产业，受到了极大的重视。因此，从2016年开始，我国的休闲渔业进入提升和转型升级阶段，不断创新走中国式现代化高质量发展之路。

2016年，农业部在福建省厦门市召开了全国休闲渔业现场会，这是首次以休闲渔业为主题的全国性会议，对进一步推进休闲渔业发展和规范管理进行了相关部署。2017年，农业部首次组织实施了休闲渔业品牌培育的"四个一"工程活动，即创建认定一批最美渔村；创建认定一批有影响力的赛事节庆活动；创建认定一批全国精品休闲渔业示范基地（休闲渔业主题公园）；培育一批休闲渔业带头人和管理人才，并首次在全国范围内开展结构化、量化监测。2018年5月，《农业农村部办公厅关于开展2018年休闲渔业质量提升年活动的通知》要求进一步推进休闲渔业健康有序发展，促进绿色兴渔、质量兴渔、品牌强渔。在一系列国家政策的大力引导下，顺应我国渔业转型升级新方向和居民休闲消费新需求，休闲渔业迎来一个产品类型不断丰富、服务品质不断提升、产业融合不断深入、生态理念不断增强的转型升级新时期。2020 年，全国休闲渔业总产值达到 825.72 亿元，比 2015 年增值了 89.75%。

进入"十四五"时期，中国休闲渔业规模越来越大、发展质量越来越高。2022 年，农业农村部印发的《"十四五"全国渔业发展规划》指出，"十四五"时期是渔业高质量发展和加快现代化的重要战略机遇期，要发展休闲渔业。依托池塘、河流、湖库、海域等资源，对传统渔业生产场所进行生态化、景观化、休闲化改造，发展观光渔业、渔事体验、休闲垂钓、科普教育、文化健康等产业。加强对休闲垂钓行为等监管，促进相关产业规范发展。加大渔业民俗节庆、渔事活动、遗迹遗产等推介力度，满足市场休闲消费需求。以休闲渔业为依托，加强美丽渔村建设。

四、中国发展休闲渔业意义

中国休闲渔业的兴起和发展不仅促使与加快了传统渔业改造，延长了渔业产业链，还拓展了渔业的非生产性功能，同时也促进了渔业可持续发展，具有积极的生态意义、社会意义和经济意义。

（一）生态意义

休闲渔业是把渔业资源、渔村设备与空间、渔法渔具、渔业产品等与当地的渔业自然环境及渔村人文资源等结合起来，提供体验渔业服务，并达到休闲功能。休闲渔业的发展有利于渔业资源的合理开发、利用和保护。一方面，发展休闲渔业是控制渔业资源盲目捕捞，降低渔业捕捞强度的积极措施之一；另一方面，通过发展休闲渔业项目，可以使部分传统渔民转产转业，分流到休闲渔业产业中。同时，可以把一些报废拆解的渔船经过处理改建为近岸人工鱼礁或休闲游钓渔船，不但有利于开发新的旅游资源，而且有利于减轻捕捞强度，增殖水生生物资源，保护渔业生态环境。

（二）社会意义

休闲渔业解决了大量的人员就业问题。休闲渔业形态多样、内容丰富，与之相关的产业众多，并且多为劳动密集型产业，因此，休闲渔业可以为渔民提供比较大的就业空间，缓解渔区生产、生活中的一些矛盾，确保社会经济稳定，为和谐社会的构建创造条件。

休闲渔业的发展也有利于美丽渔村建设。休闲渔业作为现代渔业与休闲、旅游、观光、渔文化传承和海洋知识传授的有机结合体，也作为第一产业、第二产业、第三产业的相向延伸和转移体，其发展必将带动和促进如旅游、餐饮、通信、交通等行业的发展。休闲渔业项目的开发需要为游客提供更方便、更舒适的休闲环境和多样化、个性化的服务。因此，为了吸引游客，渔村环境整治和家庭建设等必须有较大的改进。同时，渔村美丽的自然风光、人文景观、休息环境，也将纾解人们承受都市生活和工作的过多压力，提高人们的文化素养，陶冶情操，增强身体素质，进而满足人们的享受需要和发展需要，优化服务消费结构。

（三）经济意义

中国的渔区往往有漫长的黄金海岸和众多的海洋奇观，传统渔场的缩小和伏季休渔导致渔民闲暇时间增多以及渔船、渔具的闲置，这些为发展休闲渔业提供了条件支撑，也说明了发展休闲渔业可以在空间和时间上有效地利用资源。对渔业资源、环境资源、人力资源的优化配置和合理利用，能实现第一产业、第二产业、第三产业的相互结合和转移，从而创造出更大的经济效益和社会效益，有利于渔民增收、渔业增效，图 7-1 为 2011—2021 年中国休闲渔业总产值变化情况。

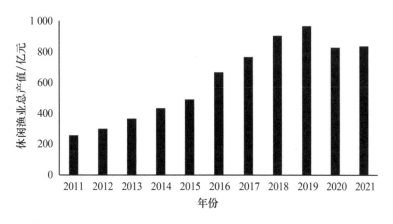

图 7-1　2011—2021 年中国休闲渔业总产值变化趋势

数据来源：《中国渔业统计年鉴》

第二节 舟山休闲渔业

一、休闲渔业发展条件

舟山以群岛著称，发展休闲渔业有其特有的优越条件，包括地理条件、自然条件和经济条件。

（一）地理条件

舟山群岛地处中国东南沿海，长江口南侧、杭州湾外缘的东海海面上，背靠上海、杭州、宁波等大中城市和长江三角洲等辽阔腹地，面向太平洋，位于中国南北沿海航线与长江水道交汇枢纽，发展海洋休闲渔业具有明显的区位优势。

（二）自然条件

舟山海域辽阔，岸线总长度达 2 448 km，属亚热带季风海洋型气候，四季宜人，空气质量常年排全国前列。旅游资源丰富、海洋渔业发达、山海景观独特、名胜古迹众多，因为这些得天独厚的自然条件，舟山也成为我国著名的海岛旅游胜地，被誉为"海上明珠，蓬莱仙境"。岛内拥有嵊泗列岛国家级风景名胜区，岱山岛、桃花岛两个省级自然风景名胜区，每年吸引众多游客。除此之外，在朱家尖、泗礁、大洋山、小洋山等23个岛屿上，景点达 1 000 多个，游客可以欣赏到独特的海岛景区沙滩、海崖、礁石、海洋气象景观、洞穴、山石景观等特色风光。宜人的气候环境和秀丽的海岛风光使舟山成为旅游胜地，境内的中国四大佛教名山之一、"海天佛国"——普陀山，因为底蕴深厚的佛教文化，成为礼佛朝拜圣地，来往普陀游客不绝如缕。"佛教文化、海岛风光、海鲜美食"成为舟山的旅游精品，良好的旅游环境使得舟山先后获得"中国优秀旅游城市""中国十大节庆城市""全国旅游竞争力百强城市""中国海鲜之都"等称号。舟山的海岛风光、海岛风情和独特的民风民俗，对于滨海休闲旅游的开展起到了基础性的作用，为休闲渔业的发展提供了重要的自然资源。在浙江省休闲渔业基地建设的政策指引下，舟山市已经拥有多家省级休闲渔业基地，有五龙渔家乐休闲渔业基地、蚂蚁岛休闲渔业基地、半岛渔乐园休闲渔业基地、岱山秀山岛休闲渔业基地、塘头休闲渔业基地等优秀的休闲渔业园区。除此之外，2017 年，普陀区白沙岛二期基地还获得了"全国精品休闲渔业示范基地"称号。丰富的自然资源给舟山休闲渔业的发展带来了巨大的天然优势，众多的旅游景点也为休闲渔业经营单位带来了游客和发展机遇。

（三）经济条件

2011 年 6 月 30 日，国务院正式批准设立浙江舟山群岛新区，舟山群岛新区的定位是海洋经济示范区，因此必然推动舟山海洋经济的发展。活跃的海洋经济为舟山带来更好的经济环境，促进第三产业的繁荣发展，因此舟山群岛新区的休闲渔业也将迎来更大的消费需求和更为广阔的消费人群。除此之外，2017 年 4 月，舟山自贸区挂牌成立，实现贸易自由化是自由贸易园区的核心功能，取消贸易保护政策和限制措施，放开各类经济主体的贸易限制，允许经济主体按国际公约自由开展贸易活动，允许投资者自由开展投资经营活动。自贸区的建立推动了舟山打造开放型经济的进程，通过利用外资推动舟山各产业的转型升级，休闲渔业的发展也将获得更多的资本支持，实现更快发展和产业升级。

二、休闲渔业类型

经过多年的实践与探索，舟山休闲渔业已经形成一定的规模，主要有休闲垂钓型（《舟山市国家级海洋特别保护区海钓管理办法》见附录 3）、生态观光型、生活体验型、品尝购物型、科普教育型、综合配套型 6 大类型的休闲渔业。

（一）休闲垂钓型

休闲垂钓型主要是利用现有的一定规模的专业海水养殖网箱、围塘养殖基地及淡水养殖池塘，放养名贵海鱼或淡水鱼类，配备一定的设施，开展以垂钓为主，集娱乐和餐饮于一体的休闲渔业，包括高端的朱家尖游艇海钓（图 7-2）。

图 7-2 休闲垂钓

图片来源：王飞 摄

（二）生态观光型

生态观光型主要是利用岛礁、港湾浅海的海洋与自然生态资源，组织游客参加海岛海景观光旅游与岛礁矶钓、潮间带采集相结合，以及养殖基地观赏、海鲜品尝与旅游相结合的休闲渔业。由于该类型组织形式比较灵活，对设施规模及专业性要求不高，已成为舟山市休闲渔业发展较快的一种类型（图 7-3）。

图 7-3 生态观光

图片来源：王飞 摄

（三）生活体验型

生活体验型主要是利用渔区的渔船、渔具设备和专业渔民的技能以及渔港、渔业设施和渔村条件，让游客直接参与各种近海简单的捕捞作业，当一天真正的渔民，亲身体验渔民生活，享受渔捞乐趣，领略渔村风俗民情（图7-4）。这种类型是舟山市发展最早的休闲渔业项目。嵊泗渔家乐和普陀蚂蚁岛休闲旅游项目的推出，开创了舟山市休闲渔业的先河，随后又推出了渔家乐等旅游项目，这些贴近自然、贴近生活的休闲渔业受到游客们的青睐，同时带动了当地的第三产业发展（图7-4）。

图7-4　生活体验

图片来源：王飞　摄

（四）品尝购物型

舟山渔场经济鱼类品种繁多、物美味鲜，素有"中国渔都"的美誉。近年来，舟山充分发挥海鲜"鲜、活、优"的特色，大力发展集品尝海鲜、娱乐、购物于一体的滨港休闲渔业，开发滨港"夜排档""渔市一条街"等具有鲜明地方特色的项目，使游客既能在滨港纳海风、听渔歌、尝海鲜，又可饱览渔港夜景，愉悦身心。除此之外，以中国舟山国际水产城为中心，形成了集活水产品专区、冰鲜水产品专区、干水产品专区、旅游纪念品专区等于一体的休闲购物中心，为游客采购海鲜和旅游纪念品提供了一个理想的场所，深受国内外游客的青睐（图7-5）。

图 7-5　品尝海鲜

图片来源：王飞　摄

（五）科普教育型

舟山海洋与渔业资源十分丰富，渔业历史悠久，渔村风情独特，通过对鱼标本、船和渔具模型、渔业发展历史的展示，充分反映舟山渔文化特色，让游客在观赏中接受教育，获得知识，了解舟山。目前，具有代表性的有岱山中国海洋渔业博物馆、普陀蚂蚁岛村史陈列馆、浙江海洋大学渔具陈列室等。这种类型的休闲渔业参观对象主要是学生，通过海洋与渔业历史文化的展示和介绍达到科普宣传的目的（图7-6）。

（六）综合配套型

综合配套型是集海上各类型休闲渔业和岸上休闲度假观光旅游于一体的、多功能化、配套设备齐全、活动种类多样、服务内容丰富、具有一定规模的休闲渔业。是舟山市休闲渔业今后向规模化、综合型发展的方向之一（图7-7）。

图 7-6 科普教育

图片来源：王飞 摄

图 7-7 休闲娱乐

图片来源：王飞 摄

三、休闲渔业发展史

舟山渔场地处长江、钱塘江和甬江入海口，以及受台湾暖流和沿岸寒流的交汇影响，饵料丰富，为水生动物提供了很好的栖息环境，是中国最大的近海渔场。靠海吃海，舟山渔民自古以来以捕捞为生。

但是，自 20 世纪 70 年代以来，我国的近海捕捞强度不断增加，海洋资源不断衰竭，在一定程度上影响了沿海人民的生活和生产，尤其是《中日渔业协定》《中韩渔业协定》和《中越北部湾渔业合作协定》的相继实施，使本来就十分严峻的局面雪上加霜。为此，从保护海洋渔业资源的角度出发，我国渔业行政管理部门于 2001 年开始实行沿海捕捞渔民的转产转业政策。从 2002 年起，国家又陆续出台了许多扶持渔民转产转业的政策措施，使得休闲渔业发展的越来越好。

舟山自然环境优美，人文资源独特，海岛优越的地理位置和丰富的渔业资源，在渔民转产转业的浪潮中，让舟山的休闲渔业占尽天时地利。

1999 年，嵊泗县五龙乡田岙村的一些转产转业渔民做起了"渔家乐"，这是舟山休闲渔业的真正起步。

确实，舟山群岛新区的休闲渔业中发展最快的要数"渔家乐"，因为"渔家乐"模式很符合现代人向往自由、崇尚自然、返璞归真的休闲理念，为此，舟山市政府大力支持"渔家乐"发展，在各区县努力推进"渔家乐"休闲旅游点。"渔家乐"休闲旅游点，是指依托当地渔村自然生态、田园景观、民俗风情、渔农业特色产业，以渔民和商业投资经营为主体，以"吃渔农家饭，住渔农村屋，游田园山水景，享休闲娱乐"为主要特征，为游客提供"体验渔农家生活，享受渔农家文明，欣赏渔农村文化，感受自然风情"等服务项目，包括各种类型的渔业园区、渔民村庄和各种"渔家乐"经营实体。"渔家乐"特色旅游点的建设对推进社会主义新农村建设、规范舟山群岛新区"渔家乐"的发展、提升"渔家乐"经营服务水平、创建"渔家乐"特色品牌，都起到了积极的推进作用。

2004 年 7 月 27 日，政协第四届舟山市委员会常务委员会第十三次会议审议通过的《关于加快发展舟山海洋休闲度假旅游业的建议案》指出，以"渔家乐"为代表的一批休闲渔农业旅游项目和舟山国际沙雕节、海鲜美食节、观音文化节、桃花岛金庸武侠文化节等大型节庆旅游文化活动的推出，促进了休闲度假旅游在舟山市的兴起和发展。把海洋休闲度假旅游作为舟山旅游业发展的主导方向，尽快实施舟山海洋休闲度假旅游发展战略，努力打响"舟山群岛"整体品牌，逐步把舟山群岛打造成国内一流、国际著名的海洋休闲度假旅游胜地，实现舟山旅游业跨越式发展。

2006 年 2 月 21 日，舟山市第四届人民代表大会第六次会议的《关于舟山市国民经济和社会发展第十一个五年规划纲要的报告》中提出，继续推进水产品养殖优势产业带建设，加快新品种、新技术的引进，建设全国一流的特色海水养殖基地和海岛型休闲渔业基地。

　　经过多年的实践与探索，舟山休闲渔业如火如荼地开展，海钓、休闲渔船等数量不断增加，规模不断扩大。以观光、垂钓、赶海、品鲜、购物和体验渔家风情等为主要内容的休闲渔业，完美诠释了渔民的转产转业，稳定了渔民的生活，提升了渔民的经济收入。例如，2019 年朱家尖乌石塘的一位休闲渔船船长告诉当时采访的记者，他说自己是本地人，已经在渔船上工作了近 40 年，之前是靠小木船捕捞的专业渔民，小木船更新改造后，结束了出海捕捞的专业渔民生活。10 年前，舟山市政府为开拓朱家尖乌石塘景区的观光、体验项目，浙江舟山旅游集团有限公司朱家尖旅游分公司收购了一批休闲渔船，包括他在内的 12 名船长成了景区的员工。在他看来，他们这些老渔民转到休闲渔船上后，每年能稳定拿到 12 万元的纯收入，他们更喜欢现在的生活。

　　综观整个舟山市的休闲渔业总产值，结合 2011—2021 年浙江省渔业经济统计资料分析，休闲渔业确实创造了非常可观的经济收入。2011 年，舟山市休闲渔业总产值 8 145 万元，2021 年为 15 530 万元，提升了 7 385 万元，平均增幅 90.67%，其中最高的是 2017 年，总产值为 16 349 万元。2011 年接待游客 110.30 万人次，2021 年为 128.79 万人次，增加了 18.49 万人次，平均增幅 16.76%，其中最高人数是 2018 年，为 172.09 万人次（图 7-8）。休闲渔船数量从 2011 年的 164 艘增加至 2021 年的 208 艘，增加了 44 艘，功率从 2011 年的 4 477 kW 增加到 2021 年的 22 182 kW（图 7-9）。

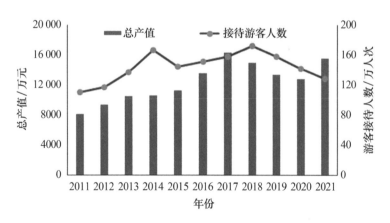

图 7-8　2011—2021 年舟山市休闲渔业总产值和接待游客人数

数据来源：浙江省渔业经济统计资料

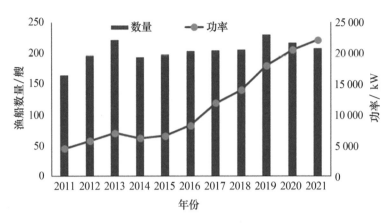

图 7-9　2011—2021 年舟山市休闲渔船数量和功率

数据来源：浙江省渔业经济统计资料

在发展休闲渔业规模的同时，渔民也意识到了舟山休闲渔业到了转型升级的时候，应该向绿色渔业中的休闲渔业发展。为此，舟山市人民政府为加快舟山市休闲渔业转型升级，强化休闲渔业管理，促进休闲渔业规范有序发展，于 2018 年发布了《关于加快推进休闲渔业转型升级的若干意见》。要求坚持"一二三产"融合和"生产、生活、生态"融合发展，结合国家绿色渔业试验基地建设，把休闲渔业作为渔业产业结构调整的重要方向，加强规划引领和政策扶持，创新发展机制，规范经营管理，完善配套设施，加强安全监督，注重生态资源保护，推进休闲渔业从数量型向质量型发展，使休闲渔业成为全市渔业经济和旅游经济的重要增长极。具体措施包括以下 4 个方面。

（1）推进休闲渔船更新改造。实施休闲渔船规范化建设，大力发展玻璃钢等新型船舶，逐步淘汰老旧休闲渔船，探索适合舟山海域的船型。到 2022 年，全市削减 12 m 以下小型休闲渔船数量占总小型渔船数量的 50% 以上，增加休闲渔船中玻璃钢等新型船舶的数量，对使用新型材料建造的规范化休闲渔船，各县（区）政府给予每艘不低于 30% 的补助，单艘补助最高不超过 150 万元，舟山市政府对建造规范化示范船的公司给予一定奖励。同时，优化休闲渔船作业方式，按照浙江省海洋与渔业局《关于使用体验式拖网渔具的休闲渔船过渡期管理办法》的要求，除马鞍列岛、中街山列岛海洋特别保护区已明确禁止拖网类作业方式外，到 2019 年年底，休闲渔船全面淘汰拖网类作业方式，重点发展以钓为主、兼顾笼捕等的体验式捕捞方式，鼓励充分利用养殖场、海洋牧场等发展休闲渔业。

（2）拓展休闲渔业项目。结合"最美渔村""精品休闲渔业示范基地""渔家民宿""海洋牧场"等项目，促进休闲渔业与旅游、文化、交通、商贸等产业的深度融合，培育一批精品项目、综合体项目，丰富产品结构，拓展项目内容，实施全产业链发展。鼓励社会资本参与海洋牧场综合体等大型项目建设，对精品项目、综合体项目，市及县（区）政府给予一定的补助。各地应充分发掘渔村特色民俗，开展以"渔"为主题的休闲娱乐、餐饮住宿、渔家文化等系列活动，满足不同层次的游客需求。

（3）规范提升休闲渔业经营主体。改善休闲渔业经营主体结构，进一步发挥渔民主体作用，支持转产转业渔民、大学毕业生返乡经营休闲渔业或为休闲渔业提供相关服务。支持村集体、渔民专业合作社兴办休闲渔业及相关服务项目。鼓励休闲渔业协会或相关企业参与休闲渔业品牌建设、客源组织、产品开发、保险保障等服务，建立健全营销服务体系。

（4）强化资源养护。加强对休闲渔场的资源养护，有针对性地开展渔业资源增殖放流，形成各具资源品种特色的休闲渔场。定期开展休闲渔场资源监测和评估，避免过度开发，努力实现资源利用与保护相统一。

第三节　舟山海洋渔文化

长期以来，中国先民留下了许多极为珍贵的渔文化遗物，如周口店山顶洞人钻上小孔、涂有红色的草鱼上眶骨，新石器时代的鱼钩、鱼叉、鱼镖、鱼枪和石制网坠、陶制网坠，仰韶文化的典型标志人面鱼纹彩陶盆等，可以说挂在山顶洞人脖子上、用野藤串的贝壳项链，不亚于当今的金银首饰。

舟山海洋文化历史悠久。据史书记载和出土文物考证，早在新石器时代，就有人类居住在舟山本岛西北部的马岙原始村落，创造了光辉灿烂的"海岛河姆渡文化"，因此马岙也被誉为"东海第一村"。作为人类海洋文化摇篮之一的马岙在新石器时期是舟山人活动的中心，充满神秘感而又带有浓郁的海洋气息。随着"一带一路"倡议的实施和推进新时代中国特色社会主义文化建设，舟山传统渔文化将融合更多的现代元素、地域元素和艺术元素，继续传承，不断创新。

舟山渔文化以多彩的形态、多样的形式代代相传，渔风渔俗、渔歌渔谚、海鲜饮食、非遗文化等都是舟山渔文化的体现。本节列举舟山渔船文化、非遗渔文化、海鲜饮食文化作为代表阐述。

一、渔船文化

进入新石器时代，人类能够"刳木为舟，剡木为楫，舟楫之利，以济不通，致远以利天下"。由群岛组成的舟山，开门见海，出岛乘船，船对海岛人来说十分重要，所以当出现船舶之后，人们想把它装扮得既漂亮又有寓意内涵，船饰文化也随之应运而生。随着造船技术、航海技术的不断进步和海洋渔业的发展，人们不断重视船舶内外的修饰和装扮。他们出自征服海洋和祈求平安、丰收的愿望，发挥自己的聪明和才智，展开艺术想象的翅膀，创造出丰富多彩的船饰文化习俗，有造船的程式与信仰、船饰的习俗与信仰、行船中的礼仪与崇拜、船部件与十二生肖、船眼的彩绘与寓意。虽然随着现代科学与技术的发展，有些渔船习俗已不复存在，但有些还是深入人心，只是比以前略微简单一些而已，如古代的造新船习俗。

据 2008 年版《普陀渔船史话》叙述，古代造船是海岛渔家的大事，要选择吉日良辰，开工前用三牲福利敬天地神灵，向大木师傅敬酒，送"红包"。新船梁头（龙骨）定位时，要披红挂彩，装淡水舱梁头合拢处要衬银洋（或铜钿、铜板）并用银钉（或铜钉）钉合，称为"船灵魂"或"水灵魂"。最后一道工序装船眼睛，称为"定彩"。定彩也要择吉期，在船尾栏板上贴上"海不扬波"横幅。大木师傅用五彩线条（五行）扎好银钉嵌钉在船眼上，用红布把船眼蒙好，待新船下海时，揭去红布，称"启眼"，然后由数十名身强力壮且父母双全的青壮年在鞭炮齐鸣、敲锣打鼓的气氛中，徐徐推船下海，称为"赴水"，谐音"富庶"以示吉利，东家站在船头向木工师傅、围观群众抛分馒头，谓"木龙赴水抛馒头"。

二、非遗渔文化

舟山因海而生、因海而兴，在漫长的历史长河中，在长期的生产、生活中，舟山人兴渔盐之利，行舟楫之便，创造了独具海洋特色的非物质文化遗产。典型的有舟山锣鼓、舟山渔民号子、岱山祭海、舟山渔民画等。

舟山渔文化

（一）舟山锣鼓

舟山锣鼓，又称"海上锣鼓""码头锣鼓""行会锣鼓"，是舟山民间习俗之一。相传，舟山锣鼓起源于明代，那时舟山建有多处防备倭寇的水寨，水军演练时，用响亮的鼓声传递号令。后来出现在航船或码头以及岛屿与岛屿之间、岛屿与大陆之间往来的交通船上。用敲锣打鼓招来乘客，在航行途中为乘客娱乐排遣，在航行中遭遇危险时作为呼救信号。

约在明末清初，舟山锣鼓从船上移到岛上并广为流传。旧时的舟山锣鼓大多出现在民间乡里的红白喜事、庙会庆典及渔民祭海等活动中。

1949 年后，这一民间音乐形式在专业音乐工作者的参与和整理下正式定名为"舟山锣鼓"。1957 年，在莫斯科举办的世界青年与学生和平友谊联欢节上，舟山锣鼓曾荣获世界民间音乐比赛金质奖章。2006 年，舟山锣鼓被列入第一批国家级非物质文化遗产名录。

（二）舟山渔民号子

舟山渔歌是舟山渔民根据渔业生产的特殊性和流动性，逐步积累和创作出来的一种口头文学，它不仅富有浓郁的海洋气息和渔乡风情，而且含有深刻的人生哲理和生活常识。许多歌谣是渔民专为传授知识而创作的，紧扣"海"字主题，运用艺术手法，通过口授传承，把海洋航行、海洋生活、海洋气象，以及船网工具、鱼类习性、船员职责等知识，以歌谣形式一代一代往下传。古往今来，许多只字不识的渔民，靠这种方法，学习古人知识，掌握生产技能，战天斗海，驾驭海洋。

舟山渔民号子是舟山渔歌中的一种，是海岛渔民在长期的生产劳动实践中自发创造的一种文化现象。旧时的舟山群岛，捕鱼和海上交通的主要工具是木帆船，海上的劳作，枯燥、寂寞且强度高，于是，渔民们在渔船上升蓬、起锚、扬帆、收网时，在码头上搬运渔获时，为了统一步调、一齐发力，催生了渔民号子。

舟山渔民号子，通常采用"一人领号众人和"的形式，不同的劳动形式有不同的节奏。一种节奏比较快，用于劳动时间短、强度不大的生产劳动；一种节奏比较慢，用于时间长、强度大的生产劳动。

初期，它只是一种简单的有节奏的叫喊，其作用是使劳动过程中的用力一致或步调一致。由于无数次的重复和文字口语化，逐渐产生了音韵，再后来又产生了音谱，最后形成了有节奏、有乐谱、有文字、有名称的渔民号子。按不同劳动工序，舟山渔民号子可分为摇橹号子、拔篷号子、起锚号子、拔网号子等数十种。舟山渔民号子与浙江沿海其他地区渔民号子相比，有短小精悍、品种多样、方言浓重、即兴自由、一唱众和、风格粗犷、海洋气息浓郁等特点，充满了舟山渔民船工朴实、豪迈、奔放的个性，体现了鲜明的舟山海洋文化特征。2008 年，舟山渔民号子被列入第二批国家级非物质文化遗产名录。

（三）岱山祭海

岱山祭海是舟山市岱山县乃至中国沿海渔民崇拜和信仰"海龙王"及海上"诸神"的一种祭祀方式，民众的参与性广、影响大、延续历史长，不仅在舟山群岛诸多的渔家习俗中独树一帜，也是我国东海 5 000 年海洋文化史上最具海洋渔文化个性的民俗之一，展示着东海海域渔民龙信仰的独特传统文化与深厚的民俗内涵。

古时的祭海活动，只从原始思维出发，认为万物都有神，相信大海自然有海神，所以把自己的命运寄托在龙和海龙王身上，于是形成了"出海祭龙王、丰收谢龙王、求雨靠龙王"，处处充满着浓郁的龙崇拜、龙信仰的氛围。

岱山祭海，作为一种海洋民间民俗形式，有鲜明的特点。

（1）代表性。岱山地处舟山渔场中部，自清代后期以来，每逢鱼汛，江苏、浙江、福建、上海三省一市的渔民聚集舟山岱衢洋等渔场捕鱼。岱山民间祭海谢洋活动，在三省一市渔民中产生较大的影响，祭海也随之入乡随俗。所以岱山的祭海民俗在我国沿海地区具有代表性。

（2）开放性。岱山渔民祭海选取在船头或岸上神殿进行，属于公开场合。每逢祭拜时，各方渔民都可以参与，没有人会因为地区有别、作业有别而进行阻拦，所以具有较强的开放性。

（3）民俗性。祭海是岱山诸岛渔民长期信仰的习俗，而且有它的独特方式，早已被《舟山民俗大观》、浙江《风俗》杂志收录。在国内非常典型，而且在世界上极为罕见，从而引起了国内外民俗学者的极大兴趣。

（4）普遍性。舟山岛屿众多，渔民在生产和生活过程中，出海、返洋、休渔、谢洋，均要举行形式多样的祭海仪式，以渔为业的村村岙岙，历代相传。

为发掘、提炼祭海这一古老的民俗，岱山县政府会同有关部门为传承祭海习俗，投入 2 300 余万元资金在古祭坛遗址上建造了我国首个大型祭海坛，并于每年东海区伏季休渔期，举行规模盛大的休渔谢洋大典。以祭海为载体，积极倡导让大海休养生息，呼吁全人类关爱海洋、呵护海洋，打发人类对大海的感恩之情，提升了祭海活动的内涵。2007 年，岱山祭海被列入第二批省级非物质文化遗产名录。

（四）舟山渔民画

舟山渔民画是一种海腥味浓烈的民间绘画，起步于 19 世纪 80 年代初，具有强烈的时代感和鲜明的民族地域文化特征。作为一种民族民间艺术，它既与古老的传统艺术有着承接关系，又与现实生活有着更为密切的关联。渔民画作者大多来自渔家的年轻人，多彩的海边生活，真挚的大海情怀，丰富的想象力，孕育出渔民画独特

舟山渔民画
艺术节

的意境，有机地将生活、想象与梦幻自然结合。画面中既体现了海岛渔民兄弟豪爽、刚毅的精神气质，又包含了渔家淳朴的真情、善良的愿望和对美好的追求。渔民画以现实主义的观念和浪漫主义的手法，艺术地再现海岛地区的生活场景、民俗风情和渔民满载而归的欢乐。2006 年，舟山渔民画被列入第一批市级非物质文化遗产名录（图 7-10）。

图 7-10　渔民画
图片来源：舟山南洞艺谷，王飞　摄

三、海鲜饮食渔文化

舟山水产品味美质优，久负盛名，宋时已有"海族则鲨酱独珍"之美誉，淡菜被作为贡品运往京城，故有"贡干"美名，元时就有"附海之民，岁造鱼鲞"的记载。

传统的水产品有盐渍、冰鲜、风干、晒干、糟、醉等多种加工工艺。起初多由渔民自行加工，直接运往镇海、鄞州、上海、江苏一带销售。明代开始，随着生产力的发展，形成了长涂、嵊泗、东沙、沈家门等集散港和专业水产品购销加工行业，至清代已发展成相当规模。

海鲜美食
文化节

抗日战争前，舟山已有水产品加工厂 300 余家，年产各种水产制品万余吨。加工水产品有三刀鲞、瓜筒、淡鲞、海蜇皮、虾米、海蜒等，销运上海、杭州、宁波、绍兴、乍浦等地，部分运销东南亚及中国香港地区。

中华人民共和国成立后，水产品加工有了新发展，生产的鱼粉销往苏联及东欧。生产的水产罐头打入欧美市场。20 世纪 70 年代中期，舟山大力发展以冷冻为主要内容的水产品保鲜加工，扩大加工小包装和综合利用，既提高了水产品的商品率，增加了市场供应，又提高了水产品的价值，增加了收入。1979 年以后，出口水产品除冻鱼、冻虾仁及各种干制品外，还增加了活石斑鱼、活梭子蟹、对虾、活鳗等，空运至中国香港、澳门地区，以及东南亚和日本等。

舟山是中国最大的海产品生产、加工和销售基地，在饮食方面自然以海鲜为特色，舟山海鲜菜源自民间，讲究鲜活，口感鲜美，注重营养，主要食材以当地产出的特色水产品为主原料，并配以当地的农副产品，菜品原汁原味。烹饪方法以清蒸、酱渍、盐渍、风干为主。还采用晾晒、腌制、醉、糟等传统粗放方法进行加工保存。在烹饪技艺上，菜式丰富，既继承渔农村传统加工技艺，又讲究刀工、色泽，富有浓郁的地域风味特色，而且每一道菜都有当地风俗文化典故或传奇故事。

舟山海鲜饮食文化在其发展历史中，始终处于本土的原生态文化与外来文化吸纳交融之中，它既有原汁原味、独树一帜的海岛饮食风味，又在本土饮食文化基础上融进了其他地区的饮食习俗，具有兼容并蓄之特色。

1. 黄鱼鲞烤肉

早先，定海县（今定海区）有个黄鱼汛叫洋山市，洋山市是 3 月 15 日至 5 月 15 日的春夏鱼汛。洋山市期间黄鱼很多，当时，定海县还没有冷库，海鲜外运交通不便，除了腌咸货，只得剖鲞晒。至清宣统年间，舟山黄鱼鲞已盛销国内，舟山人俗语"好看红绿，好吃鱼肉"。黄鱼鲞烤肉，鱼鲞与五花肉同烹，既有浓郁的鱼鲞香味，又有猪肉的鲜味，两味相掺，各尽其妙，是定海百姓用来招待客人的一道地方名菜。

2. 芹菜炒鳗丝

鳗丝由"新风鳗鲞"切丝而成，"新风鳗鲞"是以冬汛中后期的鳗鱼，挂在避阳的通风处晾干成鳗鲞。当地居民把这段时间晾制的鳗鱼干冠以"新风"，故而得名，"新风鳗鲞"肉质丰满，在舟山有"新风鳗鲞味胜鸡"的说法。鳗丝甘美，芹菜清香，别具风味，舟山海鲜与时令蔬菜的巧妙配合，实现了营养成分的互补，体现了我国饮食文化的"和"之理念。

3. 三鲜杂烩

舟山三鲜杂烩又叫"全家福"，其配料比较多，加工方法也比较独特，有地方特色和风味，吃起来自然与别处不同，因此成为舟山的"传统老牌热菜"。三鲜杂烩是 20 世纪五六十年代定海、沈家门饭店的招牌菜。当时的普通家庭很难一下子配齐所有原料，只有新年时，三鲜杂烩才会端上普通家庭的年夜饭桌，赋予丰足和吉祥的意味。

4. 年糕炒螃蟹

年糕是温性的食物，具有补脾养胃的功效。螃蟹是寒性的食物，用年糕搭配螃蟹以中和螃蟹的寒凉，还能养胃益气、平衡阴阳，寓意步步高升。

5. 舟山风鳗

风鳗就是海鳗捕上来剖鲞，让其在暖暖的冬阳下、在凛冽的寒风中渐渐吹干。在舟山，有"无鳗不成宴"之说。风鳗，谐音"丰满"，有丰收、圆满的意思，所以，无论是祝寿、结婚、满月、过年，风鳗必有一席之地。

思考题　　　　主题讨论

参 考 文 献

《普陀县志》编辑部，1994.舟山海域海洋生物志［M］.杭州：浙江人民出版社.

《普陀县志》编纂委员会，1991.普陀县志［M］.杭州：浙江人民出版社.

《中国渔业统计年鉴》编辑委员会，1960.中国渔业统计年鉴［M］.北京：中国农业出版社.

《中国渔业统计年鉴》编辑委员会，1961.中国渔业统计年鉴［M］.北京：中国农业出版社.

《中国渔业统计年鉴》编辑委员会，1962.中国渔业统计年鉴［M］.北京：中国农业出版社.

《中国渔业统计年鉴》编辑委员会，1963.中国渔业统计年鉴［M］.北京：中国农业出版社.

《中国渔业统计年鉴》编辑委员会，1964.中国渔业统计年鉴［M］.北京：中国农业出版社.

《中国渔业统计年鉴》编辑委员会，1965.中国渔业统计年鉴［M］.北京：中国农业出版社.

《中国渔业统计年鉴》编辑委员会，1966.中国渔业统计年鉴［M］.北京：中国农业出版社.

《中国渔业统计年鉴》编辑委员会，1967.中国渔业统计年鉴［M］.北京：中国农业出版社.

《中国渔业统计年鉴》编辑委员会，1968.中国渔业统计年鉴［M］.北京：中国农业出版社.

《中国渔业统计年鉴》编辑委员会，1969.中国渔业统计年鉴［M］.北京：中国农业出版社.

《中国渔业统计年鉴》编辑委员会，1970.中国渔业统计年鉴［M］.北京：中国农业出版社.

《中国渔业统计年鉴》编辑委员会，1971.中国渔业统计年鉴［M］.北京：中国农业出版社.

《中国渔业统计年鉴》编辑委员会，1972.中国渔业统计年鉴［M］.北京：中国农业出版社.

《中国渔业统计年鉴》编辑委员会，1973.中国渔业统计年鉴［M］.北京：中国农业出版社.

《中国渔业统计年鉴》编辑委员会，1974.中国渔业统计年鉴［M］.北京：中国农业出版社.

《中国渔业统计年鉴》编辑委员会，1975.中国渔业统计年鉴［M］.北京：中国农业出版社.

《中国渔业统计年鉴》编辑委员会，1976.中国渔业统计年鉴［M］.北京：中国农业出版社.

《中国渔业统计年鉴》编辑委员会，1977.中国渔业统计年鉴［M］.北京：中国农业出版社.

《中国渔业统计年鉴》编辑委员会，1978.中国渔业统计年鉴［M］.北京：中国农业出版社.

《中国渔业统计年鉴》编辑委员会，1979.中国渔业统计年鉴［M］.北京：中国农业出版社.

《中国渔业统计年鉴》编辑委员会，1980.中国渔业统计年鉴［M］.北京：中国农业出版社.

《中国渔业统计年鉴》编辑委员会，1981.中国渔业统计年鉴［M］.北京：中国农业出版社.

《中国渔业统计年鉴》编辑委员会，1982.中国渔业统计年鉴［M］.北京：中国农业出版社.

《中国渔业统计年鉴》编辑委员会，1983.中国渔业统计年鉴［M］.北京：中国农业出版社.

《中国渔业统计年鉴》编辑委员会，1984.中国渔业统计年鉴［M］.北京：中国农业出版社.

《中国渔业统计年鉴》编辑委员会，1985.中国渔业统计年鉴［M］.北京：中国农业出版社.

《中国渔业统计年鉴》编辑委员会，1986.中国渔业统计年鉴［M］.北京：中国农业出版社.

《中国渔业统计年鉴》编辑委员会，1987.中国渔业统计年鉴［M］.北京：中国农业出版社.

《中国渔业统计年鉴》编辑委员会，1988.中国渔业统计年鉴［M］.北京：中国农业出版社.

《中国渔业统计年鉴》编辑委员会，1989.中国渔业统计年鉴［M］.北京：中国农业出版社.

《中国渔业统计年鉴》编辑委员会，1990.中国渔业统计年鉴［M］.北京：中国农业出版社.

《中国渔业统计年鉴》编辑委员会，1991.中国渔业统计年鉴［M］.北京：中国农业出版社.

《中国渔业统计年鉴》编辑委员会，1992.中国渔业统计年鉴［M］.北京：中国农业出版社.

《中国渔业统计年鉴》编辑委员会，1993.中国渔业统计年鉴［M］.北京：中国农业出版社.

《中国渔业统计年鉴》编辑委员会，1994.中国渔业统计年鉴［M］.北京：中国农业出版社.

《中国渔业统计年鉴》编辑委员会，1995.中国渔业统计年鉴［M］.北京：中国农业出版社.

《中国渔业统计年鉴》编辑委员会，1996.中国渔业统计年鉴［M］.北京：中国农业出版社.

《中国渔业统计年鉴》编辑委员会，1997.中国渔业统计年鉴［M］.北京：中国农业出版社.

《中国渔业统计年鉴》编辑委员会，1998.中国渔业统计年鉴［M］.北京：中国农业出版社.

《中国渔业统计年鉴》编辑委员会，1999.中国渔业统计年鉴［M］.北京：中国农业出版社.

《中国渔业统计年鉴》编辑委员会，2000.中国渔业统计年鉴［M］.北京：中国农业出版社.

《中国渔业统计年鉴》编辑委员会，2001.中国渔业统计年鉴［M］.北京：中国农业出版社.

《中国渔业统计年鉴》编辑委员会，2002.中国渔业统计年鉴［M］.北京：中国农业出版社.

《中国渔业统计年鉴》编辑委员会，2003.中国渔业统计年鉴［M］.北京：中国农业出版社.

《中国渔业统计年鉴》编辑委员会，2004.中国渔业统计年鉴［M］.北京：中国农业出版社.

《中国渔业统计年鉴》编辑委员会，2005.中国渔业统计年鉴［M］.北京：中国农业出版社.

《中国渔业统计年鉴》编辑委员会，2006.中国渔业统计年鉴［M］.北京：中国农业出版社.

《中国渔业统计年鉴》编辑委员会，2007.中国渔业统计年鉴［M］.北京：中国农业出版社.

《中国渔业统计年鉴》编辑委员会，2008.中国渔业统计年鉴［M］.北京：中国农业出版社.

《中国渔业统计年鉴》编辑委员会，2009.中国渔业统计年鉴［M］.北京：中国农业出版社.

《中国渔业统计年鉴》编辑委员会，2010.中国渔业统计年鉴［M］.北京：中国农业出版社.

《中国渔业统计年鉴》编辑委员会，2011.中国渔业统计年鉴［M］.北京：中国农业出版社.

《中国渔业统计年鉴》编辑委员会，2012.中国渔业统计年鉴［M］.北京：中国农业出版社.

《中国渔业统计年鉴》编辑委员会，2013.中国渔业统计年鉴［M］.北京：中国农业出版社.

《中国渔业统计年鉴》编辑委员会，2014.中国渔业统计年鉴［M］.北京：中国农业出版社.

《中国渔业统计年鉴》编辑委员会，2015.中国渔业统计年鉴［M］.北京：中国农业出版社.

《中国渔业统计年鉴》编辑委员会，2016.中国渔业统计年鉴［M］.北京：中国农业出版社.

《中国渔业统计年鉴》编辑委员会，2017.中国渔业统计年鉴［M］.北京：中国农业出版社.

《中国渔业统计年鉴》编辑委员会，2018.中国渔业统计年鉴［M］.北京：中国农业出版社.

《中国渔业统计年鉴》编辑委员会，2019.中国渔业统计年鉴［M］.北京：中国农业出版社.

《中国渔业统计年鉴》编辑委员会，2020.中国渔业统计年鉴［M］.北京：中国农业出版社.

《中国渔业统计年鉴》编辑委员会，2021.中国渔业统计年鉴［M］.北京：中国农业山版社.

《中国渔业统计年鉴》编辑委员会，2022.中国渔业统计年鉴［M］.北京：中国农业出版社.

陈海克，2004.舟山海洋文化资源的现状与研究［M］.北京：中国文联出版社.

陈文钦，2018.中国古代舟船发展简述［J］.才智（31）：202-203.

陈新军，周应琪，2018.渔业导论［M］.北京：科学出版社.

陈新军，2004.渔业资源与渔场学［M］.北京：海洋出版社.

陈新军，2018.远洋渔业概论——资源与渔场［M］.北京：科学出版社.

丛子明，李挺，1993.中国渔业史［M］.北京：中国科学技术出版社.

崔建章，1997.渔具与渔法学［M］.北京：中国农业出版社.

岱山县志编纂委员会，1994.岱山县志［M］.杭州：浙江人民出版社.

定海县志编纂委员会，1994.定海县志［M］.杭州：浙江人民出版社.

董恩和，黄宝善，石胜旗，等，2020.新时代背景下我国远洋鱿钓渔业可持续发展的有关建议［J］.水产科技情报，43（5）：261-265.

董佳晨，史小珍，俞博，2013.舟山群岛新区休闲渔业现状及对策研究［J］.安徽农业科学，41（11）：4900-4903，4906.

段若衡，李梦阳，2020.中国安哥拉远洋渔业合作浅析［J］.中国水产（8）：33-36.

方宗熙，张定民，1982.大槻洋四郎对我国海带早期养殖的贡献［J］.山东海洋学院学报，12（3）：97-98.

付晓月，黄大志，徐慧丽，等，2021.深远海网箱水产养殖发展综述［J］.水产养殖，42（10）：23-26.

郭振民，1995.嵊泗渔业史话［M］.北京：海洋出版社.

何大仁，蔡厚才，1998.鱼类行为学［M］.厦门：厦门大学出版社.

侯娟，周为峰，王鲁民，等，2020.中国深远海养殖潜力的空间分析［J］.资源科学，42（7）：1325-1337.

胡方珍，盛伟群，王体涛，2021.深远海养殖装备技术现状及标准化工作建议［J］.船舶标准化工程师，54（5）：6-12.

胡玉晶，刘思昭，2012.斑斓的海洋鱼类［M］.长春：吉林出版集团有限责任公司.

姜彬，金涛，2005.东海岛屿文化与民俗［M］.上海：上海文艺出版社.

雷霁霖，1997.我国海产鱼类养殖发展历史、现状与展望［J］.海洋信息（9）：13-15.

雷霁霖，2005.海水鱼类养殖理论与技术［M］.北京：中国农业出版社.

李豹德，马镇平，1990.中国海洋渔具调查和区划［M］.杭州：浙江科学技术出版社.

李大海，潘克厚，陈玲玲，2008.改革开放以来我国海水养殖政策的演变与发展［J］.中国渔业经济，26（3）：57-61.

李大海，潘克厚，韩立民，2005.我国海水养殖业的发展历程［J］.中国渔业经济，23（6）：11-13.

李大海，2007.经济学视角下的中国海水养殖发展研究——实证研究与模型分析［D］.青岛：中国海洋大学.

李惠玉，杨林林，徐强强，2017.全球海洋渔业资源现状［M］.北京：中国农业出版社.

刘焕亮，黄樟翰，2008.中国水产养殖学［M］.北京：科学出版社.

刘焕亮，2000.水产养殖学概论［M］.青岛：青岛出版社.

刘立明，黄硕琳，2005.关于我国渔船削减计划的研究［J］.上海水产大学学报，14（3）：319-326.

刘连庆，吴常文，2011.现代深水网箱养殖企业建设的研究［J］.中国水产（5）：26-27.

刘瑞玉，2008.中国海洋生物名录［M］.北京：科学出版社.

刘胜勇，2015.舟山航海史话［M］.北京：中国文史出版社.

刘悦，2014.渔文化内涵变迁及其价值研究［D］.青岛：中国海洋大学.

柳正，2011.跨百年沧桑 续渔业辉煌——回望中国渔船现代化发展道路［J］.农业部管理干部学院学报, 1（3）：1–5.

马云瑞, 郭佩芳, 2017. 我国深远水养殖环境适宜条件研究［J］. 海洋环境科学, 36（2）：249–254.

麦康森, 徐皓, 薛长湖, 等, 2016. 开拓我国深远海养殖新空间的战略研究［J］. 中国工程科学, 18（3）：90–95.

毛锡林, 蒋文波, 1994. 舟山海域海洋生物志［M］. 杭州：浙江人民出版社.

苗振清, 黄锡昌, 2003. 远洋金枪鱼渔业［M］. 上海：上海科学技术文献出版社.

倪海尔, 陆杰华, 2003. 舟山渔场主要渔业资源利用现状［J］. 应用生态学报, 14（4）：569–572.

宁波, 2010. 试论渔文化、鱼文化与休闲渔业［J］. 渔业经济研究（2）：25–29.

普陀渔业志编纂委员会, 2015. 普陀渔业志［M］. 北京：方志出版社.

全国水产技术推广总站, 农业农村部海洋牧场建设专家咨询委员会, 2023. 海洋牧场知识科普问答［M］. 北京：中国农业出版社.

全国水产技术推广总站, 2020. 休闲渔业国内外经验与启示［M］. 北京：中国农业出版社.

佘显炜, 虞聪达, 2004. 渔具力学［M］. 杭州：浙江科学技术出版社.

沈汉祥, 李善勋, 唐小曼, 等, 1987. 远洋渔业［M］. 北京：海洋出版社.

嵊泗海洋与渔业志编纂委员会, 2011. 嵊泗海洋与渔业志［M］. 北京：方志出版社.

施鼎钧, 1985. 我国古代渔具渔法溯源［J］. 水产科技情报（1）：21–23.

施鼎钧, 1999. 辉煌的中国渔业史［J］. 北京水产（4）：39–40.

施鼎钧, 1999. 辉煌的中国渔业史［J］. 北京水产（5）：42–43.

施鼎钧, 1999. 辉煌的中国渔业史［J］. 北京水产（6）：44–45.

石建高, 余雯雯, 卢本才, 2021. 中国深远海网箱的发展现状与展望［J］. 水产学报, 45（6）：2–12.

宋伟华, 王飞, 2016. 舟山渔业简史［M］. 北京：海洋出版社.

孙满昌, 王玉明, 1999. 捕虾桁拖网网囊网目的选择性研究［J］. 水产学报, 23（2）：186–191.

孙满昌, 2004. 渔具渔法选择性［M］. 北京：中国农业出版社.

孙满昌, 2005. 海洋渔业技术学［M］. 北京：中国农业出版社.

孙满昌, 2012. 海洋渔业技术学［M］. 2 版. 北京：中国农业出版社.

孙勇志，刘晓晨，于华，2012. 海洋航运［M］. 广州：中山大学出版社.

王飞，胡夫祥，高敏，等，2019. 三种浮绳式框架养殖围网系泊缆绳和框架纲张力试验研究［J］. 中国海洋大学学报（自然科学版），49（9）：139–145.

王飞，钱卫国，田思泉，2009. 东、黄海鲐鲹鱼渔场与海洋环境关系的研究［J］. 渔业科学进展，30（4）：64–75.

王飞，钱卫国，2008. 智利外海茎柔鱼渔场集鱼灯灯光的配置［J］. 水产学报，32（2）：279–286.

王俊，2014. 中国古代养殖［M］. 北京：中国商业出版社.

王迎宾，俞存根，2008. 舟山市休闲渔业现状及发展探讨［J］. 中国水产（2）：77–78.

翁永孟，徐炜波，2008. 定海年鉴［M］. 北京：中国文史出版社.

吴侃侃，李青生，黄海萍，等，2022. 我国深远海养殖现状及发展对策［J］. 海洋开发与管理，39（10）：11–18.

武云飞，2014. 话说中国海洋渔业［M］. 广州：广东经济出版社.

席龙飞，宋颖，2008. 船文化［M］. 北京：人民交通出版社.

徐杰，韩立民，张莹，2021. 我国深远海养殖的产业特征及政策支持［J］. 中国渔业经济，39（1）：98–107.

徐琰斐，徐皓，刘晃，等，2021. 中国深远海养殖发展方式研究［J］. 渔业现代化，48（5）：9–15.

许立阳，2008. 国际海洋渔业资源法研究［M］. 青岛：中国海洋大学出版社.

姚宏伟，2021. 我国远洋渔业船员心理健康建设的思考［J］. 中国水产（9）：39–41.

应荷香，2014. 定海年鉴［M］. 北京：中国文史出版社.

俞保根，2013. 沈家门渔港史话［J］. 浙江国际海运职业技术学院学报，9（2）：22–27.

俞存根，叶振江，韩志强，2016. 渔业资源与渔场学［M］. 北京：中国农业出版社.

俞存根，虞聪达，2008. 奇妙的海洋生物世界［M］. 北京：海洋出版社.

俞存根，2011. 舟山渔场渔业生态学［M］. 北京：科学出版社.

张福绥，2003. 近现代中国水产养殖业发展回顾与展望［J］. 世界科技研究与发展，25（3）：5–13.

张立修，毕定邦，1990. 浙江当代渔业史［M］. 杭州：浙江科学技术出版社.

张震东，杨金森，1988. 中国海洋渔业简史［M］. 北京：海洋出版社.

赵素芬, 2012. 海藻与海藻栽培学 [M]. 北京: 国防工业出版社.

赵以忠, 1983. 解放前舟山渔业发展初探 (上) [J]. 浙江水产学院学报 (1): 75-81.

赵以忠, 1983. 解放前舟山渔业发展初探 (下) [J]. 浙江水产学院学报 (2): 157-164.

曾名湧, 李文涛, 2012. 海洋渔业 [M]. 广州: 中山大学出版社.

政协舟山市普陀区委员会教科卫体委员会, 文化文史和学习委员会, 2005. 中国渔港沈家门 [M]. 北京: 中国文史出版社.

政协舟山市普陀区委员会教科卫体委员会, 文化文史和学习委员会, 2009. 普陀渔船史话 [M]. 北京: 中国文史出版社.

政协舟山市委员会文化文史和学习委员会, 2007. 舟山渔业史话 (舟山文史资料第十辑) [M]. 北京: 中国文学出版社.

政协舟山市委员会文化文史和学习委员会, 2014. 舟山渔业世纪回眸 (舟山文史资料第十七辑) [M]. 北京: 中国文史出版社.

政协舟山市委员会文化文史和学习委员会, 政协舟山市嵊泗县委员会文化文史和学习委员会, 1994. 舟山海洋渔文化: 嵊泗篇 [M]. 北京: 海洋出版社.

舟山市地方志编纂委员会, 1992. 舟山市志 [M]. 杭州: 浙江人民出版社.

舟山市地方志编纂委员会, 2016. 舟山市志 (1989—2005) [M]. 北京: 商务印书馆.

舟山市统计局, 国家统计局舟山调查队, 2012. 舟山统计年鉴 (2012) [M]. 北京: 中国统计出版社.

舟山市统计局, 国家统计局舟山调查队, 2013. 舟山统计年鉴 (2013) [M]. 北京: 中国统计出版社.

舟山市统计局, 国家统计局舟山调查队, 2014. 舟山统计年鉴 (2014) [M]. 北京: 中国统计出版社.

舟山市统计局, 国家统计局舟山调查队, 2015. 舟山统计年鉴 (2015) [M]. 北京: 中国统计出版社.

舟山市统计局, 国家统计局舟山调查队, 2016. 舟山统计年鉴 (2016) [M]. 北京: 中国统计出版社.

舟山市统计局, 国家统计局舟山调查队, 2017. 舟山统计年鉴 (2017) [M]. 北京: 中国统计出版社.

舟山市统计局, 国家统计局舟山调查队, 2018. 舟山统计年鉴 (2018) [M]. 北京: 中国统计出版社.

舟山市统计局，国家统计局舟山调查队，2019.舟山统计年鉴（2019）［M］.北京：中国统计出版社.

舟山市统计局，国家统计局舟山调查队，2020.舟山统计年鉴（2020）［M］.北京：中国统计出版社.

舟山市统计局，国家统计局舟山调查队，2021.舟山统计年鉴（2021）［M］.北京：中国统计出版社.

舟山市统计局，国家统计局舟山调查队，2022.舟山统计年鉴（2022）［M］.北京：中国统计出版社.

周井娟，2020.中国海水鱼养殖业发展轨迹及技术变迁［J］.农学学报，10（7）：88-96.

周士沅，1983.舟山地区机帆渔船的演变及发展趋向［J］.渔业机械仪器（5）：37-39.

朱文斌，高天翔，王业辉，等，2022.浙江海洋鱼类图鉴及其DNA条形码［M］.北京：中国农业出版社.

邹莉，苗振清，俞存根，等，2010.帆张网渔获物组成及其多样性分析［J］.南方水产科学，6（6）：46-53.

附录1 舟山海域常见的几种海洋经济鱼类的命名 [①]

软骨鱼纲 Chondrichthyes

  真鲨目 Carcharhinformes

    真鲨科 Carcharhinidae

      斜齿鲨属 *Scoliodon* Müller et Henle, 1837

        宽尾斜齿鲨 *Scoliodon laticaudus* Müller et Henle, 1839

    双髻鲨科 Sphyrnidae

      双髻鲨属 *Sphyrna* Rafinesque，1810

        路氏双髻鲨 *Sphyrna lewini*（Griffith et Smith, 1834）

  鳐形目 Rajiformes

    团扇鳐科 Platyrhinidae

      团扇鳐属 *Platyrhina* Müller et Henle, 1838

        中国团扇鳐 *Platyrhina sinensis*（Bloch et Schneider，1801）

  鲼形目 Myliobatiformes

    魟科 Dasyatidae

      魟属 *Dasyatis* Rafinesque，1810

        赤魟 *Dasyatis akajei*（Müller et Henle，1841）

        光魟 *Dasyatis laevigatus* Chu，1960

硬骨鱼纲 Osteichthyes

  鳗鲡目 Anguilliformes

    海鳗科 Muraenesocidae

      海鳗属 *Muraenesox* McClelland，1843

[①] 资料来源：刘瑞玉，2008. 中国海洋生物名录 [M]. 北京：科学出版社.

海鳗 *Muraenesox cinereus*（Forsskål，1775）

康吉鳗科 Congridae

康吉鳗属 *Conger* Cuvier，1817

星康吉鳗 *Conger myriaster*（Brevoort，1856）

鲱形目 Clupeiformes

锯腹鳓科 Pristigasteridae

鳓属 *Ilisha* Richardson，1846

鳓 *Ilisha elongata*（Bennett，1830）

鳀科 Engraulidae

鲚属 *Coilia* Gray，1831

凤鲚 *Coilia mystus*（Linnaeus，1758）

刀鲚 *Coilia nasus* Schlegel，1846

鳀属 *Engraulis* Cuvier，1817

鳀 *Engraulis japonicus* Temminck et Schlegel，1846

黄鲫属 *Setipinna* Swainson，1839

黄鲫 *Setipinna taty*（Cuvier et Valenciennes，1848）

仙女鱼目 Aulopiformes

龙头鱼科 Harpodontidae

龙头鱼属 *Harpodon* Lesueur，1825

龙头鱼 *Harpodon nehereus*（Hamilton，1822）

狗母鱼科 Synodidae

蛇鲻属 *Genus Saurida* Cuvier et Valenciennes，1849

长蛇鲻 *Saurida elongata*（Temminck et Schlegel，1846）

鮟鱇目 Lophiform

鮟鱇科 Lophiidae

黄鮟鱇属 *Lophius* Linnaeus，1758

黄鮟鱇 *Lophius litulon*（Jordan，1902）

鲻形目 Mugiliformes

鲻科 Mugilidae

鲻属 *Mugil* Linnaeus，1758

鲻 *Mugil cephalus* Linnaeus, 1758

鲉形目 Scorpaeniformes

　　鲉科 Scorpaenidae

　　　　菖鲉属 *Sebastiscus* Jordan et Starks, 1904

　　　　　　褐菖鲉 *Sebastiscus marmoratus*（Cuvier, 1829）

　　鲂鮄科 Triglidae

　　　　绿鳍鱼属 *Chelidonichthys* Kaup, 1873

　　　　　　小眼绿鳍鱼 *Chelidonichthys spinosus*（McClelland, 1844）

　　鲬科 Platycephalidae

　　　　鲬属 *Platycephalus* Bloch, 1795

　　　　　　鲬 *Platycephalus indicus*（Linnaeus, 1758）

鲈形目 Perciformes

　　大眼鲷科 Priacanthidae

　　　　大眼鲷属 *Priacanthus* Oken, 1817

　　　　　　短尾大眼鲷 *Priacanthus macracanthus* Cuvier, 1829

　　　　　　长尾大眼鲷 *Priacanthus tayenus* Richardson, 1846

　　弱棘鱼科 Malacanthidae

　　　　方头鱼属 *Branchiostegus* Rafinesque, 1815

　　　　　　日本方头鱼 *Branchiostegus japonicus*（Houttuyn, 1782）

　　鲹科 Carangidae

　　　　圆鲹属 *Decapterus* Bleeker, 1851

　　　　　　蓝圆鲹 *Decapterus* maruadsi（Temminck & Schegel, 1843）

　　石鲈科 Pomadasyidae

　　　　髭鲷属 *Hapalogenys* Richardson, 1844

　　　　　　横带髭鲷 *Hapalogenys mucronatus*（Eydoux et Souleyet, 1850）

　　　　　　斜带髭鲷 *Hapalogenys nitens*（Richardson, 1844）

　　金线鱼科 Nemipteridae

　　　　金线鱼属 *Nemipterus* Swainson, 1839

　　　　　　金线鱼 *Nemipterus virgatus*（Houttuyn, 1782）

　　鲷科 Sparidae

棘鲷属 *Acanthopagrus* Peter，1855

黄鳍棘鲷 *Acanthopagrus latu*s（Houttuyn，1782）

黑棘鲷 *Acanthopagrus schlegeli*（Bleeker，1854）

马鲅科 Polynemidae

四指马鲅属 *Eleutheronema* Bleeker，1862

四指马鲅 *Eleutheronema tetradactylum*（Shaw，1804）

石首鱼科 Sciaenidae

梅童鱼属 *Collichthys* Günther，1860

棘头梅童鱼 *Collichthys lucidus*（Richardson，1844）

叫姑鱼属 *Johnius* Bloch，1793

皮氏叫姑鱼 *Johnius belengerii*（Cuvier，1830）

黄鱼属 *Larimichthys* Jordan et Starks，1905

大黄鱼 *Larimichthys crocea*（Richardson，1846）

小黄鱼 *Larimichthys polyactis*（Bleeker，1877）

鮸属 *Miichthys* Lin，1938

鮸 *Miichthys niiuy*（Basilewsky，1855）

黄姑鱼属 *Nibea* Jordan et Thompson，1911

黄姑鱼 *Nibea albiflora*（Richardson，1846）

石鲷科 Oplegnathidae

石鲷属 *Oplegnathus* Richardson，1840

条石鲷 *Oplegnathus fasciatus*（Temminck et Schlegel，1844）

虾虎鱼科 Gobiidae

弹涂鱼属 *Periophthalmus* Bloch et Schneider，1801

弹涂鱼 *Periophthalmus modestu*s Cantor，1842

带鱼科 Trichiuridae

带鱼属 *Trichiurus* Linnaeus，1758

带鱼 *Trichiurus japonicus* Temminck et Schlegel，1844

鲭科 Scombridae

鲐属 *Scomber* Linnaeus，1758

鲐 *Scomber japonicus*（Houttuyn，1832）

马鲛属 *Scomberomorus* Lacepède, 1802

　　蓝点马鲛 *Scomberomorus niphonius*（Cuvier et Valenciennes, 1831）

长鲳科 Centrolophidae

　刺鲳属 *Psenopsis* Gill, 1862

　　刺鲳 *Psenopsis anomala*（Temminck et Schlegel, 1844）

鲳科 Stromateidae

　鲳属 *Pampus* Bonaparte, 1837

　　银鲳 *Pampus argenteus*（Euphrasen, 1788）

　　灰鲳 *Pampus cinereus*（Bloch, 1793）

鲽形目 Pleuronectiformes

　牙鲆科 Paralichthyidae

　　牙鲆属 *Puralichthys* Girard, 1858

　　　褐牙鲆 *Paralichthys olivaceus*（Temminck et Schlegel, 1846）

　舌鳎科 Cynoglossidae

　　舌鳎属 *Cynoglossus* Hamilton, 1822

　　　短吻红舌鳎 *Cynoglossus joyneri* Günther, 1878

　　　半滑舌鳎 *Cynoglossus semilaevis* Günther, 1873

鲀形目 Tetraodontiformes

　单角鲀科 Monacanthidae

　　马面鲀属 *Thamnaconus* Smith, 1949

　　　绿鳍马面鲀 *Thamnaconus modestu*s（Günther, 1877）

　鲀科 Tetraodontidae

　　东方鲀属 *Takifugu* Abe, 1949

　　　暗纹东方鲀 *Takifugu fasciatus*（McClelland, 1844）

附录2 2023 年休渔制度 [①]

农业农村部关于调整海洋伏季休渔制度的通告

为进一步加强海洋渔业资源保护，促进人与自然和谐共生，根据《中华人民共和国渔业法》《渔业捕捞许可管理规定》有关规定和《国务院关于促进海洋渔业持续健康发展的若干意见》《农业农村部关于加强水生生物资源养护的指导意见》有关要求，本着"总体稳定、局部统一、减少矛盾、便于管理"的原则，决定对海洋伏季休渔制度进行调整完善。现将调整后的海洋伏季休渔制度通告如下。

一、休渔海域

渤海、黄海、东海及北纬 12 度以北的南海（含北部湾）海域。

二、休渔作业类型

除钓具外的所有作业类型，以及为捕捞渔船配套服务的捕捞辅助船。

三、休渔时间

（一）北纬 35 度以北的渤海和黄海海域为 5 月 1 日 12 时至 9 月 1 日 12 时。

（二）北纬 35 度至北纬 26 度 30 分之间的黄海和东海海域为 5 月 1 日 12 时至 9 月 16 日 12 时。

（三）北纬 26 度 30 分至北纬 12 度的东海和南海海域为 5 月 1 日 12 时至 8 月 16 日 12 时。

（四）北纬 35 度至北纬 26 度 30 分之间的黄海和东海海域桁杆拖虾、笼壶类、刺网和灯光围（敷）网 4 种作业类型渔船可申请开展虾蟹类、中上层鱼类等资源专项捕捞许可，由相关省份渔业主管部门核报农业农村部批准后执行。

（五）特殊经济品种可执行专项捕捞许可制度，具体品种、作业时间、作业类型、作业海域由沿海各省、自治区、直辖市渔业主管部门报农业农村部批准后

执行。

（六）小型张网渔船从 5 月 1 日 12 时起休渔，时间不少于三个月，休渔结束时间由沿海各省、自治区、直辖市渔业主管部门确定，报农业农村部备案。

（七）捕捞辅助船原则上执行所在海域的最长休渔时间规定，确需在最长休渔时间结束前为一些对资源破坏程度小的作业方式渔船提供配套服务的，由沿海各省、自治区、直辖市渔业主管部门制定配套管理方案报农业农村部批准后执行。

（八）钓具渔船应当严格执行渔船进出港报告制度，严禁违反捕捞许可证关于作业类型、场所、时限和渔具数量的规定进行捕捞，实行渔获物定点上岸制度，建立上岸渔获物监督检查机制。

（九）休渔渔船原则上应当回所属船籍港休渔，因特殊情况确实不能回船籍港休渔的，须经船籍港所在地省级渔业主管部门确认，统一安排在本省、自治区、直辖市范围内船籍港临近码头停靠。确因本省份渔港容量限制、无法容纳休渔渔船的，由该省份渔业主管部门与相关省级渔业主管部门协商安排。

（十）根据《渔业捕捞许可管理规定》，禁止渔船跨海区界限作业。

（十一）沿海各省、自治区、直辖市渔业主管部门可以根据本地实际，在国家规定基础上制定更加严格的资源保护措施。

附录3 舟山市国家级海洋特别保护区海钓管理办法

（2023年2月14日舟山市人民政府令第44号公布 自2023年6月1日起施行）

第一章 总则

第一条 为了规范海钓行为，促进海洋资源可持续利用，保障海钓活动安全、有序发展，根据《中华人民共和国海洋环境保护法》《中华人民共和国海上交通安全法》《中华人民共和国渔业法实施细则》和《舟山市国家级海洋特别保护区管理条例》等有关法律、法规，结合本市实际，制定本办法。

第二条 浙江嵊泗马鞍列岛海洋特别保护区、浙江普陀中街山列岛海洋特别保护区（以下统称保护区）内海钓活动的监督管理，适用本办法。

保护区的具体范围以国家海洋行政主管部门批准的边界坐标连线成区为准。

第三条 本办法所称海钓，是指以休闲娱乐、体育运动为目的，利用岸堤、岛礁、矶石、船舶等进行的除渔业捕捞生产以外的海洋垂钓活动。保护区内休闲渔业船舶上的垂钓活动按照休闲渔业管理规定进行管理。

保护区内渔业生产性海钓依据《中华人民共和国渔业法》进行管理。

第四条 个人在保护区内从事海钓活动，应当取得海钓许可证。

保护区内从事海钓活动的个人和船舶实行总量控制。

鼓励在保护区内从事海钓经营、服务的组织（以下简称海钓经营、服务组织）取得法人资格。鼓励在保护区内从事海钓活动的船舶纳入有关海钓经营、服务组织统一管理。

第五条 市渔业行政主管部门主要履行以下职责：

（一）核定海钓许可证和保护区内从事海钓活动船舶统一标识的发放总量；

（二）统筹全市海钓管理信息化建设；

（三）制定海钓许可证的申领规范；

（四）监督、指导、协调保护区内渔业资源保护、海钓行为管理等活动；

（五）法律、法规和规章规定的其他职责。

第六条 保护区所在地县（区）渔业行政主管部门主要履行以下职责：

（一）负责海钓许可证的办理；

（二）负责海钓许可证查验和渔获物检查等监督管理工作；

（三）督促海钓经营、服务组织落实各项管理制度；

（四）开展保护区钓场的渔业资源增殖放流工作；

（五）负责海钓渔获物数量等数据的统计工作；

（六）法律、法规和规章规定的其他职责。

第七条 保护区管理机构主要履行以下职责：

（一）实施保护区钓场的日常巡护管理；

（二）开展海钓资源的调查、监测、评估等科学研究；

（三）协助开展保护区渔业资源增殖放流、人工鱼礁建设、安全设施设置和渔业生态环境保护等工作；

（四）负责保护区内从事海钓活动船舶统一标识的登记发放；

（五）对违反保护区海钓管理规定的行为进行调查；

（六）组织保护区海钓管理宣传工作；

（七）法律、法规和规章规定的其他职责。

第八条 自然资源和规划、生态环境、文广旅体、市场监督管理、港航和口岸管理、公安等部门以及海事、海警等机构，应当依法按照各自职责，对海钓行为、从事海钓活动的船舶及海钓经营、服务组织做好监督管理工作。

保护区所在地乡镇人民政府应当按照保护区功能区划要求，协助保护区管理机构合理规划和开发利用钓场资源。

第九条 任何单位和个人有权对违反海钓管理规定的行为进行劝阻，并可以向政府设立的统一政务咨询投诉举报平台或者保护区所在地县（区）渔业行政主管部门进行举报。举报经查实后，对举报者给予适当奖励。

第二章　海钓许可证申请与管理

第十条　个人依据《舟山市国家级海洋特别保护区管理条例》第三十一条，需申请海钓许可证的，可以通过线上或者线下的方式向保护区所在地县（区）渔业行政主管部门提出。

保护区所在地县（区）渔业行政主管部门应当加强海钓许可证审批的数字化建设，打造线上线下深度融合、规范高效的审批服务模式，为申请人提供便捷服务。

第十一条　申请海钓许可证应当符合《舟山市国家级海洋特别保护区管理条例》第三十二条规定的下列条件：

（一）具有完全民事行为能力；

（二）完成海钓活动安全管理和资源保护等相关规定的学习，并通过考试；

（三）服从海钓的安全管理；

（四）法律、法规规定的其他条件。

第十二条　申请海钓许可证需提供下列材料：

（一）申请人有效身份证明；

（二）通过海钓活动安全管理和资源保护等相关知识考试的证明；

（三）服从海钓安全管理的承诺书；

（四）法律、法规规定的其他材料。

保护区所在地县（区）渔业主管部门应当自受理海钓许可申请之日起十个工作日内作出行政许可决定。

海钓许可证可以由申请人自行申领，也可以委托海钓经营、服务组织或者他人进行申领。委托申领的，应当提供委托书。

第十三条　海钓许可证应当载明持证人身份信息和可钓鱼种、可钓标准、渔获物限额、准钓海域、准钓季节及证书有效期等相关内容，并贴附持证人照片。

海钓许可证的文本式样由市渔业行政主管部门制定。

第十四条　海钓许可证有效期为二年，持证人在海钓许可证有效期内未违反海钓管理规定的，可以在海钓许可证有效期届满前三十日内向发证机关提出延续申请，延续期限为一年。

第十五条　海钓许可证在有效期内损坏或者遗失的，持证人应当凭有效身份证明向原发证机关申请补发。补发证件的有效期起止时间与原证件一致。

符合规定的，发证机关应当在三个工作日内补发海钓许可证。补发海钓许可证后，原海钓许可证作废，不得继续使用。

第十六条　有下列情形之一的，发证机关应当注销海钓许可证：

（一）提出注销申请的；

（二）海钓许可证有效期届满，未提出延续申请或者已提出的延续申请未获批准的；

（三）海钓许可证依法被撤销、撤回或者被吊销的；

（四）法律、法规规定的应当注销的其他情形。

第三章　海钓行为管理

第十七条　从事海钓活动应当依法缴纳渔业资源增殖保护费。

经有权机关批准后，渔业资源增殖保护费由保护区所在地县（区）渔业行政主管部门负责征收。

第十八条　按照保护优先的原则，对保护区海钓资源采取禁钓区、禁钓期、禁钓鱼种、渔获物标准、渔获物限额等保护性管理措施，由市渔业行政主管部门按照规定权限依法确定，报市人民政府批准，并在保护区管理机构公布后实施。

第十九条　在保护区内从事海钓活动，误钓禁钓鱼种的，应当立即放回原海域，外来入侵物种的除外。

第二十条　在保护区内从事海钓活动禁止下列行为：

（一）拒绝接受有关部门海钓许可证查验和渔获物检查的；

（二）违反海钓许可证载明的可钓鱼种、可钓标准、渔获物限额、准钓海域、准钓季节等规定进行海钓的；

（三）向海域丢弃塑料袋等废弃物的；

（四）使用可能对海洋生态环境造成危害的生物作为饵料的；

（五）使用可能对海洋生态环境造成危害的集鱼、诱鱼工具或者药剂的；

（六）使用一人多杆或者一杆多钩方式进行海钓的；

（七）在岛礁、矶石上从事海钓活动未穿戴救生衣和专用防滑鞋的；

（八）法律、法规和规章禁止的其他行为。

第二十一条 在保护区内从事海钓活动的船舶应当符合国家和省规定的有关船舶安全航行、安全作业的技术条件等要求。

休闲渔业船舶可以在保护区内从事海钓活动。其他船舶从事海钓活动的，应当按照《舟山市国家级海洋特别保护区管理条例》第三十一条的规定，经保护区管理机构登记取得统一标识。统一标识的具体管理办法由市渔业行政主管部门根据海钓许可证发放总量、保护区渔业资源状况等情况，结合管理实际另行制定，报市人民政府批准后执行。

第二十二条 船舶在保护区内从事海钓活动应当遵守下列规定：

（一）船上人员不得超过核载人数；

（二）符合船舶抗风等级要求；

（三）遇有恶劣天气、海况，服从有关部门发布的海上交通管制措施；

（四）开航前应当将行程表、乘载人员名单等相关信息向检查点报备；

（五）落实安全管理制度，配备安全员，乘载人员应当穿戴救生衣与必要护具；

（六）按照有关规定开启船舶的自动识别、航行数据记录、远程识别和跟踪、通信等与航行安全、保安、防治污染相关的装置；

（七）法律、法规和规章的其他规定。

第二十三条 鼓励海钓经营、服务组织为其水上作业人员购买人身保险，鼓励从事海钓活动的个人投保人身意外伤害险，鼓励从事海钓活动的船舶投保船舶综合险。

第二十四条 在保护区内举办海钓赛事活动，应当遵守国家和省有关体育赛事管理的法律、法规和规章。

因举办大型海钓赛事活动，需设定临时专用赛区海域的，市文广旅体部门应当会同市渔业行政主管部门提出方案，由市人民政府决定，并在赛事举行七日前发布公告。在公告的限定时间内，禁止与赛事无关的个人和船舶在相应赛区海域从事海钓活动。

第二十五条 海钓经营、服务组织应当根据其经营、服务范围，履行相应的安全服务管理、应急救助、渔业资源保护和生态环境保护教育等责任。

海钓经营、服务组织对其管理的从事海钓活动的船舶及其组织的海钓活动负有安全管理责任。从事海钓活动船舶的船长，应当对该船舶的航行安全及船上海钓活动安全负责，协助有关部门做好对船上人员海钓行为的监督管理工作。

海钓经营、服务组织应当对参加其组织的海钓活动的人员，在海钓活动前开展有关海钓行为规范、安全应急知识等方面的培训。

第二十六条　保护区所在地县（区）渔业行政主管部门应当在从事海钓活动的船舶、海钓人员专用靠泊和服务的码头、港池及陆上配套区域设立检查点，开展海钓许可证查验、渔获物检查等监督管理工作。

第二十七条　从事海钓活动的船舶返港后应当向检查点提交由船长签名的活动日志，记录每航次施钓海区位置、渔获物种类及数量等内容，并按照出航时乘载人员名单接受检查。

第四章　法律责任

第二十八条　违反本办法规定的行为，法律、法规和规章已有法律责任规定的，从其规定。

第二十九条　违反本办法第二十条规定，在保护区内从事海钓活动有第四项至第七项规定情形之一的，由保护区所在地县（区）渔业行政主管部门责令改正，处五百元以上五千元以下罚款。

第三十条　违反本办法第二十二条规定，船舶在保护区内从事海钓活动未遵守第四项或者第五项规定的，由保护区所在地县（区）渔业行政主管部门责令改正，处二千元以上二万元以下罚款。

第五章　附则

第三十一条　本市行政区域内保护区以外海域的海钓活动的监督管理，市人民政府可以根据实际情况，参照本办法执行。

第三十二条　本办法施行前申领的海钓许可证在有效期内的，继续有效。

第三十三条　本办法自 2023 年 6 月 1 日起施行。2017 年 5 月 12 日市人民政府公布的《舟山市国家级海洋特别保护区海钓管理暂行办法》（舟山市人民政府令第 42 号）同时废止。